誰ひとり死なせない学校づくり

若者の自傷・自殺予防のための教育的支援を考える

佐野和規

春風社

はじめに

本書は若者の自傷・自殺が多くなっている現状に対して、具体的対策を提案するために執筆したものである。二〇一六年に兵庫教育大学に提出した筆者の博士論文「学校教育における自傷行為への心理的対応方法に関する研究」が土台となっているが、論証の学術的レベルは保ちつつも、できるだけ平易な文章に書き直し、三分の一の量の加筆を行っている。

筆者が長期間勤務していた定時制高校は、不登校や発達障害、精神疾患などの課題を抱えている生徒たちの受け皿校になっており、筆者は教育相談主任やコーディネーターとして、学校の中心となって生徒支援を行ってきた。そのような中で、一つの大きな問題は、生徒の自傷行為であった。定時制には自傷行為をする生徒が多かったのである。

ところが、自傷行為について学校教員の立場でどう対応するかについて述べた著作や研究が当時はほとんどなかった。そこで筆者は、長期研修の機会を得て、臨床心理学の大学院に入学し、自傷行為への対応について研究し、その研究が、最終的に博士論文として結実することになった。したがって、本書の土台となっている博士論文は自傷行為に関するもので、生徒の自殺についてのものではない。ただ、本文でも触れているが、自傷行為が常習化している生徒の多くが「死にたい、消えてなくなりたい」と考えており、いつ自殺してもおかしくない状態にある。自傷行為当事者の生涯自殺率が高いことも事実であり、本書刊行にあたっての筆者の願いは、副題「若者の自傷・自殺予防」にある。

しかし、博士論文で研究範囲を自殺問題にまで広げるとなると、研究方法、研究対象も異なったり大きくなる上に、自傷行為当事者は学校に大勢いて調査も行いやすいが、自殺企図者や自殺未遂者はみつけることができない。したがって、研究を自殺問題に広げることは、当時は無理であった。そこで今回、博士論文を書き直して本書をまとめるにあたっては、二〇二〇年以降のコロナ禍で若者の自傷・自殺が増えているという背景もあって、生徒の自殺問題やその対応について再度先行研究を調べたり、コロナ禍における自殺防止につながる筆者自身の教育実践を踏まえたりして加筆した。自傷行為と自殺問題は「自殺関連行動」という概念で括られる場合もあり、その対策も関連しているからである。

ただ、自傷に関する研究論文が基になっているため、本書では基本的に若者の自傷行為に関する調査および考察、記述を中心としながら、適宜自殺問題にも触れていくスタイルをとっている。また、基本的にほとんどの章が、独立した学術論文であり、「問題の所在」、「方法」、「結果」、「考察」の順序で書かれているが、それらの言葉の使用を避け、各節や各項にわかりやすい表題をつけ、研究者以外の方にも読みやすくなるよう配慮していることをご理解いただきたい。

そして、論文として学術的に細かく立証しているところも多く、それは本書の考察がエビデンスに基づくことを示しているが、一方で、学校現場での自傷・自殺の対応方法についてすぐに知りたい読者は、細かな分析に関する記述は後まわしにして、各章あるいは各節の最後の「まとめ」の部分を参照されたい。また、第8章「自傷・自殺を防ぐ心の対話のあり方について」は、学校現場の自傷・自殺対応について具体的に書かれた本書の核心的な章である。結論から知りたい方は第8章を最初に読んでいただいてもいい。さらに、終章にも本書のまとめとして具体的方法をわかりやすく書いたので参照していただきたい。

誰ひとり死なせない学校づくり——若者の自傷・自殺予防のための教育的支援を考える

目次

第Ⅰ部　アプローチ

序章　若者の自傷・自殺が増えている

第1節　コロナ禍での自傷・自殺の増大

定時制高校に長年勤務してきた。二〇〇〇年代当時定時制高校は荒れていた。不良や非行系の生徒も大勢入学していた。そのような中、筆者が一番悩んだことが生徒たちの自傷行為であった。担任しているクラスの女子にリストカットする生徒が何人もいた。リストカットだけでなく、その女子たちは、喫煙、援助交際、喧嘩、暴力、相互リンチなどを頻繁に行っていた。「自己破壊行動」といって、リストカットを中心として、自分の心や体を傷つけ破壊するようなさまざまな行動を繰り返すのだ。彼女たちのそうした行為をやめさせようと必死に担任として対応した。このままでは、喫煙や暴力で退学になってしまう。中学までの義務教育と違って、高校には退学という制度があることも、彼女たちはよくわかっていない。でも対応すればするほど、筆者自身も逆に巻き込まれていく。

今では教師は、生徒との個人的なＳＮＳやメッセージのやりとりが禁止される時代になったが、当時はメールアドレスや携帯電話番号を担任しているクラスの生徒に公開するのは普通だった。全日制高校の生徒なら、そんなことをしても用事がある時にしか連絡をしてこない。ところが、彼女たちは担任である筆者に頻繁に電話をかけたり、メールを送ってきたりする。それも、「今〇〇と一緒にリストカットしている」とか「××があったから死にたい、もう死んでやる」と言って、電話をいきなり切る。そんなメールや電話を受けて、こちらも気が気ではなくなり、夜中にメールを返信したり、彼女たちにリストカットをやめるように電話したりした。当時の筆者はいわゆる「ボーダー」、境界性（ボーダーライン）パーソナリティ障害という精神疾患についての知識もなかった。そうした人物と対応する時は適度な時間設定や枠組みが大切だということは後から学んだ。毎日ではないものの、二四時間彼女たちに振り回されていた感じであった。

そんなことで彼女たちに関わっているうちに、生徒たちが常に「死にたい、消えてなくなりたい」という気持ちを抱いていること、「居場所」がないこと、そして、自殺念慮があり、本当に自殺してしまう危険と隣り合わせでいること等々がわかってきた。また、虐待を受けていたり恵まれない家庭環境で育っていたりすることも知るようになった。そんな彼女たちの境遇を知り、筆者はさらに一生懸命彼女らと向き合った。すると、その気持ちが通じてか、彼女たちも筆者を信頼し慕うようになってきて、いろいろなことを相談してくるようになり、関係性が深まった。だからこそ、なんとか彼女たちを立ち直らせたかった。

そのうち、何人かの生徒が暴力事件を起こし退学となっていった。クラス担任として、生徒が退学していくのはつらく、無力感を抱いた。残った生徒には、もう一度生活を立て直させて、卒業までたどり着かせたかった。しかし、彼女たちを立ち直らせる方法論が、当時はなかった。特に、学校においてリストカットをしたり自殺念慮を抱いたりする生徒たちにどのように対応したらいいかについて触れた著作や論文、研究はほとんどなく、インターネット上にもそんな情報はなかった。当時、リストカットは自殺未遂と見なされ、自殺未遂をするような生徒は、学校対応の範疇を超えているので、医療に任せるべきだという風潮の方が強かった。

その後、筆者は、教員の長期研修の機会を活用し、大学院で二年間臨床心理学を学び、心理士の資格を取得した。そして、選んだ研究テーマが学校における自傷行為への対応であった。そのまま高校教員として働きながら、博士課程でも学び続け、自傷行為について、教員としての実践と並行して研究を行ってきた。だが、自傷行為の研究は、自傷行為をする病的な一部生徒への対応についての研究であり、しかも、定時制などの特殊な学校に関する研究だと思っていた。

しかし、二〇一〇年代以降、相次ぐ災害や構造改革に伴う不況などの時代背景からか、日本人全体が生きづらさを感じる中、生徒の自傷・自殺問題は、残念ながら裾野が広がっていく感じとなった。定時制だけでなく全日制や進学校にも自傷や自殺の問題が広まっていく。むしろ、受験競争や理不尽な校則、厳しい部活指導等々を行っている全日制進学校の生徒の方が、傷つき、追い詰められるためか、生徒が自殺した、あるいは自殺未遂があったという話を聞くことが増えていった。

そして、二〇二〇年から始まるＣＯＶＩＤ‐19（新型コロナウイルス）の大流行に伴う生活変容（以下、コロナ禍）が追い打ちをかけた。学校そのものが何ヶ月も休校になる。部活動の大会がすべて中止になる。外出や行動が制限される。テレビ番組まで撮影ができなくなり中断する。外食ができないし、映画上映、その他イベントがすべて禁止される。それらのサービス産業で働いていた人が大量に職を失う。人々は家に引きこもらざるを得なくなり、今度は家の中でＤＶや虐待の問題が顕著になってくる。これほど日常が大きく変化したのは、太平洋戦争以来のことではないか。

今まで日常的で当たり前と信じていたことが一挙に崩壊する衝撃を若者たちも経験しただろう。若者の

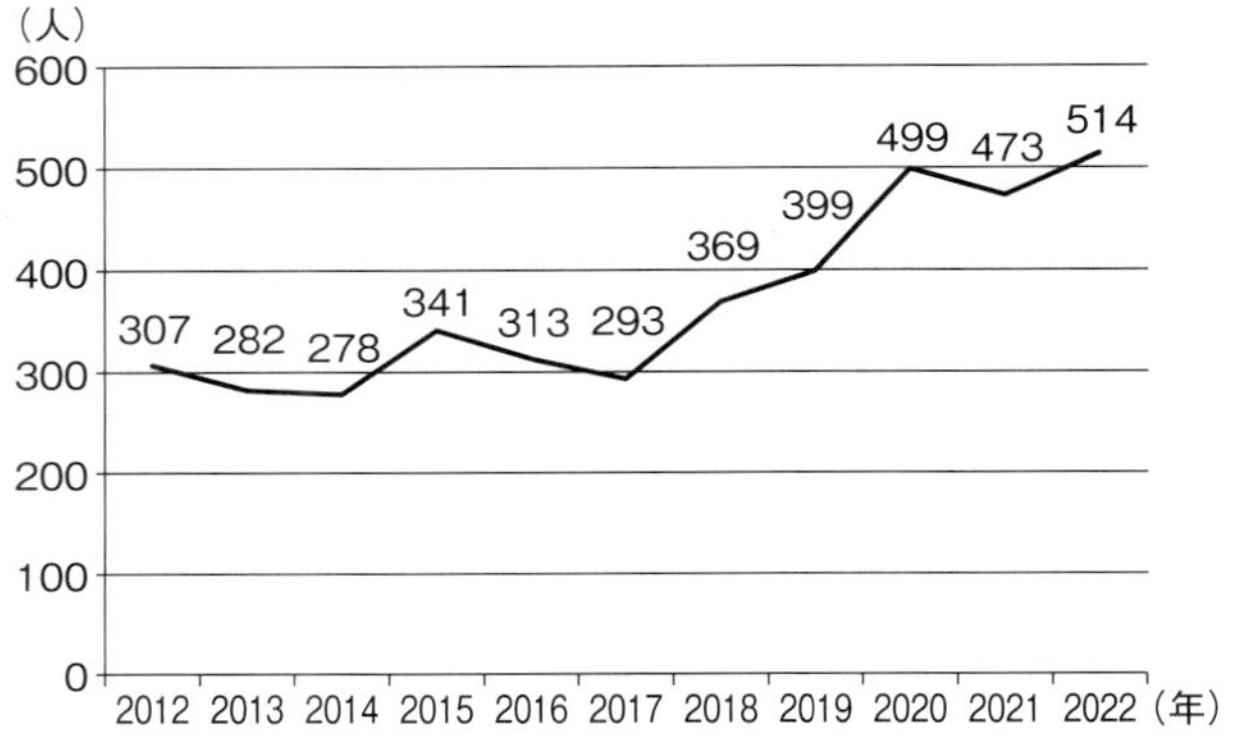

図0-1　小中高校生の自殺者数　（厚生労働省のHPより筆者作成）

自殺の数が統計上増えた。さらに「拡大自殺」としての殺人までもあちこちで聞かれるようになった（片田 2017; 出口 2022）。自殺したい心境の者が、一人で自殺するのではなく、殺人などを起こして周りを巻き込んで死刑になることで死を選ぼうとするのである。それが、身近な学校でも起きた。失恋しただけの理由で、その相手の親を殺してしまうという事件が発生した。現に、図０－１をみるとコロナ前も小中高校生の自殺は若干増えているが、二〇二〇年以降急増している。

そのことと関連して、コロナ禍の中、小学生の自傷行為も耳にするようになり、中高生も「死にたい」という言葉を日常的に口に出すようになっている。客観的にみて普通の悩みなのに、「死にたい」レベルで悩む若者が増えた。生徒や若者の言動がなにか今までと違うことに教師たちも気づくようになった。

二〇二三年五月には、新型コロナウイルス感染症も五類に分類されコロナ禍は収束しつつあるようにみえたが、そのような中、新たな問題として、若者のあいだでの市販薬の大量服用が発生した。過量服薬は「オーバードーズ」といって自己破壊行動の一つであり、これまでも自傷者の一部が向精神薬を投薬される中で起きる問題であった。それが小学生にまで広がり、オーバードーズが一般化し拡散したことで社会問題化し、販売規制もされるようになってきた。

こうした中、マイナーで特殊なものだと思っていた筆者の自傷行為の研究は、いよいよタイムリーなテーマとなった。心理士資格を持つ教師として教育相談の研修会の講師を頼まれる時があるが、どのテーマにおいても、今や生徒の自傷・自殺、他害の問題について触れないわけにはいかなくなった。以前は、学校における教育相談は、いじめ、不登校、学業不振、発達障害、進路などの、直接命には関わらない問題を中心に考えればよかった。しかし、現在は、児童生徒の自傷・自殺、他害をいかに防ぐか、そうした生徒たちの死を意識する気持ちにどのように向き合うかを視野に入れて教育や支援を行わなければならない時代になった。そして、教育相談の研修においても、生徒の自傷・自殺、他害など生徒の命に関わる問題を直接扱うことが増えている。

第2節　もともと多い日本の自傷・自殺

日本の年間自殺者数は、一九九八年から二〇一一年まで三万人を超える時期が続いた（内閣府 2015）。バブル崩壊後の構造改革が始まって以後増えたのである。二〇〇六年、政府は自殺対策基本法を制定、自殺総合対策大綱を発表し、国を挙げて自殺対策に乗り出した。その成果もあってか、その後、自殺者は減少傾向が続いたが、コロナ禍が始まる二〇二〇年には増加（松本 2023）、特に若者と女性の自殺が増えたといわれる。中でも小中高校生の自殺が増えており問題となっている（図0－1参照）。そして、二〇二二年には小中高校生の自殺が五一四人と、記録を取りはじめて以来最も多くなった。二〇二三年も五一三人と高止まりを示している。

こうした中、すでにコロナ禍の前から、若者の自傷行為そのものが常態化しつつあり、リストカットが日常的にみられるようになった。「自傷行為の日常化」とでも呼ぶべき状況である。

日本の若者の間で自傷行為がみられるようになるのは一九九〇年代後半からである（山本 2006）。インターネットが普及していく中で、リストカットやオーバードーズをするネットアイドルとして話題になった「南条あや」が一九九九年に高校卒業と同時に薬の過量服用による死を迎えた（南条 2004）。二〇〇〇年代になると、リストカットをしながらも、いじめを克服していく女子高校生を主人公とした少女マンガ『ライフ』（すえのぶ 2002～2009）の連載が開始され、二〇〇六年には講談社漫画賞を受賞する（講談社 2024）。自傷行為をメインテーマにしたマンガが著名な賞を取る時代となったのである。二〇〇八年にはそのマンガを原作にしたドラマがフジテレビ系列で放映された（フジテレビ 2023）。ドラマの方ではリストカットのシーンは演出上一切ないが、人気若手女優を主人公にしたこのドラマは若者の間で評判になり、原作のマンガの自傷の描写に触れ

すえのぶけいこ『ライフ』（講談社、2002年～）

る者も大勢いたことが予想される。

二〇〇〇年代になって、ネット環境の整備が進展し、誰もが手軽に自分のサイトやブログを作れるようになったことから、自傷の様子をサイト上で公表したり、自傷行為当事者同士がネット上で交流することもみられるようになった。自傷者同士の交流は、当事者たちにとっては励まし慰め合う場となる一方で、お互いを刺激し悪影響を与え合い、自傷行為を蔓延させている可能性も否定できない（山本 2006; 松本 2015）。

このような二〇世紀末から二一世紀初頭の自傷行為の状況は、自傷行為がまだセンセーショナルな問題として受け止められていた時期のものであった。

二〇一〇年代に入り、自傷行為がセンセーショナルな問題ではなくなると、自傷行為をする若者の数は一向に減る様子をみせなくなる。そして、ＳＮＳが普及したことで、より安易に自分の自傷行為についてつぶやいたり、リストカットの写真を掲載したりすることができるようになった。ネット上では、文字情報や静止画に留まっていた段階から、自傷行為に関する動画が氾濫するようになった。自傷をしている映像や自傷者の心情を歌った無数の楽曲が次々とアップされている。こうして周囲も自傷行為をする若者を見慣れてきて、少しずつ「自傷行為の日常化」とでも言うべき状況が進んでいることは既述した通りである。

若者に関わる教師や支援者、メンタルヘルスの専門家もまた、学校現場や臨床現場で日常的に若者の自傷行為を目にするようになっている。そうした教師や専門家においては、生徒や患者、クライエントの自傷行為に対応していく責任を有している。以前は、学校現場では、自傷行為や自殺に関わる問題に積極的に対応することは少なく、医療に任せる場面が多かったと思われる。しかし、「自傷行為の日常化」が起きている今日、学校現場でも日常的に自傷行為や自傷生徒に対応し指導・支援していくことが必要である。逆に言えば、学校現場で生徒を指導・支援していく上で、自傷行為や自殺問題への対応は避けられなくなっている。

自傷行為と自殺は別問題であるが、自傷行為をする若者の生涯自殺率は高いことから（松本 2009）、自殺予防という観点でも、臨床現場だけでなく、学校における自傷行為への適切な対処が求められている。そのような中、教師が生徒の自傷行為にどう対応していくか、具体的方法論の確立がなされないまま、すでに十数年の歳月が過ぎている。

バブル崩壊以後の失われた三〇年も過ぎてなお、日本人の賃金は上がらず、人々に余裕がない状況が続く中、二〇二〇年にコロナ禍が発生し、生徒の不登校、自傷・自殺、他害が増えたといわれている。このような状況に対し、教育的支援が求められているのである。

第3節　自傷行為の日常化

世界的にみると、すでに一九七〇年代にはリストカットなどの自傷行為をする若者が増加傾向にあり、またその軽症化や伝染性が指摘され（Walsh 2006）、若者の自傷経験率が国ごとに調査されている。日本では、山口・松本（2005, 2006）が、大学生の六・九％、女子高生の一四・三％が自傷経験者であることを明らかにしている。松本・今村（2006）は、首都圏の中高生のうち男子の七・五％、女子の一二・一％に自傷行為の経験が認められ、他の先進国と同様の結果であるとしている。

これらの数字は中学生や全日制高校の生徒に関するものであるが、定時制高校となると自傷行為経験者の比率は上昇する。定時制高校は近年、不登校等の精神的な問題を抱え全日制高校に通えない生徒の受け皿校的な役割を果たしつつあるからである（佐野・加藤2013）。

筆者たちが、A県B高等学校定時制で二〇〇四年度から行ってきた新入生のメンタルヘルス上の問題を調査するアンケートには、自傷行為や自傷経験を確認するための質問項目を設けている。それは、「あなたはリストカットなどの体を傷つけることをしたことがありますか」という質問に対して、「今している」、「前していたが今はやめた」、「したことがない」の三択で回答させるものである。「今している」と「前していたが今はやめた」という二つの回答を合わせた比率が、自傷経験率となるが、その推移をグラフにしたものが図０－２である。一〇年以上にわたる同一高校での自傷行為経験率の推移の定点的調査は日本ではほとんどみられない。

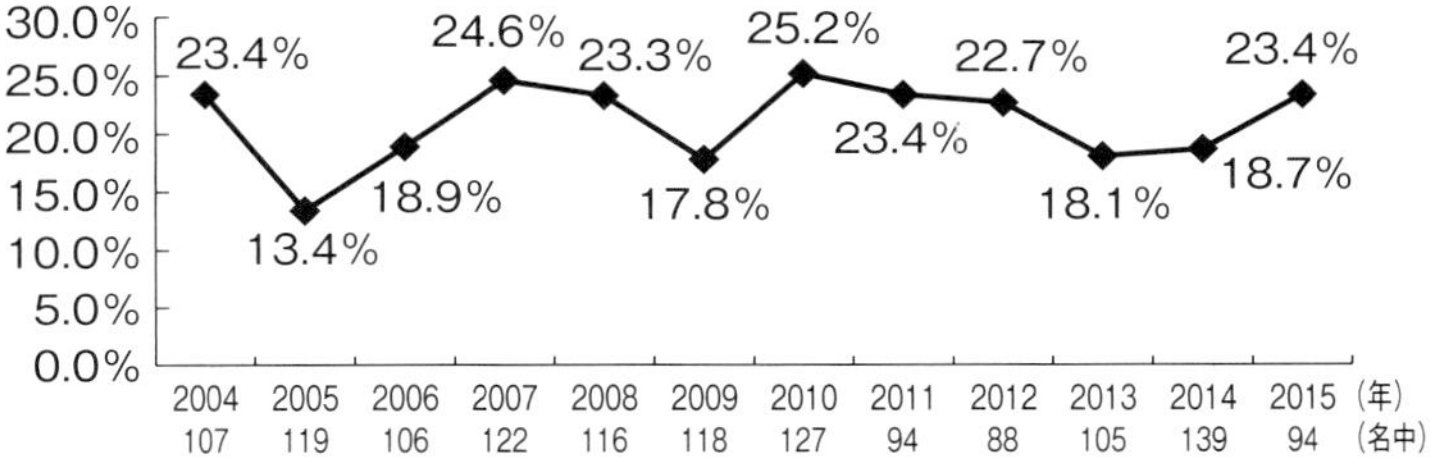

図0-2　A県B高校定時制の自傷行為経験率の推移

それによると、B高校では、二〇〇四年から二〇一五年まで自傷経験率が二〇%前後で推移し、二五%前後の年度もある。この期間の調査生徒の延人数は一三三五名、そのうち自傷行為経験のあった生徒の延人数は二八〇名、自傷経験率の平均は二一・〇％である。松本・今村（2006）の調査では、一般中高生の自傷行為経験率が一〇％前後であるのに対して、B高校定時制の場合一〇％ほど高い。そして、この一〇年で自傷経験率が減少している様子もみられない。上昇しているとまでは言えないが、二〇％前後に収斂していっているようにもみえる。

この調査は新年度の新入生に対して四月の段階で行われる。したがって、ここにみられる自傷経験のほとんどが高校入学前の中学生の時のものであると考えられる。これは男女を分けない数字なので、女子生徒だけとなるとさらに自傷行為経験率は上昇する。定時制高校入学者の約四～五人に一人がリストカット経験者であるという現状は非常に危惧される。自傷の問題としてその伝染性が指摘されているが（Walsh & Rosen 1988）、通院せず適切な治療も受けないまま、学校生活を送る生徒たちが、お互い刺激し合い、他の生徒に悪影響を与えている可能性があるからである。ともすれば学校が自傷伝染の温床になりかねない。

さらに、この図0‐2に示されている状況は、単にB高校や定時制だけの問題ではないと考えられる。自傷行為経験率の高さに十数年変化がみられないということは、定時制以外のすべての高校生の年代に当てはまる可能性が高いのではないか。中高生の一〇％前後が自傷経験者であることを指摘したが、このような状況が長年続いていると考えられ、これが「自傷行為の日常化」と呼ばれる問題なのである。つまり、図0‐2には「自傷行為の日常化」と呼ぶべき状況が端的に示されている。

第4節　自傷行為にどう対応するか

世界的に自傷行為の蔓延が問題となっている中、自傷行為に関する研究はどのように行われてきたのであろうか。自傷行為の研究は海外のものを含めれば膨大な数になり、本節でそのすべてを網羅するには限界がある。ここでは、学校現場での対応に示唆を与える自傷行為の主要な研究に絞って、その流れを概括する。

自傷行為の研究は Menninger（1938）にまで遡ることができる。彼は、精神分析における死の本能の観点から慢性自殺とならぶ自殺の亜型として、故意に自分の身体の一部を損傷する行為である「局所的自殺 focal suicide」という概念で自傷行為を捉えた（松本・山口 2006）。一九六〇年代になると、アメリカ等において手首を中心とする自傷行為の増加がみられるようになり、Rosenthal, Rizler, Walsh & Klansner（1972）は「手首自傷症候群　wrist cutting syndrome」と呼び、「思春期患者が不安に打ちひしがれ、存在感をなくし、離人体験を起こしている状態から個人の現実感を取り戻す統合の試み」として理解し、西園・安岡（1979）はこの概念を日本に紹介している。それ以降日本では、自傷行為はリストカットやカッティング中心に理解されるようになる。こうした中、安岡（1997）は、リストカットの症状機制を①ヒステリー、②手首の人格化、③自我機能の回復、④否認と逃避、の四つに分類した。

これらの研究は、主に精神分析の影響を受けた力動的視点から自傷行為の原因を追究したものである。しかし、現代の自傷行為への臨床的な対応の場面では、自傷を「死の本能」や「手首の人格化」等から説明するようなことはほとんどなくなっている。自傷者に「手首の人格化」等の力動的解釈を提示しても、それによって自傷行為が改善することは期待できないからである。

一方で、自傷行為について、包括的に論じる著作がみられるようになってくる。まずFavazza（1996）は、自傷行為を世界の歴史や宗教、文化にみられる身体改造の問題と関連させて分析し、それまで精神医学的な視点からのみみられていた自傷行為を、より幅広く社会人類学的な観点から論じることを試みた。そして、それは、自傷行為を含む身体改造に肯定的な目線を向ける提言でもあった。彼のこうした提言は、自傷行為の専門家に広い視野を提供しているが、その観点をどう臨床的に応用していくかという課題は未解決のまま残っているといえるであろう。特に、それまで病的なもの、精神疾患としてのみ捉えられていた自傷行為に対する肯定的な視野は、自傷行為への臨床的な介入や学校現場での対応においても何らかの示唆を与えるのではないか。自傷行為が若者の文化あるいはサブカルチャーとして捉えられるようになった現在、Favazzaの視点は重要になると考える。

その後、Walsh & Rosen（1988）とWalsh（2006）は自傷行為を生物・心理・社会的観点から多次元的に捉え、認知・行動療法、精神分析的療法、家族療法、薬物療法等の統合的なアプローチを体系的に提唱している。さらに、Linehan（1993）は、自傷行為や自殺の頻度が一般的に高い「境界性パーソナリティ障害」の治療方法である弁証法的行動療法を確立した。Linehanは、自傷や自殺を別々のものとしてではなく、「自殺類似行動」という大きな枠組みで捉えて臨床的に対処している。Lacey & Evans（1986）も、自傷が摂食障害、薬物大量服用、性的逸脱行動等の衝動的行動と関連していることから「多重衝動性パーソナリティ障害 multi-impulsive personality disorder」という言葉で一連の自己破壊行動を捉え説明する。日本でも、松本（2008）は同様に、自傷行為をリストカットに限らず、摂食障害等の他の自己破壊行動との関連で捉え、「自己破壊的行動スペクトラム」という概念を提唱している。自傷と自殺は別の問題であり峻別して対応しなければならないが、一方で、具体的介入の段階では、自傷と自殺を包括して対応するという観点が有効である場合もある。

このように、自傷と自殺を包括的に捉え、医療以外の多様なアプローチを考える視点は、学校現場での自傷行為対応についても示唆を与えるものと考える。なぜなら、学校こそさまざまな役職や立場の教職員が連携をしながら包括的総合的に教育的支援をしていく場だからである。

さらに、近年、自傷行為の改善にエビデンスのある方法論が提起されている。まず、先述したLinehan (1993) の弁証法的行動療法は、境界性パーソナリティ障害患者の自殺企図や自傷の頻度を下げることに有効性を示している。特に、患者に対応する時の承認戦略と問題解決戦略の弁証法的なバランスの指摘 (Miller, Rathus & Linehan 2007) は、学校現場での対応にとって参考となるものである。

また、Allen, Fonagy & Bateman (2008) は「メンタライジング mentalizing」という技法を、境界性パーソナリティ障害の治療に適用し効果を実証している。そして、Bateman & Fonagy (2006) および上地 (2015) は、自傷行為の目的を「自己構造が不安定化した後に自己構造を維持すること」とし、自傷行為をめぐる「心」の状態が語り合える (すなわちメンタライジングする) 雰囲気を作ることの重要性を指摘しており、教員の自傷生徒への対応にヒントを与えている。

以上、本節で取り上げた自傷行為に関する先行研究は、主に精神科医や精神分析等の専門家による医療現場における対応を示すものであり、個々の教員の対応の参考にはなるが、それらを直ちに学校現場に導入することはできない。

次に、節を改めて、自傷行為に対する学校現場での対応についての先行研究を検討する。

第5節　学校の自傷への対応

1．学校で教師が自傷行為に対応せざるを得ない状況

以前は、リストカットなどの自傷行為を自殺企図と同一視している時代があった。そして、自傷行為は学校や教員の対応の範疇を超えた問題だとされる時もあった。しかし、中高生の一〇％前後が自傷行為をしており、定時制高校では四～五人に一人の生徒が自傷行為経験者である現状からして、学校において、生徒集団に対して自傷を予防したり、自傷を改善したりする何らかの働きかけをしていかざるを得ない。医療機関や専門機関においては、自傷行為をする生徒に事後的な対応はできても、一定の若者の集団に対して自傷行為等の予防に関するアプローチができる場は学校以外に考えられないからである。Hawton, Rodham & Evans（2006）も、学校という場が自殺や自傷の予防介入にふさわしいと主張している。そのような意味で学校現場は、若者に対して自傷行為を含めた自殺関連行動の一次予防や二次予防、事後対処ができる貴重な場であるといえる。

しかし一方で、日本の学校では自傷への対応が積極的に行われていないのが現状である。自傷行為が極めてデリケートな問題であることには変わりがなく、生徒に自傷行為について確認したり介入したりすることで、かえって自傷や自殺企図等を悪化させてしまうことを恐れる学校関係者もいる。さらに、学校に

は不登校やいじめ等さまざまな学校メンタルヘルス上の問題が山積しており、殊更自傷行為に絞って対応することには疑問が出されたり、慎重を期することが求められるとも考えられる。しかし、若者の間での自傷行為の蔓延や日常化の状況に鑑みると、学校現場で何らかの予防的介入が必要であろう。

さらに今日、コロナ禍を経て、若者の自傷行為や自殺関連行動が社会問題になっている。長引くデフレ不況や貧困、それに伴い親に余裕がないためか虐待も増加している。災害も相次いでいる。

トラウマを被る若者も増えており、医療や学校現場において患者や生徒にはトラウマがあることを前提に対応するトラウマインフォームド・ケアが推奨されている（野坂 2019）。コロナ禍によって、もはやすべての人がトラウマを背負っているという前提で医療や教育もなされるべきであろう。そのような中で、自傷や自殺の問題への学校での対応も検討していく必要があるのではないか。

しかし、日本の学校における自傷・自殺対応の方法論を適切に説いた著作、論文は後述するようにあまりみかけない。本書はその状況を補い、主に学校の教員に対して、理論的かつ具体的に生徒の自傷・自殺への予防的対応、早期発見、事後対応の三段階の対応を説こうとするものである。

2．海外の自傷対応の方法論は日本では使えない

学校現場での自傷行為への対応についての海外での研究では、学校でのさまざまな介入方法やプログラムが提示されており、邦訳されているものも多い（Hawton et al., 2006; Walsh, 2006; Walsh & Rosen 1988; Jacobs, Walsh, McDade & Pigeon, 2009）。学校で自傷生徒を発見した場合の対応プロトコールを示したもの（Walsh 2006; Hawton et al. 2006）、自傷をした生徒への教師の言葉のかけ方について具体的に解説したもの（Nixon & Heath 2008）、自傷対

応を緊急度に応じて三段階に分け各段階での対応方法を整理したもの（Wells & Axe 2013）などがある。これらの研究は、日本の学校現場での自傷行為の対応に一定の示唆を与える。しかし、海外、特に欧米諸国では、校内にメンタルヘルスの専門家であるスクールサイコロジスト、スクールカウンセラー（以下、ＳＣ）、スクールソーシャルワーカー（以下、ＳＳＷ）等が常勤していたり、学校の近隣に自傷対応の専門機関が存在したりすることを前提とした能動的なアプローチが多く、日本の現状や学校風土に必ずしもなじむものとは思えない。

アメリカでは、学校に常勤する専門家（スクールサイコロジスト、ＳＣ、ガイダンスカウンセラー）がそうしたプログラムを実施することが可能であり、学校現場で自傷行為の問題に直接的に対応できると思われる。それに対して日本の学校にはＳＣ等が配置されるようになってきたとはいえ、まだ常勤ではなく、生徒のメンタルヘルスの問題への日常的な対応を担任等の一般教員が担っていかなければならないのが実情である。そのため、アメリカのような直接的な自傷行為への介入は困難であるといえる。日本の学校状況に適した自傷行為への対応マニュアルやプログラムが求められて久しいが、未だに作成されていない。

このような状況から、改めて日本においても、自国の教育や文化に適した学校での介入方法、およびプログラムやプロトコールの確立・開発が待たれている。あるいは、プログラムとまでいかなくても、学校現場における自傷行為対応の方法論が体系的に提示される必要があり、本書はその実現を意図したものである。

日本でも学校現場をフィールドとした調査や研究が進んでいる。日本における自傷者の比率や開始時期、要因等に関する疫学的調査（濱田・村瀬・大高 2009; 山口・松本 2005, 2006）、さらには、自傷者の心性に関する量的研究（佐野・加藤 2013; 山口・中村・窪田・橋本・松本・宗像 2014）が学校現場や大学等をフィールドにしてなされるようになってきている。そこでは、自傷者の自尊感情が低いことや他の自己破壊的傾向と親和性があること、自傷者が別の精神的問題も同時に抱えていること、心理的防衛が弱いことなどが述べられているが、学校での対応方法を指摘した研究は必ずしも多くない。養護教諭やＳＣを中心とした研究（金 2009; 金・土川・金子・若本 2008; 松本・今村・勝又 2009; 松岡 2012a, 2012b; 目黒 2007; 坂口 2015; 佐久間 2011; 安福・平松・出水・佐藤 2010）はいくつかみられるが十分ではなく、一般の教員が自傷行為をする生徒にどのように対応すればよいかは明らかになっていない。「自傷行為の日常化」が進んでいる今日においては、養護教諭やＳＣだけが自傷行為に対応していればいいという状況ではなくなっており、一般の教員に向けた方法論が早急に求められている。

加えて、現実として、日本の学校で自傷行為の問題に焦点をしぼった研究や介入が行いにくい要因がある。まず、生徒の自傷等に関して研究や介入をすることで、それらが助長される恐れもあるため、学校の許可が下りないのである。しかし、コロナ禍を経た今、そのようなことを言っているうちに生徒の自傷や自殺が増えていく可能性もある。一般教員がとるべき自傷・自殺対応について、更なる研究や検討が必要であろう。

なお、本章で触れた以外に日本における学校での自傷行為や自殺対応に関する研究も増えてきているが、十分に適切な内容とはいえない。それらの著作、論文については、このあとの各章で、テーマごとに言及したい。

第6節　自傷・自殺予防教育に死生観・スピリチュアリティは役立つか

二〇〇六年の自殺対策基本法の制定によって自殺総合対策大綱が策定され、その中で、若者に対して自殺予防教育を行うことが努力義務になっている。また二〇二二年に改訂された生徒指導提要においても、改めて児童生徒への自殺予防教育が推奨されている（文部科学省 2022）。それでは、そうした自殺予防教育はどのように行えばいいか。本書では、自殺予防教育の中身として、死生観教育やスピリチュアリティの問題を検討する。

自傷行為をする若者の多くは、常に自殺や死を意識している。直接的な死という形でなくても、消えてしまいたいと考えたり、死に対する憧れのようなものを抱いたりする傾向にある（山本 2006）。そのため、学校現場等で自傷行為への対応をする場合、死に対する意識への介入が有効である可能性がある。その方法論として、死生観教育はすでにさまざまな形で実践され、報告や研究論文、著作も多い（熊田他 1998; 得丸 2008）。コピーするだけで教育現場においてすぐ使用できるものもある（古田 2002; 山下 2008）。しかし、死生観教育に関するさまざまな研究をみても、その効果は実証されていない（海老根 2008）。また、自傷行為と死生観とがどう関連するか、明らかにした研究はこれまでほとんどみられなかった。若者の死生観と自傷行為がどのように関連しているのか、死生観教育を生かした自傷行為への予防や介入にはどのような方法があるか、引き続き追究される必要がある。

一方、死生観に関連して、スピリチュアリティの問題がある。スピリチュアリティに関しては緩和ケアの分野で研究や実践が進んでいる（窪寺 2000, 2004）。心理学や教育へのスピリチュアリティの応用に関しては、トランスパーソナル心理学の領域で、スピリチュアルな視点を取り入れた心理療法が模索されている（安藤・湯浅 2007; 諸富 2001; 諸富・藤見 2003）。教育の分野では、スピリチュアルな視点と関連するのは「ホリスティック教育」と呼ばれるものであり、スピリチュアルな視点を含み包括的に人間を捉えるものである（日本ホリスティック教育協会 2005）。また、文部科学省（2009）が発行した道徳教育の教材である『心のノート』においてもスピリチュアルな視点がみられる。スピリチュアリティを取り入れた具体的な道徳教育の実践研究もある（相良・諸富 2012）。

しかし、現状のスピリチュアリティそのものに関する研究状況は、日本人の宗教観に見合ったスピリチュアリティの概念が模索されている段階であり、スピリチュアリティと教育についても、まだそのあり方がさまざまな観点から議論されている状況である（ベッカー・弓山 2009; 鎌田 2015）。学校現場での実践も、スピリチュアリティ教育と言いながら、その教材には死を意識させるものも織り込まれており、スピリチュアリティと死生観との概念の峻別がなされないまま行われていると言わざるをえない。スピリチュアリティと死生観がどう関連するか、それらが、他の身体的心理的社会的要因とどう関わるのか、エビデンスのある客観的研究はほとんどみられない。まずは、自傷行為と死生観・スピリチュアリティがどのような関係にあるか明確にする必要があるであろう。

スピリチュアリティの定義に関わる議論として、小楠（2004）は、スピリチュアリティを、自己、他者、自然、超越的存在等との関係性を基盤として「生きる意味・目的」、「死や苦しみの意味」について探求するものであるとしている。また、尾崎（2004）は、スピリチュアル・ヘルス教育という観点から、スピリチュアリティを、環境や他者とのつながりに関係する「水平方向のスピリチュアリティ」と、人生の意味、創造性、愛等実存的視点に関わる「垂直方向のスピリチュアリティ」と、大きく二つに分けて捉えている。つまり、小楠の指摘した他者、自然との関係性に注目すれば、尾崎の水平方向のスピリチュアリティと同様のものとなり、小楠の指摘する超越的存在との関係性に注目すれば、尾崎の垂直方向のスピリチュアリティとなる。つまり、スピリチュアリティとは、第一に超越的存在との関係、第二に他者、自然等とのつながりによって、それぞれ自己や人生を意味づけることと定義することができるのではないか。

本書ではこの定義に従って、スピリチュアリティについて考察していく。

そもそも、死生観やスピリチュアリティを用いた教育が自傷行為や自殺関連行動の改善に有効であることと自体、まだはっきりとしたエビデンスがない。そこで、本書では改めて、死生観やスピリチュアリティと自傷・自殺予防改善の問題について検討したい。

第7節　研究の方法と本書の構成

1．筆者はなぜ自傷行為の研究ができたか

自傷行為への学校現場での対応方法が緊急に求められているにもかかわらず、学校現場での調査研究や介入研究が行われにくいため、研究が進んでいないことはすでに指摘した。大学や研究機関の研究者など学校外部の者が、学校を対象に自傷行為の研究をしようとする場合、学校管理職等の許可を得なければならず、今日の日本の学校風土では、そのような研究の許可は簡単にはなされないことが予想できる。

そのような中、筆者は、自傷行為などの自殺関連行動をする生徒の多い定時制通信制高校に長年勤務する高校教員であり、相談支援のための校務分掌を担当し、日常的に自傷行為や自殺念慮を抱く生徒に遭遇したり接したりする立場にあった。学校組織の一員であり、生徒の自傷や自殺関連行動を予防改善するために、実践と研究をしていく責務を有していた。その必要性から、臨床心理士、学校心理士、公認心理師の資格を取得し、自傷行為や自殺に関する研修と、スーパーバイズも受けながら、当該領域に関する博士論文を執筆し研究方法を身につけているという状況にあった。

このような筆者の状況が、学校における自傷行為の研究の実施と倫理的配慮を可能にさせていると考える。

2．主な調査対象となった定時制通信制高校

本書での高校生に対する質的研究、調査研究、介入研究は、いずれもA県B高校という定時制通信制併設高校在籍生徒を対象としている。近年、定時制通信制高校は、勤労学生の学びの場としての役割を弱め、さまざまな理由から全日制高校に通えない生徒を受け入れ、支援成長させる高校としての機能を果たすようになってきている（柿内・大谷・太田 2010）。都道府県ごとに定時制通信制の統合改編が行われた結果、大規模になり、単位制、昼夜多部制、三修制（四年での卒業が基本の定時制を三年で卒業すること）等をとり、多様な生徒を受け入れる体制を整えてきた。そのため、こうした定時制通信制高校には、不登校経験者や精神疾患、発達障害、学力不足等多様な問題を抱えた生徒が大勢在籍するようになった。前述したように自傷行為の経験率も高い（田中 2012）。したがって、定時制通信制高校を対象とすることで、自傷行為当事者か

ら多くのデータを入手することができる。また、自傷行為発生率の高い定時制通信制高校独自の有効な対応方法も緊急に求められている。その結果は、定時制通信制高校生以外の青年期の自傷者への対応方法に示唆を与えるものになると考える。

また、B高校は、多様な生徒を支援していくため、SCの配置や臨床心理学系大学院生の相談ボランティアの活用、チューター制の導入、生徒指導支援に特化した職員会議の実施等、組織としての教育相談体制が整備されている。そのような連携体制があるため、自傷行為というデリケートなテーマの研究が倫理的にも実質的にも可能となったといえる。

3．本書が対象とする自傷行為と自殺念慮

自傷行為の概念には変遷がある。以前は、自傷行為は「手首自傷症候群」としてリストカットを中心に考えられていたが、近年では、自傷行為をより幅広く捉える傾向にある。Walsh（2006）は、「『自傷』とは、意図的に、自らの意志の影響下で行われる、致死性の低い身体損傷であり、その行為は、社会的に容認されるものではなく、心理的苦痛を軽減するために行われる」と定義する。この定義によると、リストカット以外に火のついた煙草を皮膚に押しつける（いわゆる根性焼き）、皮膚を掻きむしる、壁を殴る、壁に頭をぶつける等の行為も自傷行為とされる。また、近年欧米では自傷行為を「非自殺的自傷 Non-Suicidal Self-Injury（NSSI）」と称する場合もある（Selbey, Beder, Gordon, Nock & Joiner 2012）。また、松本（2009）は、自傷行為を改めて定義し、「自殺以外の意図から、非致死性の予測をもって、故意に、そして直接的に、自分自身の身体に対して非致死的な損傷を加えること」と記しており、本書では基本的にこの松本の定義に従っ

て自傷行為を捉える。

しかし、少なくとも日本の学校現場でみかける最も多い自傷行為はカッティング（リストカット、アームカット、ないし太ももを傷つけるレッグカット）であり、自傷行為の中でもリストカットやアームカットが自傷伝染の主流となっていることは否めない。したがって、本書で扱う自傷行為も、リストカット等のカッティングが中心となるであろう。また、自傷行為をする者の自殺念慮の割合が高く、自傷者の中には、実際に自殺してしまった生徒もいる。そのため本書では、自傷行為を中心としながらも、自傷者の多くが抱く自殺念慮や自殺問題も意識しながら論述を展開する。

さらに、本書では高校生以外の若者、あるいは中学生や小学生の自己破壊行為（オーバードーズ等）も視野に入れて論述している。本書での対応方法は、中学校の生徒や小学校の児童にも適応できると考えられるからである。ただ、その場合でも「生徒」という表記で統一する。

4．本書ではどのように自傷・自殺予防改善方法を考えていくか

以上の論点を踏まえ、本書では、若者における自傷増加、「自傷行為の日常化」という状況、そして、コロナ禍に鑑みて、自殺念慮のある自傷者の自殺予防に対処していく方法論の確立のため、学校現場における自傷行為と自殺念慮への対処方法について追究する。

序章では、自傷行為の現状と学校での対応に関わる研究や実践の状況を概括する。その際、「自傷行為の日常化」という言葉で現状を捉え、自傷行為が減っていないこと、学校での対応方法が明らかでないことを指摘し、自殺念慮との関連の中で、問題の所在を明確にする。第1章では、自傷行為を調査研究して

いく前提として、自傷行為や自傷傾向を測定する質問項目や尺度について検討する。学校現場における自傷行為の研究が進まない理由の一つとして、学校での実施にふさわしい自傷行為尺度が存在しないということが指摘できる。そこで、本書では独自に自傷行為や自傷傾向に関する尺度を作成し、提示する。第2章では、前章で作成した自傷傾向尺度を活用しながら、学校での対応方法の仮説を得るため、調査研究として、自傷行為と関連すると思われる死生観・スピリチュアリティの問題について考察する。以上のアプローチを、第Ⅰ部とする。

第3章では、自傷行為が身体・精神・社会的要因といかに関連するか、それらがスピリチュアリティとどのように関連し自傷行為に影響を与えるかを調査研究にて追究する。第4章では、自傷行為への学校での対応の仮説を得るために、自傷行為をするB高校の一二名の生徒へのインタビュー記録を質的に分析し、自傷を行うきっかけや背景、さらには自傷が改善した場合の理由などを考察する。自傷行為当事者の語る言葉を分析した質的研究もほとんどないことから、学校での対応の手がかりを得たい。第5章では、自傷者が質的研究のインタビューに協力的であり、その後メンタルが安定する現象について考察し、自傷者を支援する手がかりを検討する。以上の分析・考察を、第Ⅱ部とする。

第6章では、学校での対応方法を考察するための前提として、A県の高校の一般教員の自傷行為への対応の現状および意識を調査・確認する。第7章では、クラスワイドな自傷への具体的介入方法として、死生観教育、スピリチュアリティ教育、集団認知行動療法を比較する。さらには、自傷行為や自殺を予防する教育と介入のあり方について検討する。第8章では、自殺を未然に防いだり、自傷を改善することにつながる、学校における生徒との対話の方法、さらには、実際に自殺相談をされた時の教師の対応について考察する。以上の実践・対応を、第Ⅲ部とする。

そして、終章では、それまでのすべての章を総括することで、学校における自傷行為や自殺念慮への対応方法について論じたい。なお、終章のあとに他害問題に関する補論を付け足しているので、合わせて参照いただきたい。

第1章　生徒の自傷をどう確認するか
――自傷行為に関する尺度の作成

第1節　学校で自傷の状況が把握できない現状

日本では、学校現場における自傷行為についての研究は少なく、自傷行為への対応方法の検討が遅れている。その背景には、そのような研究を容認しづらい日本の学校風土も関係していると思われるが、それ以外の理由として、日本の中学や高校で生徒対象に行うことに適した自傷傾向や自己破壊傾向に関する尺度がほとんど存在しないことが挙げられる。

それは、日本の学校現場では「あなたは自傷行為をしていますか」、「自殺を考えたことがありますか」等の質問やアンケートを実施することで、自傷・自殺を助長すると懸念されているからである。

そこで、本章では、日本の学校現場での実施に耐えうる自傷行為のアンケートの作成について論じる。「自傷行為の日常化」が起きている中、各学校において自校に自傷をする生徒がどのくらいいるか、調査しておくことが必要である。

自傷傾向や自己破壊傾向を調べる尺度は日本よりも海外で数多く開発されてきた。海外の方が、自傷行為などについて率直に尋ねることができる文化的土壌があるからと思われる。International Society for the

Study of Self–Injury（2019）のウェブサイト上に、今日までの世界の主な自傷行為のアセスメントに関する尺度が網羅的に掲載されており、そのすべてがネット上でダウンロードできる。

しかし、そうした海外の尺度のほとんどが、自傷等についての質問の仕方や表現が直接的かつ露骨であり、項目が多く、内容も多岐にわたる。例えば、Sansone, Wiederman & Sansone（1998）のSelf–Harm Inventoryは、二二項目から成るが、項目三〝Burned yourself on purpose?（故意に、自分の体を焼いたことがありますか）〟、項目八〝Scratched yourself on purpose?（故意に、体をひっかいたことがありますか）〟、項目一八〝Attempted suicide?（自殺を企図したことがありますか）〟等次々と自己破壊に関する質問が続く。また、Washburn, Potthoff, Juzwin & Styer（2015）のAlexian Brothers Assessment of Self–Injuryは、項目一〝Cut yourself enough to tear the skin and/or bleed（皮膚が裂けたり血が出たりするくらい体を切る）〟項目二〝Scratched, rubbed, or pinched at your skin to the point of bruising or bleeding（痕がつくか、血が出るまで、肌をひっかいたり、こすったり、つまんだりする）〟というような直接的な質問が二一項目続いている。

こうした質問紙を用いた場合、生徒たちのメンタルに悪影響を与える恐れがある。

このようなことから、海外で開発された尺度をそのまま翻訳して日本の学校現場で用いることは困難であると考える。

日本国内でもある程度自傷行為に関する尺度が開発されている（角丸 2004; 金 2006; 岡田 2005; 谷口 1994）。しかし、それらも、海外のものと同様、質問項目が多く、露骨な表現を用いている。例えば、岡田が開発した二九項目から成る「自傷行為に関する質問紙」は、一般的によく引用される自傷に関する尺度であるが、「爪をかむ」、「手や足、顔をつねる」、「髪の毛をかきむしる」、「血を見るのが好き」等の自己破壊的行動を率直に問う質問項目が次々と並ぶ（岡田 2008）。

これら従来の質問紙は、何問も連続して自己破壊行為についての問いかけを繰り返すことから非常に侵襲的であり、実際に自傷行為をしている生徒のみならず、それ以外の生徒にも調査実施に伴う悪影響が懸念される。教育的な配慮や倫理的観点から、これらの尺度を用いて学校現場で調査することは困難であるといえる。

以上の懸念を踏まえ、土居・三宅・園田（2013）は、抑圧、自責、親子葛藤など、自傷と関連する質問二〇項目から構成される自傷行為尺度を作成した。しかし、逆にこれには、自傷行為について尋ねる項目が全く存在しない。土居他はこの尺度で自傷傾向を確認できることを検証しているが、こうした尺度には最低一項目は直接自傷行為について尋ねる項目が必要ではないか。学校現場で生徒に負担をかけながら自傷傾向を確認するという、頻繁には行うことができない貴重な調査において、自傷行為を確認する項目が一つもない尺度を使用することには躊躇が伴わざるを得ないだろう。

このように現状では、学校現場で生徒対象に自傷や自傷傾向に関する調査を行うための適切な尺度が存在しないということが指摘できる。そこで本章では、侵襲度が低く学校現場で実施することが可能でありながら、生徒の自傷傾向を確認することができる尺度の作成を検討する。

表 1-1 「自傷傾向尺度」と質問項目ごとの統計的状況

	度数	最小値	最大値	平均値	標準偏差	I-T 相関	項目が削除された場合の Cronbach のアルファ
1 自分の身体が傷つかないように注意している。	265	1	5	2.99	1.212	.478	.745
2 自分の体を傷つける人の気持ちが理解できない。	266	1	5	2.83	1.400	.541	.734
3 身体の痛みの方が、心の痛みよりましである。	263	1	5	3.66	1.107	.232	.776
4 自らを傷つけるのは格好悪い。	265	1	5	2.66	1.206	.391	.757
5 危険なことをわざとやりたくなる。	266	1	5	2.53	1.259	.389	.758
6 自分はもうどうなってもかまわない、という気持ちになる。	264	1	5	2.94	1.335	.493	.742
7 リストカットに関するドラマやマンガ、本をみたことがある。	264	1	5	3.41	1.510	.382	.762
8 リストカットなどの体を傷つけることをしたことがある。	265	1	5	2.15	1.557	.635	.717
9 現在、自分を傷つけることをしている。	266	1	5	1.95	1.229	.518	.740

第2節　自傷行為の尺度を作成する方法

1．質問数を少なくし穏やかな表現で

これまでの自傷行為や自己破壊傾向の尺度の文言を参考にしながら、質問項目について検討した。その際、①質問数をできるだけ少なくすること、②逆転項目により穏やかな表現を用いること、③近年の自傷行為の伝染や流行に関連した質問項目を入れることを念頭に置き、既存の尺度から四項目（項目3、4、5、6）、A県B高等学校で毎年実施している自傷行為に関するアンケートから一項目（項目8）、それ以外に今回独自に作成した四項目（項目1、2、7、9）の全九項目から成る「自傷傾向尺度」を作成した（表1－1）。

それらは、自分を傷つけることを否定する肯定的質問項目（項目1、2、4）、身体と心の痛みを比較する項目（項目3）、自暴自棄の傾向を問う項目

（項目５、６）、リストカットに関わるメディアへの関心を問う項目（項目７）といずれも間接的で比較的穏やかな質問である。そして、自傷行為に関わる項目８も、あくまでリストカット経験という過去の状況を尋ねるという点で間接的である。また、項目９も、自傷行為に限定しない現在の自分を傷つける行為について幅広く尋ねる項目であり間接的である。このように直接自傷傾向を問う項目８、９も間接的であることから、侵襲性が高くないと思われる。このように「自傷傾向尺度」全九項目は、既存の尺度に比べて侵襲度が低くなったと考えられる。

そして、これらの項目に対して「５　すごくそう思う（すごく当てはまる）」から「１　まったくそう思わない（まったく当てはまらない）」までの五件法で回答を求めることとした。

本調査は、高校生の自傷行為がどのような身体的、心理社会的要因と結びついているかを確認するための研究の一環として行われた。そのための調査用紙は「自傷傾向尺度」以外の他の問題に関する質問を含む八二項目から作成され、「高校生の生命観に関するアンケート」と題された（本書巻末の資料１参照）。その際、自傷に関する質問が連続しないように配慮した（佐野・加藤 2013）。

2．調査対象者は誰か、時期はいつか

Ａ県Ｂ高校定時制全生徒三六六名を対象とした。近年定時制は不登校等の問題を抱えて全日制高校に通えない生徒の受け皿校的な役割を果たしており、自傷行為の経験者も数多く在籍している（佐野・加藤 2013）。そのため、Ｂ高校で調査を行うことにより、自傷行為当事者から多くのデータ入手することができると考えた。

表 1-2　調査対象生徒の学年別人数

学年	1年生	2年生	3年生	4年生	合計
男性（人）	46	40	27	17	130
女性（人）	43	44	32	17	136
計（人）	89	84	59	34	266

表 1-3　B 高校の在籍生徒の年齢構成

年齢（歳）	15	16	17	18	19	20 〜 24	25 〜	合計
男性（人）	56	45	33	23	12	5	1	175
女性（人）	53	56	46	27	2	4	3	191
計（人）	109	101	79	50	14	9	4	366

ロングホームルーム（以下、ＬＨＲ）の時間に生徒への調査を実施した。定時制の出欠の要領を覚えた上級生になるほどＬＨＲの欠席率が高くなる傾向にあり、回答者数が少なくなった（在校生三六六名中回答者二七八名）。調査用紙回収後、不良回答、著しく欠損値がある等不備のあるデータ一二名分を除外し、最終的に二六六名（男子一三〇名、女子一三六名）のデータを使用した（有効回答率九五・七％）（表1－2）。

調査対象者の年齢構成は表1－3を参照されたい。これは、B高校の調査年度の在籍者全体の表である。定時制高校は原則四学年であり、全日制高校に比べて四年生にあたる一九歳の生徒が存在する。さらに、さまざまな事情から二〇歳を超えた生徒もいる。このため、年齢だけで個人が特定される可能性があることから、調査用紙のフェイスシートには年齢記述欄をあえて設けなかった。現在の定時制高校は有職少年が少なく、極端に年齢が高い生徒もほとんどいない。表1－3をみると、B高校でもその傾向はうかがえる。したがって、調査対象者はほぼ高校生にあたる年齢層とみなして差し支えない。

調査は二〇〇×年六月に行われ、第2章、第3章の研究と同時にデータを取得した。

3．倫理的配慮の必要性

B高校における調査は、臨床心理学の指導教員の指導を受けながら、校長、教職員、SC（臨床経験の豊富な大学教員）との綿密な連携のもと、筆者が校内に待機する中で、各クラス担任によって行われた。

質問紙は、前掲「自傷傾向尺度」の全項目以外に、第2章、第3章に関係する一連の質問項目を含む八二項目から作成され「高校生の生命観に関するアンケート」と題された。そして、表紙には、高校生が「命や自分自身についてどのように考えているか」確認するという調査目的を説明する文章を付し、回答は任意でいつでも中断できると記載され、口頭でもその旨を伝えてもらった。そして、回答終了後、生徒に命を尊重する意識を育むことを意図した授業を、担任との連携のもと、筆者が行った。そして、調査後も定期的にB高校教職員と連絡を取り、生徒たちに調査の影響がないか確認をした。

本研究では、自傷行為やそれに関連することについて、何度も質問をすることの弊害を避けるため、再テスト法による信頼性の確認や併存的妥当性の検討は行わなかった。また、弁別的妥当性に関しては、うつ傾向の尺度や自殺企図に関する尺度等との比較が考えられるが、同様にそれらの尺度を実施することに伴う弊害が懸念されるので行わなかった。代わりに、質問項目に関わる内的整合性の確認、t検定による比較、判別分析の実施等で信頼性、妥当性を検討した。このように再テストや他の尺度との併存的妥当性の検討を行わず、内的整合性や判別分析で尺度の信頼性等を検討するやり方は、「自傷行為に関する質問紙」を作成している岡田（2005）も採っている方法である。また、t 検定による自傷者群と一般群の比較による妥当性の確認は土居・三宅・園田（2013）が行っている。なお、統計分析のソフトは、SPSS Statistics 17.0を用いた。

第3節　学校で実施しやすい自傷の質問紙とは

1．どのような質問紙か

「自傷傾向尺度」の各質問項目の具体的内容およびそれに関する平均値、標準偏差等の統計的概要は表1－1の通りであった。

2．信頼性（何回検査しても同じような結果になるか）

質問紙とは、実施する度に安定して一定の結果を出す必要がある。そのことを「信頼性」と言って、質問紙を作る場合、必ず信頼性を確認しなければならない。

信頼性に関しては Cronbach の α 係数では九項目全体で .770 となった。また、Spearman–Brown の公式に基づく折半法（奇遇法）による信頼性係数は .761 となった。

3．妥当性（きちんと自傷について確認できているか）

一般科学教授学綱要
教員養成・授業・研究のための基礎と方向づけ

ディートリッヒ・ベンナー 著／牛田伸一 訳

学ぶ者の経験や意味は科学によって一般化できるか。一つの知識形式やパラダイムに位置づけられない、科学を通した陶冶の連関を教育から導く。▼A5判上製・三八四頁・五〇〇〇円

東日本大震災と子どものミライ

橋本惠司 著

三・一一直後、石巻市内の小学校長に着任した著者の、震災前後の期間にわたる教育実践記録。止めることのできない教育の営みを考える。▼四六判並製・三九四頁・二五〇〇円

自己形成への道程
精神科看護師による実践記述の解読から

千々岩友子 著

しなやかな自己は、個人の意志または他者の教育によって形成されうるのか。一人の精神科看護師の実践記録から、その過程を読みとく。▼A5判上製・二九六頁・四五〇〇円

Discourse Marker *Well* in Spoken American English
Some Suggestions for Politeness and Cross-Linguistics

高村遼 著

アメリカ英語における談話標識 *Well* を多面的に探究。サンタバーバラコーパスから用例を採り、対人機能・談話構成機能を立証する。▼A5判上製・二九八頁・六〇〇〇円

認知・言語理論から日本語教育実践へ
類推タスクアイデア29

橋本ゆかり 著

日本語教育の現場における理論と実践の橋渡しをめざし、認知言語学と第二言語習得理論をベースに考案した29のタスク集。［二刷］▼A5判並製・二一〇頁・一八〇〇円

自分を整えるブリーフサイコセラピー
瞑想法、NLP、臨床動作法、バイオフィードバック

岡本浩一・小林能成・長谷川明弘 編

自己のストレス・ケアに適用できる短期心理療法を提示。支援・治療相手の心の傷を疑似体験してしまう心理・福祉職に就く人に最適。▼四六判並製・三二〇頁・二五〇〇円

フンボルトの陶冶理論と教育改革
学問中心カリキュラムの再考

宮本勇一 著

W・v・フンボルトの思想と学校教授の原理を探究。一面的な有用性のみに留まらない、自己の世界対峙の方法としての知の様態を示す。▼A5判上製・五五二頁・六〇〇〇円

ドイツの幼児教育におけるビルドゥング
子どもにとっての学びを問い直す

中西さやか 著

ドイツの幼児教育の政策とそこでのビルドゥングの理念を考察し、自らの経験を理解し意味づけていく幼児期特有の学びの過程を描く。▼四六判上製・二四二頁・四〇〇〇円

同調行動のエスノメソドロジー
日中ビジネスコミュニケーションの異同
楊一林 著

日本と中国の職場ミーティングにおける「同調行動」をマルチモーダル的に分析。両者のコミュニケーションの異同を科学的に枠づける。▼A5判上製・二二四頁・五〇〇〇円

正統的周辺参加としての社会科教育の展開
アンラーニングによる社会参加をもとに
田本正一 著

多様な共同体における関係性や状況をふまえ、市民社会への参加を可能にする社会科教育のあり方を理論や授業実践例を挙げて検討する。▼A5判上製・二七二頁・四〇〇〇円

教育による包摂／排除に抗する児童福祉の理念
児童自立支援施設の就学義務化から
高田俊輔 著

福祉と教育による子どもへの統一的な保障は可能か。非行少年を対象とする入所型の児童福祉施設であるその支援のありようを再検討する。▼四六判上製・三三〇頁・四〇〇〇円

言語教師教育論
境界なき時代の「知る・分析する・認識する・為す・見る」教師
B・クマラヴァディヴェル 著／南浦涼介、瀬尾匡輝、田嶋美砂子 訳

外国語・第二言語の教師教育に向けた包括的なモデルの根拠と本質を再考し、多様な言葉の営為のための教育の方向性を見すえる。［二刷］▼A5判上製・三三〇頁・四〇〇〇円

春風社
〒220-0044　横浜市西区紅葉ヶ丘 53　横浜市教育会館 3F
TEL (045)261-3168 ／ FAX (045)261-3169
E-MAIL：info@shumpu.com　Web：http://shumpu.com

妥当性とは、その質問紙が本当に調べたいことを調べているかの度合いである。

1）自傷経験項目による確認

九つの質問項目のうち、項目8「リストカットなどの体を傷つけることをしたことがある」（以下、「自傷経験項目」）が、本研究が問題としている自傷行為経験を直接指しているので、この質問項目を基準にして、質問紙の妥当性の検証を行った。

まず、I-T相関（各質問項目が他の項目全体と深く関係しているかどうかをみる指標、信頼性と関係する）をみると、「自傷経験項目」を除く他の全項目とのI-T相関は.635（有意確率p<.001両側検定）であった。したがって、中程度の相関がうかがえる。

次に、「自傷経験項目」の「5　ものすごく当てはまる」、「4　当てはまる」に丸をつけた者を自傷経験群、この項目の「1　まったく当てはまらない」に丸をつけた者を自傷未経験群として群分けし（「自傷経験群間」）、他の八つの質問項目の平均の比較を分散分析（※）で行ったものが表1－4である。その結果、すべての項目で自傷経験群の平均得点の方が未経験群の平均得点を有意に上回った。

さらに、「自傷経験項目」を除いた残りの八項目の合計得点による自傷経験群と未経験群の群分けに対する判別分析（※※）を行ったところ、自傷経験群と未経験群の正判別率は、八三・三％（自傷経験群の判別的中率八〇・六％、未経験群の判別的中率八四・三％）であった。つまり、直接自傷行為について質問しなくても、他の八項目で自傷経験の有無を予想することができるということになる（表1－5）。

2）現在の自傷行為継続状況の確認

「自傷経験項目」はあくまで過去の自傷行為経験を問うものであって、現在の自傷行為を行っているか

表 1-4 「自傷傾向尺度」の項目ごとの自傷群間分散分析

	群分け	人数	平均値	標準偏差	*F* 値（自由度）
1 自分の身体が傷つかないように注意している。	非自傷群 自傷群	157 65	2.73 3.74	1.153 1.203	 34.57（1.220）
2 自分の体を傷つける人の気持ちが理解できない。	非自傷群 自傷群	158 65	2.27 4.02	1.213 1.139	99.27（1.221）***
3 身体の痛みの方が、心の痛みよりましである。	非自傷群 自傷群	156 64	3.58 4.03	1.130 1.096	7.36（1.218）**
4 自らを傷つけるのは格好悪い。	非自傷群 自傷群	157 65	2.38 3.32	1.151 1.213	30.14（1.220）***
5 危険なことをわざとやりたくなる。	非自傷群 自傷群	158 65	2.35 2.95	1.262 1.280	10.30（1.221）**
6 自分はもうどうなってもかまわない、という気持ちになる。	非自傷群 自傷群	157 64	2.55 3.77	1.263 1.192	43.64（1.219）***
7 リストカットに関するドラマやマンガ、本をみたことがある。	非自傷群 自傷群	157 64	2.95 4.25	1.576 1.096	36.67（1.219）***
9 現在、自分を傷つけることをしている。	非自傷群 自傷群	158 65	1.56 2.83	.987 1..431	57.57（1.221）***
8 項目全体	非自傷群 自傷群	153 62	20.30 28.94	4.590 5.584	137.29（1.213）***

*p <.05, **p <.01, ***p <.001

表 1-5 「自傷傾向尺度」の自傷経験群間の判別分析

		判別分析による予測		
		未経験群	自傷経験群	合計
人数	未経験群	129	49	153
	自傷経験群	12	50	62
比率（%）	未経験群	84.3	15.7	100.0
	自傷経験群	19.4	80.6	100.0

どうかを問うていない。ところで、項目9「現在、自分を傷つけることをしている」は、広い意味で自分を傷つけることを現在しているかどうかを問う項目である。この項目9を「現傷項目」と呼ぶ。この質問は自傷行為そのものを問うものではないため、この項目だけでは現在の自傷行為の状況を判断できない。しかし、項目8の「自傷経験項目」の群分けで自傷経験群に入る生徒のうち、「現傷項目」にも「当てはまる」等と答えた生徒は、現在も自傷行為を継続していると考えてよいのではないか。そこで自傷経験群に入る生徒のうち、「現傷項目」に「5　ものすごく当てはまる」、「4　当てはまる」と回答した生徒を「現在自傷継続群」とする。この群と「自傷経験項目」で「未経験群」とされた生徒を対比（「現在自傷継続群間」）して検討する。

現在の自傷継続に関連する項目8「自傷経験項目」と項目9「現傷項目」を除く残り七項目で、現在自傷継続群間の判別分析を行ったところ、表1-6のようになった。現在自傷継続群と未経験群の正判別率は、九二・五％（現在自傷継続群の判別的中率八五・七％、未経験群の判別的中率九三・五％）であった（表1-6）。

※分散分析とは、3群以上の平均値の差の比較検定を行う統計手法であるが、2群に対する比較も可能であり、その点後述の t 検定と同様の結果を出せる。

※※判別分析とは、ある数値が特定のカテゴリーに該当するか否かを判別する確率を求める統計技法。

表 1-6 「自傷傾向尺度」の現在自傷群間の判別分析

		判別分析による予測		
		未経験群	現在自傷継続群	合計
人数	未経験群	143	10	153
	現在自傷継続群	3	18	21
比率（%）	未経験群	93.5	6.5	100.0
	現在自傷継続群	14.3	85.7	100.0

4．カットオフ値の推定

1）自傷経験の有無のカットオフ値

カットオフ値とは、質問紙の中でこの得点以下だとその問題に該当しない可能性が高いという数値のことを指す。

この「自傷傾向尺度」の自傷経験の有無のカットオフ値を推定する。本尺度全九項目の合計得点のヒストグラムを、未経験群と自傷経験群に分けて表示すると図1－1のようになった。それをみると両群のグラフが交差するのは二八点前後のところであった。また、カットオフ値をみるため、自傷経験群を陽性、未経験群を陰性とし陽性率（感度）を縦軸、偽陽性率（特異度）を横軸にしたROC曲線を作成すると図1－2の通りであり、その座標を示したものが表1－7となった。ROC曲線では、(0,1)座標に最も近い点がカットオフ値の候補となるが、尺度得点が二六・五点に対応するROC曲線の座標がそれにあたる。

さらに、このカットオフ値候補の二六点近辺の陽性率（感度）と除外率（特異度）を表したのが表1－8である。それによると、二七点前後で、両者の率が逆転し、二五／二四点のところで九五・二%、二四／二三点のところで九六・八%の陽性率となることがわかった。

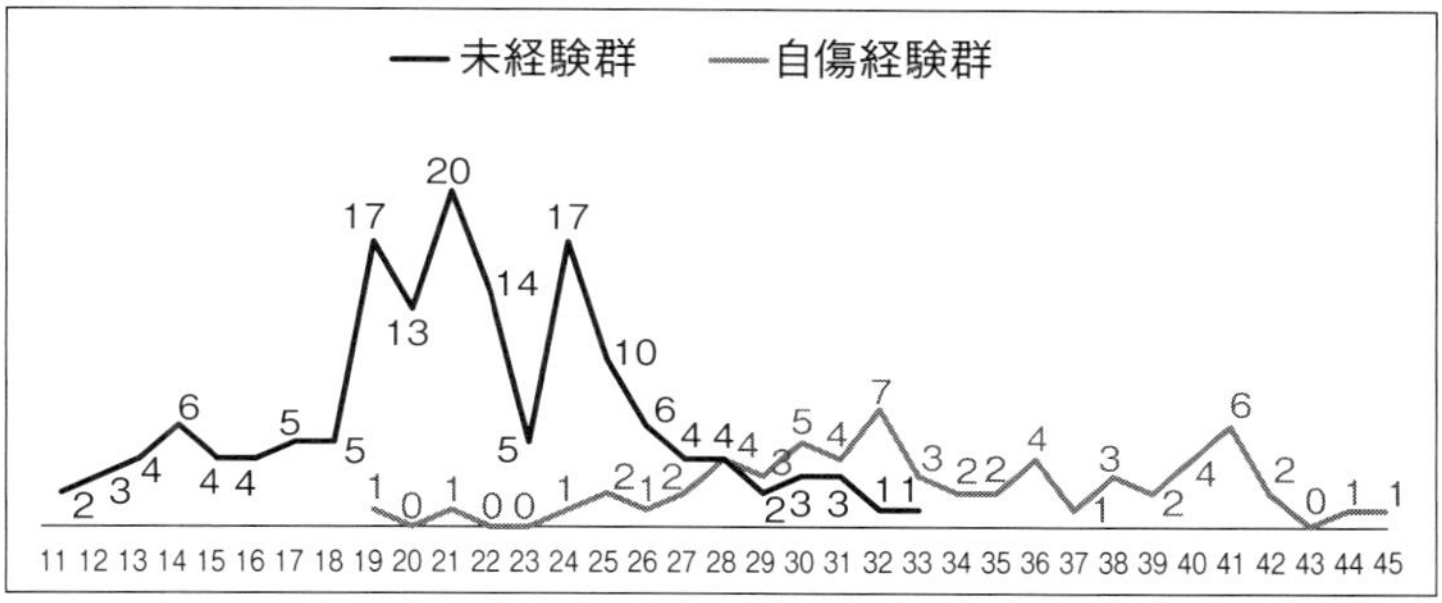

図1-1　自傷経験群間別の「自傷傾向尺度」得点のヒストグラム

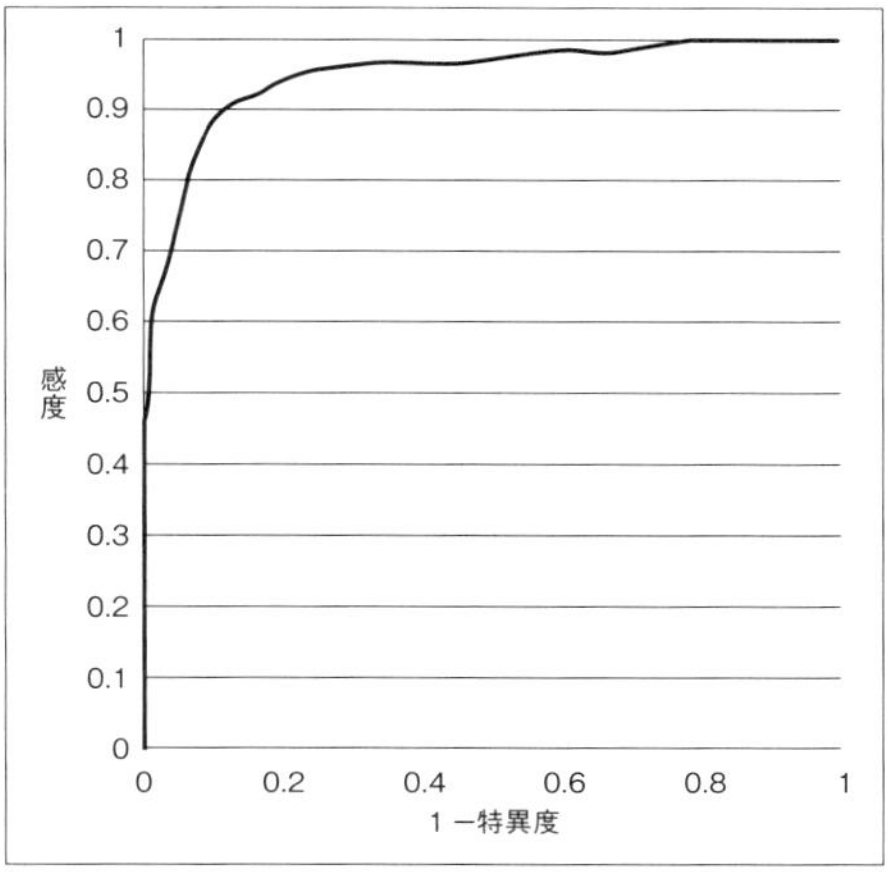

図1-2　自傷経験群間のROC曲線

表 1-8　自傷経験群間の尺度得点における陽性率と除外率

カットオフポイント	陽性率	除外率
29/28	80.6%	93.7%
28/27	87.1%	90.5%
27/26	90.3%	88.6%
26/25	91.9%	84.2%
25/24	95.2%	78.5%
24/23	96.8%	67.1%

表 1-7　自傷経験群間の ROC 曲線の座標

尺度得点	真陽性率（感度）	偽陽性率（1－特異度）	(0, 1) 座標からの距離
10.0	1.000	1.000	1.000
11.5	1.000	.987	.987
12.5	1.000	.967	.967
13.5	1.000	.941	.941
14.5	1.000	.902	.902
15.5	1.000	.876	.876
16.5	1.000	.850	.850
17.5	1.000	.817	.817
18.5	1.000	.784	.784
19.5	.984	.673	.673
20.5	.984	.588	.588
21.5	.968	.458	.459
22.5	.968	.366	.367
23.5	.968	.333	.335
24.5	.952	.222	.227
25.5	.919	.157	.176
26.5	**.903**	**.118**	**.152**
27.5	.871	.092	.158
28.5	.806	.065	.204
29.5	.758	.052	.248
30.5	.677	.033	.324
31.5	.613	.013	.387
32.5	.500	.007	.500
33.5	.452	.000	.548
34.5	.419	.000	.581
35.5	.387	.000	.613
36.5	.323	.000	.677
37.5	.306	.000	.694
38.5	.258	.000	.742
39.5	.226	.000	.774
40.5	.161	.000	.839
41.5	.065	.000	.935
43.0	.032	.000	.968
44.5	.016	.000	.984
46.0	.000	.000	1.000

表 1-9　男女別の自傷経験群と現在自傷群の数

	男	女	合計	
自傷経験群	12	53	65	24.4%
現在自傷継続群	4	18	22	8.3%

2）現在自傷継続群のカットオフ値

次に現在自傷行為を継続しているかどうかを見分ける現在自傷継続群間のカットオフ値を推定する。両群のヒストグラムを示すのが図1－3である。それによると、三二～三三点のところでグラフが交差した。さらに、ROC曲線は図1－4の通りであり、(0,1)座標に最も近い点は、尺度の三〇・五点のところが該当した。また、三一点以上とすることで現在自傷継続群のほぼ一〇〇％を捉えることができる。

5．自傷者の比率と男女比

男女ごとに自傷経験群間と現在自傷継続群間それぞれの人数をまとめたのが表1－9になる。自傷経験群の数は六五名となるが、これの全回答者数二六六名における比率は二四・四％となった。また、現在自傷継続群は全回答者数八・三％になった。

また、正確二項検定（母比率不等）を用いて、男女比をみると自傷経験群、現在自傷継続群ともに女子の方が有意に多かった（それぞれ $p < .001, p < .01$）。

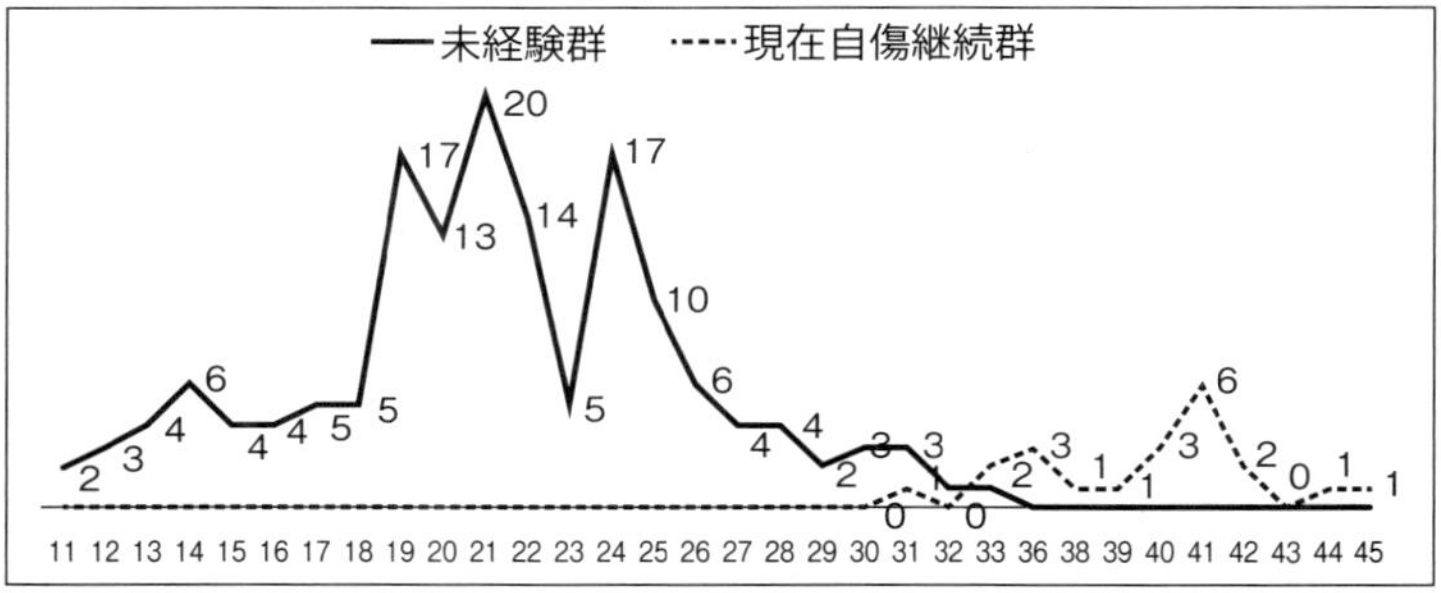

図1-3　現在自傷継続群間別の自傷傾向尺度のヒストグラム

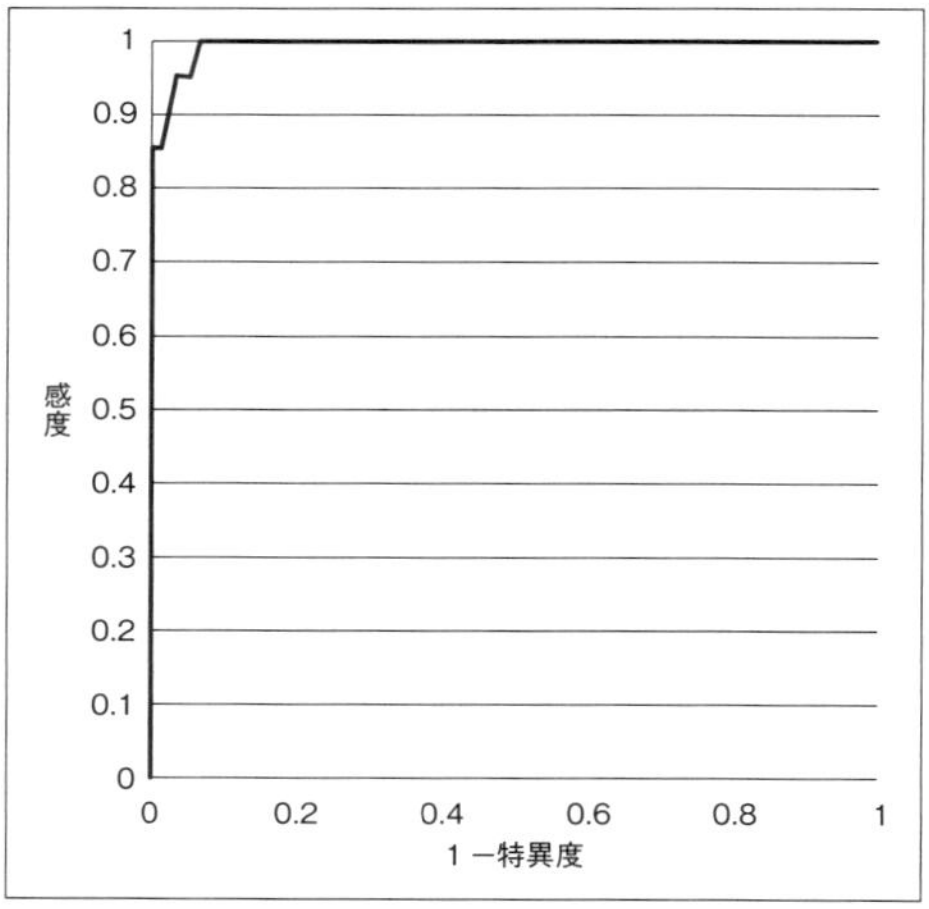

図1-4　現在自傷継続群間のROC曲線

第4節　「自傷傾向尺度」は学校現場で実施しやすい

1.「自傷傾向尺度」の侵襲性の低さ

従来の自傷行為に関する尺度は質問項目も多く文言も露骨であり侵襲性が高く、調査対象者に負担を与え、自傷行為を行っている者には、悪影響を与える可能性があった。その点、本研究において作成された「自傷傾向尺度」の質問数は九項目と少なく、直接的な表現を避け文言を穏やかにするなどの配慮を行った。また、直接自傷行為の経験を尋ねる項目8「自傷経験項目」もあくまで過去の経験を問う形式をとった。また、現在の自傷行為の有無は、項目8と項目9と合わせることで確認する形になっている。つまり、「あなたは、今自傷行為をしていますか」というように直接自傷行為の有無を問わないため、侵襲度が低くなっていると判断された。

さらに、すべての項目で五件法をとる方が、直接「はい／いいえ」で自傷行為の有無について尋ねるよりも、心理的負担は軽減されると考えた。

このように、侵襲度が低く間接的な問いかけを用いた「自傷傾向尺度」は、従来の尺度に比べて生徒の負担も少なく正直に回答しやすいものとなっていることから、学校現場での実施に適していると考えられる。

2.「自傷傾向尺度」の妥当性と有効性

この「自傷傾向尺度」は、侵襲性が低いのにもかかわらず、従来の自傷の尺度に比べても同程度かそれ以上の妥当性と有効性が認められる。

まず、本尺度の信頼性係数が.70以上であり、項目数が少なくても使用に耐えうる信頼性の高さを維持しているといえる。

次に、自傷経験の有無については、「自傷経験項目」を除いた八項目だけで八三・三％の確率で判別できる。さらに、現在自傷行為を継続しているかどうかは、直接自傷傾向を問う項目8、9を除いた残りの七項目での判別率が九二・五％であった。岡田(2005)は自身の作成した「自傷行為に関する質問紙」の「刃物による自傷行為」の質問項目の自傷行為判別率を七〇・〇％ないし七七・七％と述べているが、岡田のものより本尺度の判別率の方が高く、本尺度で十分、自傷経験や現在の自傷継続の有無を推定することが可能である。

3. カットオフ値の設定

本尺度九項目はいずれも自傷行為の有無を「はい／いいえ」で答えるものではないため、侵襲度が低いことを指摘した。また、直接自傷行為を問う項目8、9を除いた場合でも十分自傷行為の判別率は高いが、それら二つの項目を入れた全九項目を用いた方が自傷行為の有無や自傷傾向についてより精緻に把握できるものとなるであろう。そして、そのためにはカットオフ値を設定することが必要である。

自傷経験群間や現在自傷継続群間のヒストグラムやROC曲線を検討し、それぞれ二六点及び三一点

表1-10　本尺度におけるカットオフ値の見方

該当群	各群の説明	カットオフ値
現在自傷継続群	現在も自傷行為をしている可能性が高い群	31点以上
自傷経験群	過去に自傷行為をしていた可能性が高い群	25点以上
未経験群	自傷行為未経験の可能性が高い群	24点以下

近辺がカットオフ値の候補となることをみた。しかし、自傷経験群の九五％以上を捉えるためには、それより下の二四点をカットオフ値にすることが有効だと考える。したがって、二四点以下は自傷未経験、二五点以上で自傷経験ありと考えることが妥当であろう。さらに三一点以上なら現在進行形で自傷行為をしていると考えるのが適切であると思われる。これらのカットオフ値の見方を整理すると、表1－10のようになる。

特に、自傷経験群間のROC曲線（図1－2）より現在自傷継続群間の方（図1－4）が直角に近く、二九～三一点前後で現在の自傷継続の有無をより明確に見分けることができる。

この尺度を用いた個々の回答者の自傷経験や自傷継続の鑑別は、上記のような合計点のカットオフ値を用いて行う以外に、項目8や項目9の回答状況を加味することが有効であろう。つまり、項目8「自傷経験項目」で四ないし五点であったら自傷経験あり、なおかつ項目9「現傷項目」が四ないし五点であれば現在も自傷継続の疑いがあると考えることが妥当である。

4．比率と男女比の考察

自傷経験群の割合が二四・四％（男子九・二％、女子三九・〇％）と全体の約四分の一であり、定時制在籍者の自傷経験率の高さを示している。これは、この時期のB高校新入生の自傷経験率（佐野・加藤 2013）と同様であり（序章、図０－２）、本章での自傷経験の推定の仕方が適切であることが確認できる。また、現在自傷継続群は八・三％（男子三・一％、女子一三・二％）であったが、これもB高校の現在進行形の自傷行為の生徒の比率として妥当な数値であると考えられる。

また、自傷者の数に有意な男女差がみられないとする指摘が多い中（Briere & Gil 1998; 松本・今村 2006）、本章では、自傷経験者は女子の方が有意に多いという結果であった。その理由として、「自傷傾向尺度」では自傷行為のうち特に「リストカット」について具体的に尋ねているからではないか。自傷行為を幅広く捉えた場合、男性と女性の比率は接近するのかもしれないが、特にリストカットに関しては女性の方が多い可能性を指摘できる。

第５節　まとめ　学校で自傷傾向を確認した方がよい

本章で作成した「自傷傾向尺度」は、従来の自傷尺度よりも侵襲性が低いにもかかわらず、自傷行為の有無の判別を十分に行え、学校現場で実施に耐える尺度であることを確認した。

この尺度を用いて、学校現場で生徒の自傷行為の状況をスクリーニングしたり、アセスメントしたりすることが可能になると考える。また、本尺度は、行為の有無だけでなく自傷傾向を数値化できるため、自傷行為に関する量的アプローチによる統計的研究にも活用できるものである。この尺度によって、学校現場での自傷対応等の研究が進展することが望まれる。

本尺度をそのまま用いることは今日においても有効であるが、今後さらなる研究や検討によって、よりよい自傷尺度が開発されることも期待できる。

その際も、本章で指摘した以下の視点が自傷行為に関わる尺度開発の上で参考になると考える。

①自傷行為を確認するのに、項目数を無意味に多くする必要はないこと。今後は、侵襲性を低くするために項目数を少なくしながら、尺度としての信頼性、妥当性をどのように保つかが課題となること。

②露骨な表現を用いる必要はなく、逆転項目等による穏やかで間接的な文言によっても、自傷行為の尺度として十分信頼できるものになること。

③自傷行為をしているかどうかを直接問う質問項目についても、はい／いいえで尋ねるのではなく、過去形にしたり数値表現をする方法をとることで、回答者の負担を軽くできること。

ぜひこのような尺度を使って、勤務校の自傷行為の実態について把握するように努力してほしい。その際、その調査を行ったからといって、自傷行為や自殺の可能性が高まることは、後述するように考えられない。むしろ、そのようなアンケート実施をきっかけにして、学校現場で全校生徒の自傷傾向を抑制したり、自傷を予防することにつながるようにしていってもらいたい。もはや自傷行為に対して学校でタブー視している時代ではない。

本尺度および本研究は以下の限界と課題を持つ。

第一に、本調査がA県B高校のみによって行われたということである。今後、複数の学校や他地域においてもデータを得て検討していく必要がある。

表 1-11　自傷傾向尺度

1 自分の身体が傷つかないように注意している。
2 自分の体を傷つける人の気持ちが理解できない。
3 身体の痛みの方が、心の痛みよりましである。
4 自らを傷つけるのは格好悪い。
5 危険なことをわざとやりたくなる。
6 自分はもうどうなってもかまわない、という気持ちになる。
7 リストカットに関するドラマやマンガ、本、ネット等をみたことがある。
8 リストカットなどの体を傷つけることをしたことがある。
9 現在、自分を傷つけることをしている。

第二に、本調査は二〇〇×年に行われたものであり一〇年以上前の調査となりデータが古い。今後は、本尺度やそれを改良した尺度を用いて再調査等を行い以前の状況と比較・検討することでより多くの示唆を得ることができるであろう。

第三に、今日的な自傷尺度を作成するという観点から、調査を行った時点においてリストカットに関するマンガや実写ドラマが流行していたことを踏まえ、そうした状況に関連する項目を作成した（項目7）。しかし、その後テレビよりもインターネットやSNSの影響が高まっており、項目の追加や文言の修正を行っていく必要があるのではないか。現状では、項目7を「リストカットに関するドラマやマンガ、本、ネット等をみたことがある」に変更して再度標準化を図ることで、今日においても使えるものとなると考える（表1－11）。

最後に、本尺度は、生徒の身体的心理社会的問題と自傷行為との関連を確認することを目的とした「高校生の生命観に関するアンケート」の、八二項目から成る質問紙の一部として他の項目と混ぜて使用された。このような用い方と本尺度を単独で用いた場合との相違について、本来検討する必要もあろう。

なお、以降の章で「自傷傾向」ないし「自傷傾向尺度」という表現で出てくるものは、本尺度のことを指す。

第2章　死生観やスピリチュアリティで自傷行為を改善できるか

第1節　自傷をめぐる死生観、スピリチュアリティの問題

生徒たちの死生観やスピリチュアリティへの意識を高めることで、自傷傾向を改善することは可能か。本章ではそのことを検討する。

これまで指摘してきた通り、自傷行為に対する学校での介入方法についての研究はほとんどなされてない。そのような中、本章では、死生観やスピリチュアリティと自傷行為との関係について調査研究することで、自傷行為への学校での教育的対応の可能性について検討したい。

自殺やそのリスク要因としての自傷にはその人の死生観や生き方、価値観、そしてスピリチュアリティが関わってくる。Turner（2002）は、自傷からの回復におけるスピリチュアリティの重要性を強調し、スピリチュアルな気づきを中心に構成された「自傷からの回復用の12ステップ」を考案している。Wagner（2008）は、スピリチュアルな成長と自傷行為とに有意な相関があることを指摘している。また、赤澤（2009）は自傷を含む自殺関連行動といくつかの死生観下位尺度が相関関係にあることを述べている。このように、自傷行為とスピリチュアリティや死生観は関連していることが示唆されている。こうしたことから、

学校現場でスピリチュアリティや死生観に基づいた教育や介入を行うことで、自傷行為を予防改善していくことが可能となるのではないか。

一方、死生観に関しては、命の尊重等の観点からすでにいくつかの死生観教育の実践があることは序章で指摘した。しかし、現段階では、その効果についての十分な実証的研究が少なく（海老根 2008）、その結論もさまざまであり、死生観教育をどのように行っていくかは、その有効性を含めて再検討される必要がある。

そこで本章では、自傷行為をする生徒に、学校教育の場において教師が死生観やスピリチュアリティを用いて有効に対応していく方法の仮説を得るため、高校生の自傷行為とスピリチュアリティ・死生観との関連を、高次因子分析（※）及び共分散構造分析（※※）を用いて、構造的に追究していく。

※因子分析とは、質問紙等において、複数の項目の関連から共通する要素（因子）を見つけ出し、項目を分類する統計的手法である。因子ごとにまとめられた質問項目群が下位尺度と呼ばれる。

※※共分散構造分析とは、複数の数値の影響関係を、パス図を用いて図式化する統計手法である。

第2節　死生観・スピリチュアリティとの関係をどう探るか

1．調査参加者と調査時期

序章で概要を説明したA県のB高等学校定時制の生徒を対象に、第1章の自傷傾向尺度の作成のための調査と同時に本章の調査も行った。したがって、第1章と同様、二〇〇×年六月のＬＨＲの時間に生徒への調査を実施した。在校生三六六名中回答者二七八名、そのうち不備のあるデータ一二名分を除外し、最終的に二六六名（男子一三〇名、女子一三六名）のデータを使用した点も第1章と同様である（有効回答率九五・七％）。

2．倫理的配慮

第1章でも説明したが、本章に関わる調査は、第1章、第3章と同時に行われた。したがって、本章に関わる使用尺度はすべて第1章で述べた「高校生の生命観に関するアンケート」八二項目に含まれている。倫理的配慮も第1章で記述したものと同様である。

3．死生観、スピリチュアリティをどう調べるか

1）自傷行為に関する尺度

繰り返しになるが、第1章で作成・検討した「自傷傾向尺度」を用いる。

2）スピリチュアリティとはなにか

スピリチュアリティに関する定義がさまざまある中、序章で述べた通り、本章では、スピリチュアリティを、超越的存在との関係及び他者・自然等とのつながりによって自己や人生を意味づけること、と定義する。

日本におけるスピリチュアリティに関する尺度はいくつか開発されているが（e.g.: 中村・長瀬 2004; 尾崎・石

川・松本 2005）、いずれも、設問数が多く、表現が抽象的で高校生には難解であると感じられた。また、それらの尺度項目をみると、その中に死生観や自己意識、宗教意識まで含む多様なものであり、スピリチュアリティのみを測定するものになっていないと思われる。

そのような中、一瀬（2005）は暴力防止教育にスピリチュアリティを活用しようという観点から、三下位尺度、一二項目から成る高校生用スピリチュアリティ尺度を作成し、「超個とのつながり」、「身近なものとのつながり」、「未知への探究心」の三因子からスピリチュアリティが構成されるとしている。そのうち、前二者の因子はこれまでのスピリチュアリティの研究の中で、「大いなるものとの関わり」、「絶対的存在とのつながり」として、あるいは「他者との調和」、「自然との融和」等という言葉で捉えられた概念と同様のものであろう。また、「未知への探究心」は、尾崎（2005）が指摘する「健康的なスピリチュアリティ」の条件としての「科学的視点を軽視しない」という観点からの下位尺度であると考える。

このような一瀬の高校生用スピリチュアリティ尺度、さらに、そこに現れるスピリチュアリティの概念は、シンプルかつ明快であり、近接する概念を含まない点でも、学校現場で活用しやすいということが指摘できるのではないか。ゆえに、本章では、一瀬の高校生用スピリチュアリティ尺度を用いた。

3）死生観とはなにか

死生観については、七領域二七項目から成る平井・坂口・安部・森川・柏木（2000）の死生観尺度を使用することとした。設問の文言が平易であり、高校生でも回答しやすいと判断したからである。この尺度は下位尺度が七つあり、平井他はこの点について、死生観を「多次元的包括的に捉えるもの」という説明をしているが、多次元的ゆえに死生観全体を整理して捉えにくく、自傷行為との関連もつかみにくいことが懸念された。そこで、本章においては、この尺度に高次因子分析を行い、死生観を整理し構造化して捉えたい。なお、この死生観尺度は七件法であるが、五件法での使用例もあり（森田 2007）、本書における他の尺度と同様に、五件法で回答を求めることにした。

4．自傷と死生観、スピリチュアリティとの関係をどう調べるか

高校生用スピリチュアリティ尺度および死生観尺度は、改めて本研究のデータを基に因子分析を行い、因子を抽出した。そして、サンプルを自傷経験者群（自傷群）と自傷未経験者群（非自傷群）とに群分けし、諸因子の因子得点の平均の比較を t 検定（※）によって行った。平均に有意差がみられる場合、自傷群と非自傷群の特徴が把握できることになる。

すでに、死生観尺度の七下位尺度については、自傷経験等の有無との t 検定比較が赤澤（2009）によってなされているが、本章においては、この尺度に高次因子分析を行い、死生観を二次的因子にまとめ、それらとスピリチュアリティ因子が自傷傾向にどのような影響を与えるか、共分散構造分析を行い、パス解析図を作成した。二次的因子分析は高次因子分析ともいい、因子分析後の諸因子をさらに集約するための方法論として豊田（2007）が指摘している。統計ソフトとしてSPSS17.0, Amos17.0を用いた。

※ t 検定とは、二つの群の数値の平均値に有意差があるかどうかを見分ける統計手法である。両群の平均値に差があり、それが偶然である可能性（p 値）が低い場合（一般的には $p < .05$）「有意差」があるとする。

第3節　自傷と死生観、スピリチュアリティとは深い関係があった

1．自傷経験のある人とない人を分けて比較する

第1章と同様に、自傷傾向尺度の項目「8　リストカットなどの体を傷つけることをしたことがある（自傷経験項目）」の「5　ものすごく当てはまる」、「4　当てはまる」に丸をつけた者を自傷群、この項目の「1　まったく当てはまらない」に丸をつけた者を非自傷群として群分けして、両群の比較による分析を行う。また、自傷傾向尺度の全九項目の合計得点も分析に用いる。

2．スピリチュアリティは二種類に分かれる

一瀬（2005）の高校生用スピリチュアリティ尺度の一二項目について、改めて因子分析を行ったところ、一瀬の結果とは違う因子構造が出た。一瀬と同様、三因子構造を想定し、主因子法、プロマックス回転で行ったところ、質問9の共通性、因子負荷量が低かった。そこで、質問9を除外し、再度同様の条件で因子分析すると、三因子構造となったが、第三因子は、質問3、質問6の二項目のみから構成され、神秘的なものを否定し、科学的態度を肯定するという内容で、本章のスピリチュアリティの定義に合う因子とならない。そのため、第三因子の二項目を除外し、残りの九項目について、二因子構造を想定し、再度因子分析を行った。その結果が表2－1である。回転前の二因子で九項目の全分散を説明する割合は四七・四七％だった。

第Ⅰ因子は、四項目から構成され、「この世の中に、自分を必要としている何かがあると思う」、「自分が生まれてきたのは、単なる偶然ではなく、意味や使命があるからだと思う」等超越的なものによって自己の存在や人生を意義づけていることから、「超越的意義づけ」因子と名付けた。第Ⅱ因子は、五項目から構成され、「私一人で感動するよりも、友だちと同じ感動を味わいたい」、「星空、日の出や夕日、山や海といった自然の風景に感動する」等他人や外的な出来事との情緒的なつながりに関する項目から成ることから、「情緒的つながり」因子と名付けた。因子間相関をみると両因子に.504と相関がみられた。それぞれの因子のα係数は.737、.539となった（表2－1）。

3．死生観は七つに分かれ、さらに二つにまとまる

死生観尺度の全二七項目について因子分析を行い、固有値と因子項目の傾向から七因子構造を想定し、再度、主因子法とプロマックス回転による因子分析を行った。回転前の七因子で二七項目の全分散を説明する割合は六七・六五％であった。回転後の因子パターンと因子間相関を表2－2に示した。七因子の項目構成は平井他（2000）の結果と同様であり、因子（下位尺度）名も同じものを用いる。これら各因子のα係数は.893～.676であった（表2－2）。

この死生観尺度七因子の因子間相関をみると、いくつかの因子に相関がみられ、七因子がさらに高次の因子に集約されることが予想できた。そのため、七因子に対して高次因子分析を行った。スクリープロット及び固有値（※）から二因子構造が適切と考えられ、また直交解（※※）が予想されたため、主因子法、バリマックス回転による因子分析を行い、表2－3に示した。回転前の二因子で七下位因子の全分散を

表 2-1　高校生用スピリチュアリティ尺度の因子分析（Promax 回転後の因子パターン）

	項目	I 超越的意義づけ	II 情緒的つながり
1	この世の中に、自分を必要としている何かがあると思う。	**.815**	－.073
4	自分が生まれてきたのは、単なる偶然ではなく、意味や使命があるからだと思う。	**.784**	－.062
7	私は、目に見えない大きな力で支えられている。	**.521**	.142
11	それぞれの命というものは、全て一つの命としてつながっていると思う。	**.336**	.206
8	私一人で感動するよりも、友だちと同じ感動を味わいたい。	－.114	**.766**
12	星空、日の出や夕日、山や海といった自然の風景に感動する。	.107	**.415**
10	単なる偶然とは言えない、びっくりするような偶然に出会ったことがある。	.272	**.359**
5	クラス内に別々のグループなど無く、みんな一つのグループだったら良いと思う。	－.013	**.359**
2	願い事を叶えたい時や感謝したいときに「祈る」ことがある。	.133	**.344**
	因子間相関	I	II
	I	—	.504
	II		—

除外項目

3　神秘的なことはあまり関心がない。(R)

6　科学的に証明されないことは、信じない方である。(R)

9　科学が進歩すれば面倒でやっかいなことはなくなり、豊かな社会になる。(R)

説明する割合は六一・三五％であった。第Ⅰ因子は、「死からの回避」、「死への恐怖不安」、「人生における目的意識」、「死後の世界観」への因子負荷量が高い。

これらに共通して潜在する高次因子として、死に関して考えることを恐れ、防衛している心性がうかがえる。死を恐れるあまり、死とは逆の人生の目的意識を見出したり、死後の世界の存在をあえて想定することで、死への恐怖や不安を和らげたりして、防衛していると考えられる。このことから、第Ⅰ因子を「死への防衛」と命名する。

第Ⅱ因子は、「死への関心」、「解放としての死」、「寿命観」から成っており、また、「死後の世界観」に対しては、第Ⅰ因子とともに因子負荷量が高い。これらに共通する高次因子として、死への関心が強く、死を解放と捉えたり死後の世界を想定したりすることから、死に対して肯定的に関心を抱いている心性がうかがえる。このことから第Ⅱ因子を「死への肯定的関心」と命名した。二因子のα係数はそれぞれ.736と.581であった。この二つの二次的因子を本章では便宜上、「死生観二大因子」と呼ぶ。

※因子分析を行う時には、因子数を決めなければならないが、そのときに参考となるものが、固有値で、固有値をグラフ化したものがスクリープロットである。いずれも数値の大きい順に並べた時、数値が離れている箇所を区切りとして、それより上の固有値数を因子数にする。この場合、固有値2個と固有値3個の間に大きな開きがみられるので、因子数を2と決定した。

※※因子には斜交解と直交解がある。斜交解とは因子間に相関が考えられるものであり、直交解は相関が考えられないものである。この場合、七因子の相関から二つに因子にまとめる高次因子分析なので、その二因子には相関がないと考

表 2-2　死生観尺度の因子分析（Promax 回転後の因子パターン）

項目	I 死への恐怖不安	II 解放としての死	III 死からの回避	IV 人生における目的意識	V 死後の世界観	VI 寿命観	VII 死への関心
7 死は恐ろしいものだと思う。	**.921**	−.049	−.080	−.001	−.009	.019	−.046
5 死ぬことがこわい。	**.859**	.017	.080	.024	−.052	−.065	.077
8 私は死を非常に恐れている。	**.744**	−.059	.056	.004	−.057	.004	.141
6 自分が死ぬことを考えると、不安になる。	**.717**	−.014	.170	−.022	.005	.000	.044
9 私は、死とはこの世の苦しみから解放されることだと思っている。	−.040	**.853**	.053	−.072	−.068	−.029	.057
11 死は痛みと苦しみからの解放である。	−.067	**.823**	.146	−.015	−.083	.066	−.048
10 私は死をこの人生の重荷からの解放と思っている。	−.061	**.746**	−.070	−.008	−.095	−.007	.070
12 死は魂の解放をもたらしてくれる。	.073	**.656**	−.007	.003	.184	−.074	.047
14 どんなことをしても死を考えることを避けたい。	−.004	−.043	**.752**	.028	.037	.082	−.022
15 私は死についての考えが思い浮かんでくると、いつもそれをはねのけようとする。	.104	.096	**.720**	−.009	−.018	−.041	.152
16 死は恐ろしいのであまり考えないようにしている。	.129	.060	**.663**	.062	.036	−.020	−.131
13 私は死について考えることを避けている。	.062	.046	**.618**	.023	.073	.000	−.206
18 私は人生の意義、目的、使命を見出す能力が十分にある。	.020	.015	−.060	**.776**	.071	.000	.008
19 私の人生について考えると、今ここにこうして生きている理由がはっきりとしている。	.043	.036	.038	**.704**	−.056	.137	−.045
17 私は人生にはっきりとした使命と目的を見出している。	−.146	−.106	.184	**.702**	−.109	−.028	.182
20 未来は明るい。	.120	−.058	−.072	**.546**	.001	−.109	−.124
1 死後の世界はあると思う。	−.189	−.045	.079	.045	**.778**	−.046	.080
4 人は死後、また生まれ変わると思う。	−.018	−.097	.108	−.105	**.696**	−.054	.007
3 死んでも魂は残ると思う。	.153	.184	−.210	.072	**.576**	.087	−.116
2 世の中には「霊」や「たたり」があると思う。	.020	−.088	.055	−.102	**.541**	.092	.259
25 人の寿命はあらかじめ「決められている」と思う。	−.021	−.024	.053	−.044	−.013	**.982**	−.017
26 寿命は最初から決まっていると思う。	−.086	−.054	−.004	.023	−.069	**.774**	.130
27 人の生死は目に見えない力（運命・神など）によって決められている。	.119	.107	−.055	.057	.181	**.517**	−.112
22 自分の死について考えることがよくある。	.031	.043	−.116	−.003	−.087	.060	**.724**
21「死とは何だろう」とよく考える。	.241	.044	−.026	−.018	−.013	.048	**.559**
23 身近な人の死をよく考える。	.014	−.019	.080	−.016	.227	−.030	**.546**
24 家族や友人と死についてよく話す。	.094	.148	−.106	.208	.179	−.059	**.354**

因子間相関	I	II	III	IV	V	VI	VII
I	—	−.01	.58	.32	.36	.09	−.05
II		—	−.16	−.12	.14	.37	.30
III			—	.36	.23	.08	−.36
IV				—	.35	.14	−.19
V					—	.34	.16
VI						—	.19
VII							—

えられるため、直交解を仮定し、直交解に対応する因子回転法であるバリマックス回転を採用している。

4．自傷経験者とそうでない人のスピリチュアリティや死生観の相違

こうしてスピリチュアリティ尺度で二因子、死生観尺度で七因子、さらに「死生観二大因子」の計一一因子を抽出したが、それを「自傷傾向尺度」の項目8によって、上述の通り、自傷群と非自傷群に分け、それぞれの因子得点の平均の群間比較を t 検定で行い整理したのが表2－4である。それによると、「超越的意義づけ」、「死への恐怖不安」、「死からの回避」、「人生における目的意識」、「死への防衛」で、非自傷群の平均が有意に高く、「解放としての死」、「死への関心」、「死への肯定的関心」で自傷群の方が有意に高かった。それ以外の因子では有意差はみられなかった。

死生観七因子の中には、非自傷群の方が有意に高いものがあるが、これは前述の高次因子分析で「死への防衛」因子にまとめられたものと同様である。一方、自傷群の方が有意に高い因子は「死への肯定的関心」因子にまとめられたものとほぼ同じである。

5．自傷傾向と死生観・スピリチュアリティの関係を図示する（共分散構造分析）

次に、スピリチュアリティ尺度と死生観尺度の各因子が、自傷行為や自傷傾向にどのように影響を与えているか明らかにするため、共分散構造分析を行い、高次因子分析を経た二次的因子を含めた各因子を説明変数、「自傷傾向尺度得点（以下、自傷傾向）」を目的変数とするパス解析図を作成した。最も適合度が高いものが図2－1である。因子得点の欠損値には系列平均を代入した。標準化推定値（パス）は統計的に

表 2-3　死生観尺度下位因子の高次因子分析
(Varimax 回転)

下位因子	I 死への防衛	II 死への肯定的関心	共通性
死からの回避	**.846**	－.257	.782
死への恐怖不安	**.688**	.052	.476
人生における目的意識	**.581**	－.030	.338
死後の世界観	**.548**	**.472**	.523
死への関心	－.261	**.608**	.438
解放としての死	－.088	**.584**	.349
寿命観	.227	**.553**	.357
因子寄与	1.956	1.310	3.266
寄与率	27.94	18.71	46.65

有意なものをすべて記載し、p<.05 を満たさないパスは分析から除外した。

このモデルでも、死生観七因子は「死への防衛」と「死への肯定的関心」の二つの潜在変数（高次因子である死生観二大因子）にまとめられることが確認できる。そして「死後の世界観」および「寿命観」は両義的であり、両方の潜在変数（死生観二大因子）からパスが伸びている。また、「死への防衛」からマイナスのパスが、反対に「死への肯定的関心」からはプラスのパスが、それぞれ「自傷傾向」に出ている。スピリチュアリティについて、「超越的意義づけ」と「情緒的つながり」に正の相関がうかがわれ、前者は「死への防衛」に対してプラスの相関、「死への肯定的関心」にはマイナスの相関を示している。逆に、「情緒的つながり」は同じスピリチュアリティの下位因子ではあるが、「超越的意義づけ」とは逆に、「死への肯定的関心」にのみプラスの相関を示している。いずれも「死生観二大因子」を経由して、「自傷傾向」にプラスとマイナスの影響を与えている。

表 2-4　自傷・非自傷群間の各因子得点平均の t 検定による比較

各尺度の因子	自傷群 M	自傷群 SD		非自傷群 M	非自傷群 SD	t 値	df
超越的意義づけ	−.256	.971	<	.109	.883	2.688**	215
	N=64			N=153			
情緒的つながり	−.038	.839		−.011	0858	0.208 $n.s.$	215
	N=64			N=153			
死への恐怖不安	−.375	.927	<	.132	.975	3.380**	196
	N=58			N=140			
解放としての死	.312	1.021	>	−.230	.885	−3.750***	196
	N=58			N=140			
死からの回避	−.563	.872	<	.211	.921	5.461***	196
	N=58			N=140			
人生における目的意識	−.309	.974	<	.109	.905	2.892**	196
	N=58			N=140			
死後の世界観	−.058	.930		−.025	.937	0.220 $n.s.$	196
	N=58			N=140			
寿命観	−.009	1.039		−.088	.985	−0.508 $n.s.$	196
	N=58			N=140			
死への関心	.522	.809	>	−.225	.861	−5.651***	196
	N=58			N=140			
死への防衛	−.501	.885	<	.170	.925	4.698***	196
	N=58			N=140			
死への肯定的関心	.359	.871	>	−.221	.791	−4.551***	196
	N=58			N=140			

**p <.01　　***p <.001

また、スピリチュアリティの因子である「超越的意義づけ」から死生観因子の一つである「人生における目的意識」にプラスのパスが出ており、両者の関連性が指摘できる。この「人生における目的意識」は、死生観尺度の一因子であるが、スピリチュアリティと関連が深い因子であることが示唆される。

第4節　スピリチュアリティと死生観では自傷行為は改善できない

1．高校生のスピリチュアリティ、死生観の特徴

高校生用スピリチュアリティ尺度一二項目への因子分析を行い、結果として九項目の因子分析から「超越的意義づけ」と「情緒的つながり」という二因子を得た。この二因子は、一瀬(2005)がこの尺度から抽出した三因子のうち「超個とのつながり」、「身近なものとのつながり」という二因子に項目内容がほぼ該当する。つまり、高校生のスピリチュアリティは、第一に超越的な存在との関係性、第二に身近な外部と情緒的つながりという要素から構成されると考えられる。これは尾崎(2004)が指摘する、人生の意味、創造性、愛等実存的視点と関わる「垂直方向のスピリチュアリティ」と、環境や他者とのつながりに関わる「水平方向のスピリチュアリティ」とにそれぞれ対応していると思われる。

死生観尺度については、七因子を抽出した。そのうち「人生における目的意識」は質問項目が人生の意義や目的を肯定的に確認するものであり、スピリチュアリティ尺度の「超越的意義づけ」と強い相関がある。このように、死生観には、スピリチュアリティ的な要素があり、自傷行為とスピリチュアリティとの

関連をみる場合、この死生観尺度のスピリチュアリティ的因子である「人生における目的意識」も参考にする必要がある。

また、本章ではさらに、高次因子分析を行い、死生観七因子は、「死への防衛」と「死への肯定的関心」の「死生観二大因子」に集約されることが確認できた。平井他（2000）の死生観尺度は、赤澤（2009）はじめ、いくつかの研究において活用されているが、現状の用い方では、死生観には七因子もあり、それらをどのように構造的に捉えるかわかりにくい場合もある。その点本章では、「死生観二大因子」に集約することによって、死生観尺度七因子をより整理して活用することが可能となり、死生観尺度を用いた考察や実践が行いやすくなったと考える。

この死生観尺度と自傷を含む自殺関連行動との関係を分析した赤澤は、七因子の有意差をそれぞれ単独に解釈し構造的に捉えていない。それらの因子の背景に「死生観二大因子」を想定すれば、自傷と死生観との関係がより明確になるであろう。ただ、丹下（1995a,1995b,1999）によると、死生観は発達するにつれ多次元的に分化するものであり、この死生観尺度の七因子を二大因子に集約できたのは、高校生の死生観の発展の未熟さや分化度の低さが背景にあるとも考えられる。

2．自傷経験者は、死への肯定的関心が強い

表2−4の t 検定によって、自傷群と非自傷群の因子得点平均を比べたところ、非自傷群、つまり、自傷経験のない生徒は、「超越的意義づけ」、「死への防衛」が有意に高かった。このことは、超越的に自己や人生を意義づけるようなスピリチュアリティ的な発想を持っている人の方が、同時に適度な死への防

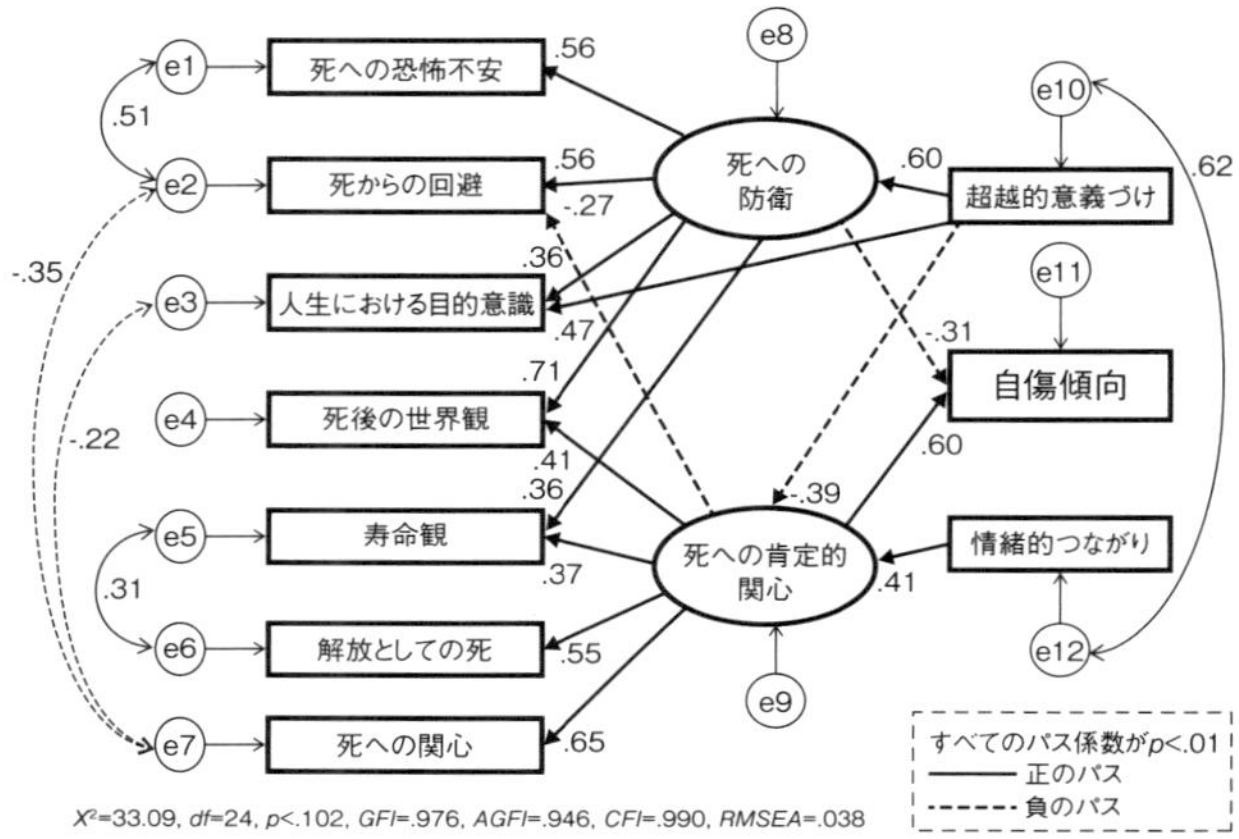

図2-1　スピリチュアリティ・死生観尺度諸因子の自傷傾向への影響
(共分散構造分析)

衛を働かせ、自傷行為を抑制していることを示している。反対に、自傷群、すなわち自傷経験者は、人生の意義づけのような意識を持たず、一方で「死への肯定的関心」が高く、それが、自傷行為に結びついていることがうかがえる。自傷を抑制するには、適度に死について恐れたり、死について考えることを回避したりすることが必要であること、そして同時に、自己や人生を超越的に意義づけるスピリチュアリティ的な意識を高めることが有効であることが示唆される。このことは、共分散構造分析（図2-1）でも指摘できる。

3. 自傷傾向の低い人は、死への健全な防衛をしている

自傷傾向を目的変数とした共分散構造分析（図2-1）は、自傷群・非自傷群の群間差比較（表2-4）では用いられないデータを含む全回答者のデータの分析である。それは、学校現場で全校生徒

の自傷傾向の抑制を目指す方法論を探るためには有効な分析となる。図２－１では表２－４と同じ傾向を指摘できるとともに、分析方法が異なるため、表２－４では有意差がなかった因子についても、他の因子との関連がみられるものがある。

まず、死生観七因子が「死生観二大因子」に集約することが図２－１にも示されている。そして、「死生観二大因子」のうち、「死への防衛」が自傷傾向にマイナスの影響を与えている。この「死への防衛」を構成する下位因子は、「死への恐怖不安」、「死からの回避」等死に対する消極的態度であり、一見死という現実から逃避する不健康な態度であるようにみえる。しかし、この「死への防衛」には、「人生における目的意識」や「超越的意義づけ」という健全なスピリチュアリティを示す因子が関連し、結果として、自傷傾向への抑制要因として働いている。このことは、高校生等の自我形成途上の青年にとっては、死を恐れたり、無関心であったりすることは健康的な防衛反応であり、結果として超越的なものを信じ人生の目的意識に関わるスピリチュアリティを高め、自傷傾向を抑制していくことにつながっていると考えられる。したがって、そうした死に恐怖を抱いたり、死について考えることを回避したりする防衛意識を尊重することは必要であると指摘できる。それは同時に、死に関する意識を刺激することには慎重であるべきことをも示唆している。

その点で、近年、死生観教育が注目されて多様な実践がなされている（e.g. 古田 2002; 熊田他 1998; 得丸 2008）が、あまりに死に直面させるような内容は、かれらの死への恐怖や死からの回避という死への防衛意識を損なう恐れもあり、高校生に対してそうした死生観教育を行うことは慎重であるべきではないかと、筆者は考える。自傷を含む自殺関連行動をする若者に対する死生観教育（デス・エデュケーション）に一考が必要なことは、赤澤（2009）も指摘している。また、松本（2009）も、従来の自殺予防教育には否定的な見解を示している。

一方、「死への肯定的関心」が「自傷傾向」にプラスの影響を与えていることにみられるように、死生観教育はともすれば、その下位因子にみられる「死への関心」、「解放としての死」、および運命としての死を考える「寿命観」を助長し、自傷傾向を強めることが懸念される。死生観教育の効果への検証が不十分な中（海老根 2008）、特に、さまざまな精神的な問題を抱えた生徒が多く在籍する定時制高校において死生観教育を行う場合、十分な配慮が必要であろう。

また、スピリチュアリティ二因子の一つ「超越的意義づけ」は「死への防衛」と関連し、自傷の抑制につながる。もう一つの「情緒的つながり」は「死への肯定的関心」を経由して自傷の促進に関係する。これは、情緒的なつながりを求めるというスピリチュアリティ的な考えがマイナスに作用すると、自傷行為をした生徒にむやみに同情し、お互いの自傷傾向を強め合う可能性を示しているといえる。尾崎（2004, 2005）は、スピリチュアリティを求めることが不健康な状態を招く危険性について指摘し、自我の確立や論理的科学的視点等を前提とした健康的なスピリチュアリティを提唱している。このように、同じスピリチュアリティでも、その内容によっては、自傷行為等の精神的健康に悪影響を与える可能性が示唆されており、この問題については今後検討していく必要がある。

第5節　まとめ　自傷を悪化させる可能性もある死生観、スピリチュアリティ

今日、死生観教育は注目され、さまざまな実践の本も出版されている。こうした死生観教育は発達途上の若者たちに命について考えさせるきっかけとなることが期待できる。そこで筆者は、生徒の自傷行為を抑制する効果もあるのではと考え、本調査を行った。しかし、結果は逆であった。

死生観を意識させると、生徒たちが不健全に死への関心を高め、自傷傾向を悪化させる可能性が高いのである。これは、自傷行為をするような生徒、あるいは、メンタル不安定な生徒の多い定時制高校在籍者に顕著にみられる傾向なのかもしれない。しかし、この結論は、一般的に行われている死生観教育に再考を迫るものである。このことについてはまた第3章で議論する。

少なくとも、精神的な困難を抱えた青年に対して自傷行為の抑制や予防・改善のための教育的対応をしていく場合、かれらの死への防衛意識を尊重する必要があり、死を意識させるような死生観教育の実施は慎重であるべきなのである。

また、「スピリチュアリティ」にも二種類あることがわかった。超越的な存在によって人生を意義づけるスピリチュアリティと、身近なものとの情緒的つながりに関わるスピリチュアリティである。前者は、自傷傾向を改善するが、後者は自傷傾向を悪化させるのである。つまり、スピリチュアリティ教育も近年道徳教育との関連の中で注目されてきているが、スピリチュアリティには自傷を悪化させる種類のものもあることに配慮し、慎重を期することが求められる。

しかし、学校における教育的対応の足がかりとして、死生観にもスピリチュアリティにも頼れないとな

ると、自傷傾向を改善する方法を見つける作業がいきなり暗礁に乗り上げてしまったことになる。では、学校での自傷行為への対応や支援はどのようにしていったらいいか。さらに検討していく。

第Ⅱ部　分析・考察

第3章　多次元的に自傷を考える
――生物・心理・社会・スピリチュアルモデルからみた自傷行為

第1節　ＷＨＯの健康概念の多次元モデル

自傷行為の心理的要因についてこれまで多くの研究がなされてきた。しかし、自傷行為に影響を与える要因は心理的なものばかりとは限らない。生物学的要因や身体的健康要因も影響を及ぼしていることが十分に考えられる。また、家族関係や対人関係など社会的要因も心理的要因と関連しながら、自傷行為に影響を与えているだろう。

したがって、自傷行為に対して、身体的健康要因や社会的要因からアプローチすることができれば、幅のある有効な支援を行うことができると思われる。特に、学校現場で自傷行為に対応する場合、カウンセリング等の心理的支援だけでなく、学校教育のさまざまな場面で心身の健康や社会環境調整などに包括的にアプローチしていく方法論が考えられる。そのためには、心理的精神的観点以外の包括的な観点が重要である。

そのような包括的アプローチとして、世界保健機関（ＷＨＯ）は、その憲章前文で、健康概念を定義し、「身体的、精神的および社会的 physical, mental and social」な観点から健康を捉えている（田崎・松田・中根 2002）。それと関連して、Engel（1977）は医療領域における枠組みとして「生物－心理－社会モデル bio-psycho-social model」を提案している。いずれも、人間の問題を生物（身体、肉体）、心理（精神）、そして社会という三次元で多面的、包括的に捉えようとする視点である（下山 2005）。こうした視点を受けて、Walsh & Rosen（1988）および Walsh（2006）は「生物－心理－社会モデル」の枠組みでの自傷への介入方法を検討している。

その後、ＷＨＯは一九九八年の執行理事会において、憲章全体の見直し作業の中で、「健康」の定義に「スピリチュアル spiritual」な観点を付け加えることを議論した。そして、ＷＨＯの健康の定義を反映して作成されたＷＨＯＱＯＬ評価尺度にスピリチュアリティの項目を入れるべく調査を行っている（藤井・李・田崎・松田・中根 2005; 田崎・松田・中根 2001）。前述の通り、自傷行為はスピリチュアリティとの関連が指摘されている。このため、ＷＨＯが志向している、身体、精神、社会に、スピリチュアルの次元を加えた四つの観点から包括的に健康の問題を捉えることは、自傷行為への対応方法を検討する上でも重要な視点である。

そこで本章では、「身体（生物）－精神（心理）－社会」に「スピリチュアリティ」も加えた四つの次元で、多次元的に自傷行為との関連について追究する。特に、身体的、精神的、社会的要因がスピリチュアリティの問題とどのように関係して自傷行為に結びつくかを検討し、そのことを通じて、学校における自傷への対応・予防方法を考察したい。

第2節　自傷と身体、精神、社会、スピリチュアリティはどう関係するか

1．身体、精神、社会的要因を調べる尺度

1）自傷行為の身体的・精神的・社会的要因に関する質問紙

自傷行為の身体的・精神的・社会的要因に関する質問紙は、学校における自傷行為への支援介入に関連すると思われる質問項目を既存のさまざまな尺度から収集して構成したが、身体、精神、社会の三要因についてバランスよく尺度項目を作成することを目指した。その際、C大学大学院臨床心理学コースの指導教員や大学院生の協力を得た。その結果、最終的にそれぞれ身体項目八、精神項目一四、社会項目一二の計三四項目の質問紙となった。

2）スピリチュアリティ尺度について

スピリチュアリティの概念や定義については、すでに序章と第2章で検討したところである。そこで、本章では、改めてスピリチュアリティに関する尺度と自傷行為への影響について検討したい。

第2章では、一瀬（2005）の高校生用スピリチュアリティ尺度一二項目の因子分析を行い、「超越的意義づけ」、「情緒的つながり」の二因子を得た。そして、平井他（2000）の死生観尺度の下位尺度「人生における目的意識」と「超越的意義づけ」との間に強い関連があることを確認し、死生観にもスピリチュアリティに関わるものがあるということを指摘した。そこで本章では、高校生用スピリチュアリティ尺度一二項目に、死生観尺度の下位尺度「人生における目的意識」四項目を加えた、計一六項目について因子分析

を行い、両者の関連性をみていく。

3）自傷傾向尺度

第1章で論じた「自傷傾向尺度」を用いた。

2．調査方法・調査時期・倫理的配慮

第2章と同じく、本章に関わる質問紙は、二〇〇×年六月にB高等学校定時制で行った「高校生の生命観に関するアンケート」に含まれている。したがって、倫理的配慮も同様である。

第3節　四つの次元から自傷行為をみることの重要性

1．身体的・精神的・社会的要因に関する質問紙の分析

自傷行為の身体的・精神的・社会的要因に関する質問紙三四項目のうち、天井効果の出た二項目を除き、最尤法、プロマックス回転（※）による因子分析を行った。共通性の低い項目、因子負荷量がどの因子にも低い項目、二つ以上の因子に負荷量が高い項目等を除外し、χ^2検定（※※）によって適合度を確認しながら、因子数を決定した。最終的に一六項目、五因子構造となった。適合度検定の結果は$\chi^2(50)=55.58$，$p>.273$である。回転前の五因子で一六項目の全分散を説明する割合は、五〇・五〇％であった（表3－1）。

表 3-1　身体・精神・社会要因に関する質問紙の因子分析

		I 健康維持	II 周囲の支え	III 自己展望	IV 感情交流	V 自己主張
1	自分の健康状態に満足している。	**.809**	−.045	.074	.099	−.107
5	自分の今の体に満足している。	**.792**	.001	−.251	.051	.163
7	生活のリズムをくずさないように睡眠時間に気をつけている。	**.519**	−.040	.344	−.059	−.062
24	学校内で私を認めてくれる先生がいる。	−.034	**.742**	−.038	−.079	−.021
31	日頃からあなたの実力を評価し、認めてくれる人がいる。	.059	**.719**	−.096	.183	−.034
23	周囲の人々によって自分が支えられていると感じる。	−.178	**.588**	.087	.112	.014
10	自分はかけがえのない大切な存在だと思う。	.282	**.448**	.082	−.091	.003
25	あなたの家族は、普段からあなたの気持ちをよく理解してくれる。	.131	**.444**	.088	−.022	.024
15	私は、自分の進路のことを真剣に考えている。	−.070	−.022	**.774**	.040	.063
14	私には、将来の目標がある。	−.092	−.034	**.689**	.217	−.006
2	私の健康は、私自身で気をつける。	.261	.001	**.471**	−.020	−.033
30	学校で受けている授業はよく理解できる。	.051	.153	**.386**	−.263	.118
26	学校内に自分の本音や悩みを話せる友人がいる。	.081	−.019	−.016	**.771**	.020
12	日頃、よく笑う。	.032	.087	.125	**.502**	.025
20	いつも自分の意見を持つようにしている。	.036	−.084	.050	.004	**.831**
18	自分なりの価値観を持っている方である。	−.045	.155	.057	.069	**.495**

因子間相関	I	II	III	IV	V
I		.50	.35	.05	.24
II			.59	.41	.56
III				.26	.40
IV					.20

第Ⅰ因子は三項目から構成され、「自分の健康状態に満足している」、「生活のリズムをくずさないように睡眠時間に気をつけている」等自分の健康に満足しそれを維持しようとしている内容の項目から成ることから「健康維持」因子と命名した。第Ⅱ因子は五項目から構成され、「学校内で私を認めてくれる先生がいる」、「周囲の人々によって自分が支えられていると感じる」、「あなたの家族は、普段からあなたの気持ちをよく理解してくれる」等の周囲の人々によって精神的に支えられているという内容の項目に高い因子負荷量を示しているので、「周囲の支え」因子と名付けた。第Ⅲ因子は四項目から構成され、「私は、自分の進路のことを真剣に考えている」、「私には、将来の目標がある」等が入り、また、「私の健康は、私自身で気をつける」が入ることから、自分自身が健康にも気をつけながら、進路目標を実現するなど将来への展望を持っているという内容であるため、「自己展望」因子と命名した。第Ⅳ因子は二項目から成り、「学校内に自分の本音や悩みを話せる友人がいる」、「日頃、よく笑う」という自分の感情を表出したり友人と本音で交流したりする内容の項目から構成されることから「感情交流」因子と名付けた。第Ⅴ因子は二項目から構成され、「いつも自分の意見を持つようにしている」、「自分なりの価値観を持っている方である」という自分の意見や価値観を持ち、主張できる自分を認めている内容であることから「自己主張」因子と名付けた。

それぞれの因子が、身体・精神・社会要因にどう対応するかは、簡単に判別できないが、「健康維持」が身体的要因、「自己主張」、「周囲の支え」、「自己展望」、「感情交流」が精神的社会的要因と考えることができる。

※因子分析においては、因子抽出法と回転法を選ばなければならない。最尤法は、χ^2検定で適合度を計れる因子抽出法として近年よく採用される方法である。また、この分析では因子間の相関が想定されたので、因子間相関に対応した回転法であるプロマックス回転を選んだ。これらの話は統計上難解な内容なので、意味がわからなくても読み進めていただきたい。

※※χ^2検定とは、「カイ二乗検定」と読み、サンプルを分類した時の度数が、予測された度数と異なる度合いを計算する統計手法である。

2．スピリチュアリティに関する尺度の再検討

高校生用スピリチュアリティ尺度一二項目に死生観尺度の「人生における目的意識」四項目を合わせた全一六項目について因子分析を行った（最尤法、プロマックス回転）ところ、因子負荷量の低い四項目を除き、最終的に一二項目二因子構造となった（表3－2）。適合度は$\chi^2(43) = 56.53$，$p<.081$である。

第I因子は、「この世の中に、自分を必要としている何かがあると思う」、「私は人生の意義、目的、使命を見出す能力が十分にある」、「自分が生まれてきたのは、単なる偶然ではなく、意味や使命があるからだと思う」、「私は、目に見えない大きな力で支えられている」等、超越的な力によって人生を意義づけている項目から成ることから第2章と同様に「超越的意義づけ」因子と命名する。死生観尺度の下位尺度「人生における目的意識」の全四項目は、この因子の中に収まった。第2章と比べると、スピリチュアリティ尺度の項目11が因子負荷量の低さから除外されている。

第II因子は、「私一人で感動するよりも、友だちと同じ感動を味わいたい」、「星空、日の出や夕日、山

表 3-2　スピリチュアリティ尺度項目の因子分析

	I 超越的 意義づけ	II 情緒的 つながり
(1) この世の中に、自分を必要としている何かがあると思う。	**.796**	.025
(18) 私は人生の意義、目的、使命を見出す能力が十分にある。	**.793**	.085
(4) 自分が生まれてきたのは、単なる偶然ではなく、意味や使命があるからだと思う。	**.741**	.017
(19) 私の人生について考えると、今ここにこうして生きている理由がはっきりとしている。	**.661**	.016
(17) 私は人生にはっきりとした使命と目的を見出している。	**.628**	.030
(20) 未来は明るい。	**.616**	.009
(7) 私は、目に見えない大きな力で支えられている。	**.431**	.194
(8) 私一人で感動するよりも、友だちと同じ感動を味わいたい。	.110	**.736**
(12) 星空、日の出や夕日、山や海といった自然の風景に感動する。	.110	**.448**
(10) 単なる偶然とは言えない、びっくりするような偶然に出会ったことがある。	.235	**.420**
(2) 願い事を叶えたい時や感謝したいときに「祈る」ことがある。	.018	**.413**
(5) クラス内に別々のグループなど無く、みんな一つのグループだったら良いと思う。	.042	**.338**
因子相関		.53

や海といった自然の風景に感動する」等、感動を共有し情緒的につながりを求める項目から成ることから「情緒的つながり」因子と命名する。この因子を構成する項目は第2章と全く同様である。これは一瀬の「身近なものとのつながり」にあたる因子である。

一瀬の「未知への探究心」にあたる三つの質問項目は因子負荷量が低いためすべて除外され、結果として、本章でのスピリチュアリティ尺度も第2章と同様、二因子構造となった。

3. 各要因の自傷傾向への影響に関する重回帰分析

自傷傾向尺度の得点（自傷傾向）を目的変数とし、身体・精神・社会的要因五因子、スピリチュアリティ二因子の計七因子の得点を説明変数とする強制投入法による重回帰分析（※※※）を行った。その結果が表3－3である。

それをみると、「健康維持」、「自己展望」が自傷傾向に対してマイナス（抑制）の関連があり有意である。また「自己主張」は自傷傾向にプラス（促進）の有意傾向がみられる。さらに、スピリチュアリティの二因子は、第2章と同様に「超越的意義づけ」がマイナス（抑制）、「情緒的つながり」がプラス（促進）の影響を自傷傾向に与えている。

※※※回帰分析とは一つの数値を別の数値で予測する統計手法であり、一つの目的変数に複数の説明変数がある場合、重回帰分析という。

表 3-3　各要因の自傷傾向への影響についての重回帰分析

	標準化係数	t 値
健康維持	− .27	− 3.59***
周囲の支え	− .03	− .22*n.s.*
自己展望	− .20	− 2.42*
感情交流	− .04	− .54*n.s.*
自己主張	.16	2.00*
超越的意義づけ	− .26	− 2.84**
情緒的つながり	.24	2.82**

*p<.05 **p<.001 ***p<.001

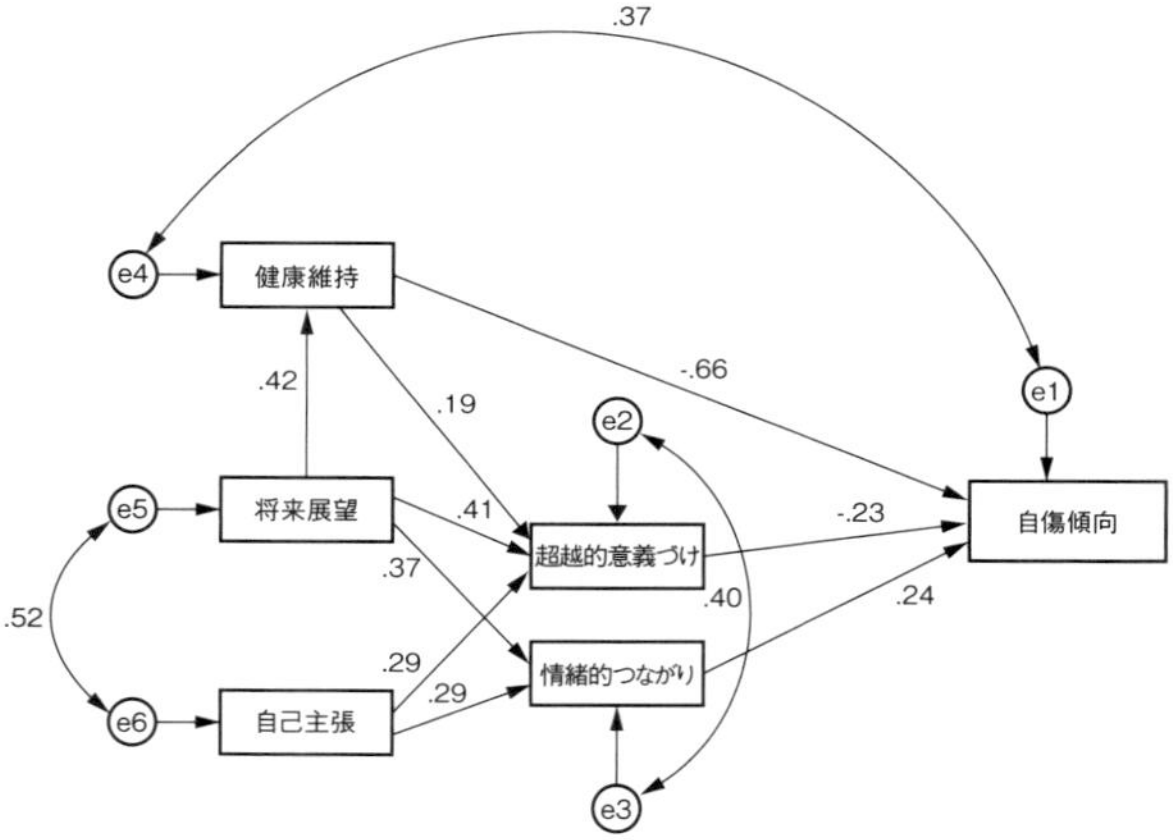

図3-1　自傷傾向への各要因の影響 (共分散構造分析)

4．各要因の自傷傾向への影響に関する共分散構造分析

自傷傾向と有意な関連のみられた「健康維持」、「自己展望」、「自己主張」の三つの因子と、スピリチュアリティに関する「超越的意義づけ」、「情緒的つながり」の二つの因子がどのように自傷傾向尺度得点に影響を与えるか、共分散構造分析を行った。その結果、最も適合度がよかったものが図３－１である。適合度指標は *GFI* = .990，*AGFI* = .929，*CFI* = .990，*RMSEA* = .081であった。

第２章と同様、同じスピリチュアリティ尺度の下位因子でも、「超越的意義づけ」は自傷傾向に抑制的に働き、反対に「情緒的つながり」は自傷傾向に促進的に働く。二つのスピリチュアリティ下位因子の外生変数は相関があることから、スピリチュアリティ二因子も相関していることが予想される。一方で、同じスピリチュアリティでも、自傷傾向に反対の作用をする。

そして、「健康維持」は、直接に自傷傾向にマイナスの影響を与え、同じく自傷傾向に抑制的に働き「超越的意義づけ」にはプラスの影響を与えている。「自己展望」と「自己主張」は、直接自傷傾向に影響を与えることなく、スピリチュアリティ二因子のどちらにもプラスの影響を与えている。この「自己展望」と「自己主張」から直接自傷傾向にパス図を伸ばしたモデルも確認したが、適合度が低かった。

第4節　スピリチュアリティの二面性と身体的健康の重要性

1．二種類のスピリチュアリティの自傷傾向への影響について

第2章では、「超越的意義づけ」と密接に関連していることを指摘した平井他（2000）の死生観尺度の下位尺度「人生における目的意識」をスピリチュアリティ尺度の質問項目に含めて因子分析を行った。その結果、この「人生における目的意識」の質問項目すべてが「超越的意義づけ」の因子に含まれることを確認した。「超越的意義づけ」は第2章では項目数が少なかったが、この結果、十分な項目数になった。このようにスピリチュアリティに関係するいくつかの項目を付け加えたあとに、因子分析を行っても、スピリチュアリティは第2章と同様に大きく二つの因子に分かれることが指摘できる。それは、尾崎（2004）も指摘している、垂直方向と水平方向のスピリチュアリティにも対応する。このことから、スピリチュアリティ概念は基本的に二つの因子から構成され、一つは超越的な存在によって人生を意義づける因子、もう一つは情緒的なつながりを通じて人生の意味を見出す因子ということができる。

次に、スピリチュアリティ両因子のどの質問項目も一見肯定的にみえるが、自傷傾向との関連でいうと、第2章でも論じたように、「超越的意義づけ」は自傷傾向に抑制的（自傷の改善）に働き、反対に、「情緒的つながり」は自傷傾向に促進的（自傷の悪化）に働く。

スピリチュアリティの定義をめぐってはさまざまな議論が行われているが、スピリチュアリティがその下位因子によって、特定のメンタルヘルス上の問題に正反対に働くということが統計上明らかになったこ

とは注目に値する。今後、スピリチュアリティについて定義したり、メンタルヘルスに生かしたりする場合、考慮されるべきであり、スピリチュアリティの二側面を意識せずむやみにスピリチュアリティ教育を行うことには慎重であるべきである。

「超越的意義づけ」は、自己を越えた超越的なものによって人生を意義づける項目から成り、そのような人生を肯定的に意義づける意識が精神的ないしスピリチュアルな健康度を高め自傷傾向を抑制（改善）しているということは理解できる。

一方、「情緒的つながり」も、その項目内容をみると、自然に感動したり、友人や仲間との関わりを大切にするものであり、一見精神的健康やスピリチュアリティ的な健康度が高いことを示すようにみえ、自傷傾向に抑制的に働くことが期待されると思われる。にもかかわらず、パス図の結果は、「情緒的つながり」は自傷傾向を促進（悪化）させている。このことをどのように考えるべきか。

Wilber（1995）あるいはそれを受けた尾崎（2005）は、スピリチュアリティを、個が確立する前のプレパーソナルの段階と、個が確立したあとのトランスパーソナルな段階とに区別し、後者の方が自我が確立したあとの健全なものであることを指摘している。本章における「情緒的つながり」という下位因子は、同じスピリチュアリティでもWilberや尾崎が指摘するように、個が未自立なプレパーソナルな段階と関連している可能性がある。

自傷者は後述するように過酷な生育歴を持っており、個や自我が十分に確立しているようにはみえない。これは、自傷そのものの発生年齢が自我確立途上の思春期に多いことからも、指摘できる傾向である。そのような中、「情緒的つながり」にみられる態度や行動は、個が未自立、自他未分離という不健全なプレパーソナルな段階のスピリチュアリティとして、自傷行為に悪影響を与えているといえるのではないか。

　また、自傷者は、お互いの自傷を確認し合ったりそのつらさに共鳴し合ったりする傾向がみられるが、「情緒的つながり」はそのような自傷者の共鳴的な心性と関連しているのではないか。そのような共鳴は、プレパーソナルなものと捉えることもできる。そして、「情緒的つながり」に含まれる項目「私一人で感動するよりも、友だちと同じ感動を味わいたい」という傾向が、自傷行為と結びつくと、自傷行為やそれをしてしまうつらさについて、自傷仲間と共有し同情し合うようになるのではないか。そのため、「情緒的つながり」が自傷傾向を促進すると考えられる。

　一方、自傷行為当事者や自傷傾向の高い人の特徴として、「情緒的つながり」にみられるように、友だちと感動し合ったり、星空をみて感動したり、仲間意識が強かったりという情緒的な豊かさを持ち合わせていることが指摘できる。これは自傷者の持ち合わせている長所ということがいえないだろうか。

　自傷行為をしている若者はとかく、自傷のことだけで、厳しく叱責されたり人格を否定されたりする。しかし、こうした自傷者に対する否定的眼差しがさらに自傷者を苦しめ、自傷傾向を強めてしまうことにならないか。一方、情緒的に豊かであったり友だちと感動し合ったりする傾向が強いという自傷者の長所にも目を向けられれば、自傷行為当事者に肯定的目線を送ることができるであろう。そして、自傷者のそうした長所に注目しながら指導支援していくことは、かれらの健全性や健康的側面を高めることにつながると思われる。

2. 身体的問題や精神的問題、社会的要因は自傷にどう影響を与えるか

1）身体的アプローチの重要性

「健康維持」という身体的健康に関わる因子は、直接に自傷傾向にプラスの影響を与えているのがみてとれる。このことは、自傷を抑制するのに、心理的アプローチ以外に身体的健康を維持するように働きかけることが有効であることを示唆する。「健康維持」を構成する項目は、自分の体や健康に関する満足度、睡眠を中心とする生活リズムに関わる内容である。これまでカウンセリングやセラピーとして行われてきた自傷者の心理等に働きかける介入は、侵襲的で負担をかけるという欠点がある。それに対して、身体的健康や規則正しい生活の推奨は、自傷当事者にとって侵襲度が低いアプローチといえるのではないか。自傷者は、家庭や学校などの社会的環境においてつらい体験をしており、そのことがかれらの心理的不安定に結びついていることが多い。したがって、むやみに心理社会的要因にアプローチするより身体的健康や生活リズムの調整の方が自傷者が受け入れやすいことが予想される。

このように、身体的健康や生活リズムの確立を重視するアプローチは学校現場で行え、一般教員にも取り組みやすい方法である。従来、自傷行為への介入として心理的方法のみが重視される傾向がなかっただろうか。今後は身体的健康にアプローチする方法がさらに考察されるべきであろう。

ただし、この身体的健康への対応は、自傷者の心理的社会的な悩みを無視するような形で行ってはいけない。不登校生徒が不規則な生活になっているからといって、周囲が不登校の背景や心理を無視して、規則正しい生活を強いることで、不登校生徒本人が気持ちを理解してもらえていないという状況をよく目にする。自傷者に身体的健康を推奨する場合も、あくまでかれらが心理的社会的問題を抱えているというこ

とを前提として、バランスよく身体的健康を説いていく必要がある。このことは、第8章で、自殺を予防する対話のあり方について説明する中で再度検討する。

2）自傷者の持つ自己展望・自己主張

自傷行為当事者の心理的社会的要因と思われる「自己展望」は、進路目標や健康について自分自身で展望を持って対処していくという質問項目から成る。また、「自己主張」は、自分の価値観や意見への意識の高さを示している。どちらも、精神的社会的健康度の高さを示しているように思え、本来なら自傷傾向に抑制的に働くことが予想される。しかし実際、両因子とも、スピリチュアリティ二因子の「超越的意義づけ」を経由した場合は自傷傾向に抑制的に働くが、「情緒的つながり」を経由した場合、自傷傾向に促進的に働くことがわかる。このことをどのように考えるべきか。

自己展望、自己主張ともに、どちらも、「私」、「自分」という言葉が質問項目の文言に入っているところに共通性がある。この二つの因子への外生変数に相関がみられるのは、このような「私」意識、「自分」意識が共通しているからではないか。このような「私・自分」意識は肯定的に考えれば、自分自身で将来を見通したり、自分の意見を持ったりする自律的で前向きな傾向を示している。しかし、この「私・自分」意識が否定的方向に出た場合、我の強さと結びついたり、誰にも頼らず、自分だけで行動してしまう傾向につながるのではないか。すなわち、自傷行為そのものが一種の強烈な自己主張であり、不安定になった自分自身を誰にも頼らず一人で自己のコントロール下に取り戻す行為であるともいえる。

この「私・自分」意識が「超越的意義づけ」のような健康度の高いスピリチュアリティと結びつくと、自傷傾向を抑制する。つまり、個を越えた超越的なものを信じ、人生の意義を感じる心性があることにより、自分自身で主張したり展望したりしていき、結果として自傷傾向を抑制する。

反対に、この「私・自分」意識が「情緒的つながり」と結びつくと、我の強さや独りよがりのところが前面に出て、自傷傾向を促進することになると思われる。

しかし同時に、「私・自分」意識の強さは、自傷者の強みであり長所であるとも捉えられるのではないか。自傷者は、後述するように家庭でも学校でも否定され居場所がない過酷な状況に置かれ、周囲の誰にも頼ることができないという体験をしている。それでも生き続けたり生活していったりするためには、何らかの形で自己主張したり、一人で将来を展望したりせざるを得ないのではないか。自傷行為は、本当の自殺を防ぐ行為であるといわれており（松本 2009）、自傷者は精神的混乱や破綻を自らの力で防ぎ、生活を維持しているということができる。そのような自傷者の「がんばり」の背後にある心性が、「自己展望」であり「自己主張」と考えることができる。このことに関連して、福田・増井（2011）は、自傷行為の背景の心性に自傷者ががんばり過ぎたり無理し過ぎたりする「負けてたまるか症候群」があるとしており、そのような意識を臨床場面で弱めることで自傷行為が改善するとしている。福田・増井の指摘する「負けてたまるか症候群」と本書の指摘する「自己主張」、「自己展望」は同様のものと考える。

となると、自傷行為への対応方法として、この自傷者の有する「自己主張」や「自己展望」など「私・自分」意識をかれらの長所として尊重し、それを健全な方向に持っていくことが重要ではないか。自傷者のこのような「自己主張」や「自己展望」などのがんばり過ぎをむやみに否定せず、認めねぎらうと同時に尊重し、「超越的意義づけ」のようなスピリチュアルな視点を加えることで、より健康的な「自己主張」や「自己展望」に変えるような方法論をとることが有効であると思われる。

第5節　まとめ　自傷者の長所が自傷と結びついてしまう

自傷の問題について多次元的にみてきた。その結果、自傷者は「情緒的つながり」、「自己展望」、「自己主張」等と呼ばれるような特徴も持っていることがわかった。それらは自傷者の情緒的な豊かさや仲間を大事にする心性、自分自身で将来を展望したり主張したりする特徴を示しており、自傷者の個性を裏付け、強みや長所としてみることもできる。また、「がんばり屋さん」も多い。しかし、自傷者はそのような特徴を健康的に生かし切れず、逆にそれらの特徴によって自傷行為や自傷傾向の悪化につながっている。

以上から、自傷者を支援する場合、かれらのそうした特徴や長所にも目を向け、がんばっていることをねぎらいながら、自己意識の強さを健全な方向に持っていくことが有効であると考えられる。

そのため、心理的なアプローチのみではなく、自分の健康や体を大切にしたり生活リズムを重視したり、さらに個を越えたものを意識させ人生を意義づけたりさせることが必要であり、今後そのような包括的な方法論がさらに検討されていく必要がある。

第4章　それなら自傷をせざるを得ない
――自傷行為と居場所欠如の語りの分析

第1節　自傷行為の経過と「居場所」との関係

1．自傷者の語りを聴くことの問題

1）自傷行為の語りに関する研究について

学校での自傷行為への対応を追究する上で、自傷者に自傷についてインタビューし、その語りを質的データとして分析することは、有効な研究方法の一つであると考える。欧米においては、自傷者へのインタビュー記録を基にしたグラウンデッド・セオリー・アプローチ（以下、ＧＴＡ※）（Charmaz 2006）等の質的研究がみられ、自傷行為を克服していく過程についての分析もある（Huband & Tantam 2004; Kool, van Meijel & Bosman 2009）。一方、日本では、既述のように、自傷行為について調査したり、触れたりすることで、自傷等を悪化させることを恐れるあまり、自傷行為の研究が進まないことを指摘した。まして、自傷当事者に直接インタビューをして質的分析をする研究はみられなかった。そのような中、坂口（2013, 2021）は、自傷者に直接インタビューをするのではなく、自傷者のインターネット上のブログでの語りを本人たちの了解を得

て、質的データとして、GTAを用いて分析し、〝自傷行為をする生徒たちにとってサポートされたと感じるプロセス〟によって、教師との関係が強化され、自傷が改善する可能性を示している。一方、筆者は、自傷者を直接支援する心理士や教員の立場から、直接自傷者にインタビューする本研究を行った（佐野 2015）。

その後、自傷者の語りを質的分析する研究はみられるようになり、飯島・桂川（2019）は、成人の自傷経験者の質的データをM-GTA（※※）で分析し、回復過程のプロセスを解明している。さらに、新井（2021, 2022）は、自傷者の語りをM-GTAで分析し、その自傷行為のプロセスを分類し、支援方法についても考察している。

本章（本研究）では、高校の自傷行為をする生徒たちを支援する中で、「自傷行為がどのように開始・維持され、回復するのか、その時家庭や学校がどのように関わったか」という視点でインタビュー（半構造化面接）を行い、質的データとして分析検討した。その際、以下の配慮をしてインタビューを実施した。

2）自傷行為を語らせても悪化はしない

自傷者に自傷行為について質問し語らせることが、悪影響を与えることが懸念されるが、そのことは本当であろうか。筆者は、自傷者の自傷、さらには自殺念慮者の自殺に関する話をタブー視して、直視せず、きちんと語り合わないことが、かえって当事者の状況を悪化させているのではないかと考えている。そのことは、次の先行研究からも裏付けられる。

Linehan（1993）は、弁証法的行動療法のセッションの場で、クライエントに自傷行為を含む自殺関連行動について十分語らせ機能分析していくことで、問題を改善させている。また、Shea（1999）は、自殺専門医の立場から、自殺に関する話題をオープンに話すことで支援の可能性が高まることを指摘している。本章は、自傷や自殺についてきちんと率直に語り合うことが、それらの問題を改善するという視点に立つ本書の立場を確認するための研究の一環でもある。

3）自傷行為と居場所に関する研究について

本章では、自傷者の質的データを「居場所」の問題と関連させて検討を行った。それは、一般的に筆者が自傷者の相談に乗ったり支援したりする中で、自傷者が〝居場所が欲しい〟あるいは〝居場所がない〟と語る場面が多く、居場所の問題と自傷行為とが関連していると想定できるからである。

「居場所」という言葉は、以前は文字通り、「人が居る場所」の意味しかなかったが、一九九〇年代頃から不登校の問題と関係して、心理的安定を回復する場としての意味を持つようになり（石本 2009）、研究が行われ、定義や内容について議論がなされ、居場所の認知に関する尺度も作成された（原田・滝脇 2014; 石本 2009）。しかし、学校教員の立場から居場所を提供するということがどのようなことかを具体的に明らかにした研究は少なく、特に、自傷行為と居場所の関係を追究した研究はほとんどない。

北山（1993）は、Winnicott（1965）の「抱える環境 holding environment」を「居場所」と表現し、それは「ほどよい母親 good enough mother［引用者（＝佐野）・時々失敗しながらも適度に役割を果たす母親］」による母子二者関係の中で形作られるものであるとしている。そして幼い時、母子関係の中で居場所を形成できなかったクライエントに対して、治療室が「抱える環境」となり、居場所を提供することが必要であること、さらには、人間が対象と関わる際に「いること」を可能にしているのが「抱える環境」であり、居場所であると述べている。同様に竹森（1999）も発達という観点から居場所の問題を追究し、Winnicott の指摘する母子関係にみられる「抱える」機能を居場所と捉え考察している。本章においても北山、竹森の指摘するように、「抱える環境」を提供する機能や場を、居場所として定義する。それは、当初、母親をはじめとした家庭において提供され、そして、その後成長過程で、学校や友人関係、さらには職場等に拡充していくことで、人は心理的に安定して成長をしていくものと考えられる。

また、Balint（1968）は、自我が未熟で人間関係を二者関係でしか捉えることができないクライエントの状態を「基底欠損（basic fault）」という概念で表現している。これは、Winnicott が指摘する「抱える環境」が与えられなかったため、基本的信頼感が育たず、二者関係に留まるクライエントの状態を示すものと考えられる。このような状況は、居場所が生誕当初から欠落した状態であるとみられるため、Balint のいう「欠損 fault」を用いて「居場所欠損」とも表現できる。「欠損」という表現は最初から欠落していることを示すのであり、途中からなくなる「喪失」とは異なる。そして、本章では、居場所の欠損と獲得の問題が自傷行為の発生改善とどのように関係するか、追究する。

※ＧＴＡとは、「グラウンデッド・セオリー・アプローチ」の略で、文章データ（テキストデータ）を細分化（切片化）、コード化し、分類を行い、概念やカテゴリーを生成して理論を作り出す質的分析法である。

※※ M-GTA とは、木下康仁（2007）が開発した修正版ＧＴＡであり、質的データを切片化せず、分析ワークシートによって概念を生成するところに特徴がある。

2．自傷者の語りを聴き、分析する方法

1）質的な分析方法

本研究では自傷者の語りという質的データの分析を、木下（2007）の修正版ＧＴＡ（以下、M-GTA）を用いて開始した。M-GTA の方法論に従って、切片化をせず、データ収集開始直後から分析ワークシートを用いて概念を生成し、これ以上データを収集しても新しい概念が生成できない理論的飽和化に至るまで収集と分析を続けた。しかし、途中「居場所」等の既存の概念を用いる方が分析を深めることができると判断したため、結果として、佐藤（2008）の提唱する「質的データ分析法」の考え方で M-GTA の方法を修正した。佐藤の方法論は、ＧＴＡを参考としながらも、データの収集と分析、問題の構造化（定式化）を同時並行的に行っていく漸進的構造化法を用いる。そして、コーディングや概念生成において帰納的アプローチのみではなく演繹的アプローチも用いることに特徴がある。それは「必要に応じて演繹的な発想に基づいて既存の理論的枠組みから導き出される概念的カテゴリーをコードとして使う」（佐藤 2008）方法である。質的データの分析において、これまでの方法を「関心相関的」に修正することの有効性を西條（2007）は指摘している。本章の研究でも、佐藤、西條の提言に従って、M-GTA を修正して質的分析を行った。

2）質的分析の主題としての分析テーマ

質的研究では、議論が拡散しないようにするため、分析テーマを明確にしておく必要がある。本研究の分析テーマは、「居場所の欠損と獲得という視点からみた自傷行為の発生・維持・改善プロセス」とし、そうした観点で分析を行った。

表 4-1　調査対象者一覧

No.	ID	入学年度	性別	インタビュー年度	インタビュー時年齢	インタビュー時の自傷等の状況	その後の状況
1	A	X 年	女性	X + 6 年	22 歳	未改善、受診	退学、医療継続
2	B	X + 2 年	女性	X + 7 年	21 歳	改善	卒業、回復、結婚
3	C	X + 2 年	女性	X + 7 年	21 歳	改善	卒業、回復、結婚
4	D	X + 3 年	女性	X + 6 年	19 歳	未改善	卒業、医療継続
5	E	X + 3 年	女性	X + 7 年	20 歳	回復	卒業、結婚
6	F	X + 4 年	女性	X + 6 年	18 歳	未改善	卒業、改善、結婚
7	G	X + 5 年	女性	X + 7 年	18 歳	改善	卒業
8	H	X + 5 年	女性	X + 6 年	17 歳	改善、退学後	退学
9	I	X + 8 年	女性	X + 11 年	19 歳	未改善	卒業
10	J	X + 8 年	女性	X + 13 年	21 歳	回復	回復、就労
11	K	X + 8 年	女性	X + 13 年	21 歳	回復	回復、就労
12	L	X + 9 年	女性	X + 11 年	18 歳	改善	回復、就労

3）調査対象者

調査対象者は、「定時制高校に在籍経験のある自傷行為をする若者（在校生、卒業生、退学者）」である。全員、筆者が高校の教育相談係教員（学校心理士、臨床心理士の資格を持つ）として日常的に相談支援に関わっていた生徒一二名である。なお、自傷行為の改善状況も含めて表4－1に示す。

4）データ収集の時期

X＋六年八月からX＋一三年一月まで（Xは二〇〇〇年前後の時期）。

5）自傷者にどんなことを質問するか

自傷者の支援のヒントを得るという目的で、調査者（筆者）と信頼関係ができている自傷者の了解を得て、自傷行為に関するいくつかの質問項目をあらかじめ用意する半構造化面接を行った。その際、録音についても許可を得た。

半構造化面接では、①自傷開始前の家庭や学校の状況、②自傷開始のきっかけ、③自傷行為をする理由、④現在の自傷行為の状況頻度、⑤最近の自傷行為エピソード、⑥自傷以外の自己破壊的行動、⑦自傷中断の理由やきっかけ、⑧自傷が改善した場合その理由や背景、等について確認した。調査者（筆者）が自傷者の相談に乗ったり支援したりした時に書いた相談日誌（支援記録）も分析の参考にしている。

6）倫理的配慮

調査者（筆者）が相談係教員として勤務し十分な配慮や対応、支援ができるA県B高等学校定時制1校の生徒を対象に行った。管理職の許可を得、同校のSCや教育相談係職員との連携の中、調査が行われた。インタビュー協力者には、研究や面接の意図に関する説明を行い、理解と同意を得た。研究発表にあたっては、本人が特定されないよう、具体的内容の公表を最小限にし、概念の具体例や引用において、方言や本人独特の言い回しがみられる場合、意味が変わらない範囲で修正した。また、公表予定の原稿を、本人（論文発表時、全員成人）に見せることで同意を得た。また、調査の時期が広範にわたったことで、結果として個人を特定できなくなっている。

インタビューの対象者は全員、調査者（筆者）が学校での相談支援を通して人間関係・信頼関係を形成できた生徒である。面接後、いつでも調査者と連絡をとれるようにしており、状態が悪化した場合、直ちに連絡するよう面接終了時に約束した。結果、一二名中一例も、面接後に自傷等の状態が悪化したという報告はなかった。また、面接直後から調査者（筆者）が、学校場面等で本人の状況に変化がないか、十分声かけや観察を行うようにした。

第2節　自傷行為が居場所となる

1．どのように概念、カテゴリーを生成したか

本章では、M–GTAの方法に従って、分析を開始した。最初は、家庭や学校での居場所の欠落状態に関する語りや、自傷との一体化と表現せざるを得ない状況の概念化を試み、おおよそ表4－2－1、2、3の概念生成過程1にみられる概念を作成した。しかし、理論的飽和化に至らないため、データ収集を続け、調査対象者Lのデータを得た。Lのデータは、幼少時から自傷改善に至るまでの語りの内容が一番豊かであり、Lの語りによって概念生成過程1の概念を補強できること、さらに、Lの語り全体を居場所の問題と捉えれば、Lの幼少期の体験から自傷改善までの過程を一貫して分析できることを確認した。こうしてLの語りを基に他の調査対象者のデータと継続的比較分析を行い、新たに概念生成過程2の概念をおおよそ生成した。さらに、幼少時から自傷改善までの過程をたどることを目標にして、調査対象者K、Jのインタビューを行い、他のデータも含めて比較分析した結果、概念生成過程3の概念を生成した。「居場所」という既存の概念を用いて、分析することで、調査対象者全体のデータを幼少時の体験から自傷改善まで一貫して説明することができ、理論的飽和化に達し、自傷者の理解や支援に有効な概念やカテゴリーを得たため、分析を終えた。結果、近接する概念をまとめて三つの上位カテゴリーを生成することとなった。

既存の概念を用いる佐藤（2008）の方法で修正したため、本研究の方法は、M–GTAとはいえない。さら

に、M‐GTAでは、動的な分析の妨げになるため概念表を作ることはしないが、坂口（2013, 2021）の方法にならって、概念やカテゴリーの生成のあり方を明示するため概念・カテゴリー一覧表を作成した（表4―2―1、2、3）。

以下、概念は〔　〕、カテゴリーは【　】、概念の具体例（データ）は〝　〟で表す。なお、具体例の直後に来るアルファベットは表4―1における調査対象者のＩＤである。また、結果図は図4―1に示した通りである。

カテゴリーは大きく、【絶対的居場所欠損状態】、【自傷行為の居場所化】、【居場所獲得による自傷改善】という三つを生成した。以下、カテゴリー別にそれぞれの概念について記述する。

2．具体的な概念、カテゴリーについて

1）【絶対的居場所欠損状態】について

自傷者は、かれらが幼い頃に過ごした家庭、さらにその後所属する学校でも「抱える環境」を提供されず、安心感を得られず、居場所的なものがなかったことを語る。

まず、自傷者は〝父親が父親じゃない（L）〟〝嫁姑問題とかですごかった（E）〟、ご飯を作ってもらえず〝弟と二人でコンビニ行ってご飯を買（K）〟う等と、家庭がかれらの居場所として機能していない体験を語る。このような状況を〔家庭の居場所機能欠損〕と概念化した。「欠損」という言葉で、Barintの「基底欠損」と同様、本来あるべきものが欠落していることを示す。

小学校入学、中学校進学を果たしていき、やがて徐々に家庭から自立していく時期を迎えると、本来な

表 4-2-1　カテゴリー・概念一覧表 1　絶対的居場所欠損状態

カテゴリー名	概念生成過程	概念名	概念の定義	具体例
絶対的居場所欠損状態	1	家庭の居場所機能欠損	小学校入学前、あるいは低学年の時期に、家庭が抱える環境の提供に失敗し、生育当初から居場所が欠損している状態	L　家庭？あのね、家庭はね（小笑）、すごく私親が嫌いで、でなんか父親が父親じゃないっていうか。 L　こわいの、正直言うと。昔っから、小さい頃から、すごいあの、なんていうんだろう、DVまでは行かないんだけど、暴力がひどくて。 K　帰ってきたら、お金が置いてあるから、弟と二人でコンビニ行ってご飯買って。ちょこちょこ母親の男が替わったりしてて、でも言われてみればたしかに、ま、手ないし足は飛んできたけど、でも自分でそう虐待とか思ってなかったから。 E　うん、今もひどいけど、おばあちゃんとかお母さんとかお父さんの嫁姑問題とかで、すごかったから、家の場合はね。 I　（笑）ああ、線香とかたばことか、そういうなんだろう、火がついたものを押しつけられるのはよくあったよ。
	1	学校の居場所機能欠損	小学校、中学校あるいは高校が居場所的環境を提供することに失敗し、学校でも居場所が欠落した状況	L　で、転校して即座にいじめられて・・・ L　うん、そう。ま、なんかなんていうんだろう、味方になってくれる先生がいなかった。先生が嫌いで中学の先生みんなが、なんかもう、その時からもうリスカ始めちゃった。 J　男の先生、すごい怖い先生だったんですけど、それで来なくていいって言われて、すごいむかついて。 K　（学校の）居心地は・・・よくなかったのかなあ。 C　中学校の時はね。でも中学校の時も病んでた、相当。先生からも見放されてたからね。
	2	思春期における家庭での居場所機能欠損の再確認	学校が居場所機能を果たせない中、思春期において家庭に回帰する中で、改めて家庭が居場所となってないことを再確認する状態	L　パチンコに行くような人で。今も続いているんだけど、私がバイト始めてから、すぐ金せびりに来て。だから、私ががんばって働いても、半分くらい親父に持ってかれちゃって、 K　酒癖悪いし、で、母親の態度気にくわなければ物に当たるし、なんかもうそういう奴だから。あいつが来てから家の中ぐっちゃぐちゃだから。 I　中学校の時とか、下が小学校で、上が高校で家にいない時、全部私のせいにされるわけ、一番上だからっていう意味で。 F　家に居るより、学校に居る方が落ち着くもん。居場所はない（笑）。
	2	自己表出不全	自分のことや自分の抱えてる問題を他人に対して語ったり表現することが苦手であり、表出したり相談したりできない状態	L　今でもそうなんだけど、悩みが全部打ち明けられない。誰に何を訊かれようが、なんか、本心の悩みが言えない。頼り方を知らない、甘え方も知らないしみたない。あの、どういうふうに頼るのって。 A　一人でいる時に、ほんとはいろいろ話したいと思って、訪問看護や医者と話したいことがあったのに、話せないでそのまま終わっちゃった時、言いたいことが言えなかった時、もやもやしてきて、息が詰まって、もう飲んじゃえ（オーバードーズ）と思う。 D　言い訳したくないから。なんで出さなかったのって言われた時に、私は「すいません」しか言えない。そういう時？自傷したくなる。
	2	外界における居場所の絶対的欠損	家庭でも学校でも、その他あらゆる外界、さらには自分自身についてすら信じられず全く居場所を見いだせないという自傷者の語り	L　なんか、もうなにも求めなくなった、親にも求めなくなったし。あの、例えば家でイラっとした時に、当たる場所がない、当たれる場所がないってなった時に、もうずっとここ（腕）だった。もう当たる場所がここしかなかったから、ここに向けてたんだけど、でも、その分母親が、なんか、これをする度に、なんでほかのところに当てられないのって、すごい言われた。当てられるはずがないでしょって、こんなに自由がない生活してて、どこで当てるのって。 K　でも家にいて、家族がいても、なんか一人だなあってなるし。（中略）だから、ほんと今（居場所が）ないんだなって思うけど。 J　居場所っていうほど頼れるもんじゃなかったし、かといって学校きてもいろいろもめたりしていたから、ぜんぜん居場所なかった。 I　同級生よりも全部ね（笑）。人っていうか、なんかもう、自分も信じてないから・・・

表 4-2-2　カテゴリー・概念一覧表 2　自傷行為の居場所化

カテゴリー名	概念生成過程	概念名	概念の定義	具体例
自傷行為の居場所化	1	最初の自傷行為	自傷者が記憶している最初の自傷行為の様子やきっかけについての語り	J　友だち、親友がリストカットはまってて。ずうっとやってて。はじめ相談、聴いてた側だったんですけど、好奇心でやった。 G　えっと、中3の5月にあれでやって、それはたぶん、なんかまあ、受験の始まる時、なんかまあ（うん）、ちょっとストレスみたいなので（うん）、ちょっとなんかうんやっちゃったみたいな・・・ F　小学校5年。親がいなくなってから。親がいなくなっていじめられるようになってから。 L　まあ、だあーって一気にいって、やっぱ、すごい血を見るのが好きだったの。そう、血が好きだったの。だから、血が出なければ、同じ場所どんどんどん同じようにやる。で、血が出てくれば、ああ生きてるんだな。うん、そう。ああ、やっぱ生きてんだなって。一応まだ生きているんだって。なんか必要とされているかわかんなかったから。
	1	自傷による安寧体験	自傷行為によって気持ちが落ち着いたりほっとしたりするという自傷者の体験についての語り	G　そうですね、こう、すっきりする感じ。 G　なんか、なんか気持ちいい感じがするんですよ（笑）。よくわからないですけど。 G　痛い、そんな痛くない。なんか痛いのが好きみたいな。 H　裂けた肉や血を見て落ち着く。 E　切ったりとかすると、なんか落ち着くじゃないけど、スッとするんだよね。
	1	自傷との一体化・居場所化	自傷やその道具を自分にはなくてはならないものの、不可欠なものであると表明し自傷者と自傷が不可分で一体化し、自傷が居場所的な状況になっていることに関する自傷者の語り	L　だから、みんなにやめなってすごい言われて、先生たちにも言われてたけど、やめれないって。これが自分のはけ口。（それをとっちゃったら、）うん、何もないって。 A　大声でなく赤ちゃんは、いい子いい子ってすると、たぶん安心して泣きやむのと一緒で、自分もリストカットをすると落ち着くっていうのがたぶんあったんじゃないかな。たぶん。 H　リストカットは今でもしてますよ。カッターは自分の一部ですよ。 D　（リストカット）している時が一番いいような気がするってか、自分にそれが一番合っているような気がする。 D　うん、え、たぶんなんか自分が、してない時の自分が考えられない。・・・なんかわかんないけど、それを考えている時がすっごい楽しい。
	3	表出としての自傷	自傷行為が自己表出の機会であるとする自傷者の言及	J　結局みんな寂しいんだよ。なんだかんだ構ってほしいから、その表現の1つがリストカットっていうだけで。

（次頁に続く）

カテゴリー名	概念生成過程	概念名	概念の定義	具体例
（続き）	2	他人の自傷との共鳴	自傷以外の自己破壊的行動を行い、一体化している状態	L　でもここなんか、死のうと思って、ガッてやったんだけど、でも痛くて。その時感覚があって痛くて、あ、ダメだ死ねないって思って、その時失敗して、でもなんか。結構自分の体を虐待することが好きで（照れ笑い）。なんかものを殴ってここが腫れたりとか、そういうのが普通だった。 J　お酒も飲んでた。たばこも吸ってた（リストカットもする）。王道ですよ。エリートコース（笑）。うん。根性焼きもして。 H　あとは生きていることや生きていいんだってことを実感したい時は自分で首をしめてみたりします。そうすると苦しくなるでしょ？　そうなることによって酸素は自分を望んでるんだって嬉しくなるんですよ。
	2	自己破壊行動との一体感	自傷者が他の自傷者を発見したり、自傷についてお互い語り合ったりことで、共感共鳴し合い、自傷者同士がお互いの居場所となる状況	L　もうやっちゃだめだよみたいなこと言ってたのに、自分がやっちゃったみたいな。 J　もう二言目にはいつ死のうか、リストカット最近した？　薬飲んだ？　うん、飲んでない、私も昨日やったけどね、みたいな話とか、なんかもう生きているのつらいよね、みたいな話が必ず二言目には出てきたし、○○とか居ても、そういう話が頻繁に出てきてたんですよ。 A　△△のつらさが伝わってきた。それほどやっぱりその子もつらい思いをしてきたってのはわかったと思う。つらいからやっぱ切る。 H　親友の形見です。親友がそのカッターでリスカしてたんですよ。自殺未遂したんですけどその時に使用したカッターです。死んで来るって言ったんです。自分はそれを静かに見送りました。

カテゴリー名	概念生成過程	概念名	概念の定義	具体例
	3	自傷への逡巡葛藤	自傷者が、自傷をしたい気持ちとやってはいけない気持ちとで揺れ動き逡巡葛藤している状態	C　ああやっぱ我慢しなきゃなっていう、我慢しなきゃなっていうか、ああやっちゃいけないことだ。ああ、なんかね、最初、何回も何回もやっちゃうと、こうなんていうかね、やらなきゃいられなくなる。 K　でやめてって言われているから、やっちゃった時の罪悪感ハンパなくて。それでなおさらエスカレートして、やりまくって。って感じだったと思う。まあとめられても、罪悪感とかで反発して、反動でかなりやっちゃうけど。少しは躊躇するんだよ。あ、またこれ見たら悲しむのかなとか。思ってやめれる時もあるけど、まあだいたいが、結局やっちゃう。

表 4-2-3　カテゴリー・概念一覧表 3　居場所獲得による自傷改善

居場所獲得による自傷改善		
3	3	2
居場所の模索	居場所を失う恐怖感	改善キーパーソンの継続的関わり
自傷者が自傷行為以外の本当の居場所を探し求めて模索する過程についての語り	改善キーパーソンや居場所的な場がみつかったあとでも、自傷者がそうした存在を失うことへについて抱く恐怖感についての語り	自傷者と日常的に接する機会があり、ほどよい支援的立場を保ち「抱える環境」を長期的に提供できるキーパーソンが存在する状態
K　それはね、ほんとに居場所がほしいんだと思う。家の中に居場所がないから。物理的な場所はあるよ、自分の部屋があるから。でも家にいて、家族がいても、なんか一人だなあってなるし。今のバイト先は別にそんな（居場所というような）ほど、思えるほどのところじゃないし、バイト先は。昼間の職場はもうなんか違うし。 A　病院にいた方が落ち着くもん。うんなんか、病院にいるとやさしくしてもらえる。 A　先の話だけど、どの先生がみてもらってもってどっちみち一緒なんだよ。先生はいずれかは、みんな・・・みんな医者なんて同じようなものだよって考えになった。 A　だから主治医替えるのも必要なんじゃない。でも大半の患者がそうだよ。主治医がだんだん替わっていく。	K　男の人ってみんなそうなんだろうなってのがたぶん自分の中であると思う。結局なんだかんだ言って、どうしようもない人ばかりなのかなとか、最終的にどっか行っちゃうんでしょって思っちゃうし。 K　どんな人でも最終的に好きになっちゃえば、失うのが怖くなる。私たぶん、嫌われるのが一番怖い、人に。嫌われたくないから、顔色うかがっちゃうし。とにかくたぶん私は嫌われたくないし、人が離れてくの怖いし、人の目がすごい気になるし。何思われてるのかなあってなるし。 J　たぶん先生は、よかれと思って深く関わるじゃないですか。あんまりそうやって深く関わってくれる人自体いないから、嬉しいと思うんですけど、今度それが甘えになると思います。で、今度は先生がほかの生徒の面倒もみなければいけないから、そっち行ったらたぶん嫉くと思うんですよ。 A　先の話だけど、どの先生がみてもらってもってどっちみち一緒なんだよ。先生はいずれかは、みんな・・・みんな医者なんて同じようなものだよって考えになった。	L　だから、今はじめての正直いってはじめての、職業っていうか、勤めて、で、これだけ一年半も続けてられるのは、人がいいから。人がみんないい。 J　いや、ほんとに先輩たち、この会社入った時に、先輩たちすごい優しくって、で付き添って、ほんとにいろいろ教えてくれてたというのもあるし、ほかの会社だったら、私一ヶ月持ってなかったって自信まであるんですよ。でも、会社の人たちがよかったってのもでかくって。 J　そんな中でたぶん先生だけがわかってくれるんじゃないかなって思って、たぶん話したんだと思うんですけど。で、話して、で先生今度いろいろ動いてくれるようになったじゃないですか。ちょくちょく話聴いてくれるようになって、である程度なんだろう、自分の今まで溜めてたストレスとか、溜め込んでた物全部話して一回楽になったんだと思うんですよ。 J　たぶん先生があまりに、なんだろう、そこら辺の大人の人と違って、なんだろう、近寄ってきてくれるんですよね。だからたぶん、親よりも近寄ってきてくれるし、話きいてきてくれるし、友だちよりもやっぱり、そういうことしている人ってやっぱり年上の大人の人に聴いてもらいたいっていう気持ちが人一倍強いと思うんですよ。だから、その条件がすごい先生にぴったり合いすぎちゃってるんですよね。 K　でも○○先生に話をする時は別に、なんも気にしないで、ただ訊かれたこと答えるだけって感じだったから、その傷のことに触れられても、そんなに気にしなかったし、うん、そうだな。カウンセリング自体は結構大きかったんだと思う。 E　うん、あと今の彼氏も知っている。全部のことを言ってから付き合ったから。だいたい私不安定になってくると、泣くし過呼吸になるから、そういうときは気をつけてくれているみたい。 （次頁に続く）

(続き)

2	居場所の獲得	自傷の改善の背景として語られる、「抱える環境」を提供する居場所に、自傷者が生まれてはじめてめぐり合い、獲得したことについての語り	L　はじめて、職業で、もう1年半以上続いているんだけど、すごい忙しいのね、そのお店が。 L　そう、最初仕事慣れなかったんだけど、慣れ始めてから、仕事でいっぱいになっちゃって・・・　そう、で、こっち（リスカ）はもうどうでもいいって感じ。 L　そう、たしかにみんな人間関係すごい、なんかこう、はじめてやった仕事で、こんなに長く続くとは自分でも思わなかった。 J　今は別にあいつがたまに来てくれるだけでも、まあそれでいいなあっていうか、そんなあいつのこと考えてる余裕も最近はいっぱいいっぱいでなくって、来てくれればありがとうって感じだし。やっぱ前みたいに親のこと考えている余裕もなくって。その前に仕事いかないとって感じだし。仕事さまさまですよ。 J　うんそう、なんか心が病まずに済むってのが、すごい楽しくって、今までそういう環境で、友だちと接したこととか、人と接したこととかなかったから、すごい楽しいんですよね。 E　全部のことを言ってから付き合ったから。（中略）そういうことしそうになれば止めてくれる。
3	家庭環境の改善	自傷が改善する中で、生活全体が改善され、その結果、家族との距離を適度にとれるようになったり、家族関係が改善すること	J　だから、そこでも自分で自立心できたし、ほかにね、働かなくてももらえるって手段全部切って、自分で働かないと稼げないっていうのもあったから、余計自分で、で二十歳になって、保証人も立てずに今回家借りてるんですよ。自分で保証会社通して契約したんで。親にも頼ってないし、で生活してて。 J　私は全然（家族との関わりは）もうないし、もう今更ほんとに関わる筋合いもないから。関わっちゃうと私自身こんがらがっちゃうから、できるだけ関わらないように。
2	改善と回復	自傷者がなんらかの根拠や明確な背景をあげて自傷行為の頻度が下がった、あるいは自傷をしなくなったという言及	L　そうそう、仕事はじめて、たぶん、3、4ヶ月してから、パッとやめた。 J　仕事してみれば忙しくてそんなことやってる暇もないし、病んでる暇があったら少しでもノート1ページ増やしていかないと、もう仕事・・・苦情来ちゃうから、ってなっちゃって、苦情来るのが一番怖いから、それでとりあえずお勉強しないとっていう・・・ K　卒業してからは減ったかもしれない。やっぱ仕事があるから、もちろん夏の間はできないし、するとしても見えないところ。ようするに肘から下は絶対できない。で、したとしてもほんと少量でがんばって抑えて、まあ、テーピングかなんか巻いて隠す。でもまあ夏の間はそれはしなかったかな。でも在学中は、在学中もバイトがある時は、なるべく抑えて、見えないところに・・・ K　学生の時は、そんなことしても学生だしなで終わるかもしれないけど、さすがに卒業してから、やっているの見られると、何やってんだこいつって目でみられるのも嫌だし。ってのもあって、気づいたら減ってたかな。てか、なんだろう。忘れている時もあるの。その切りたいとか。

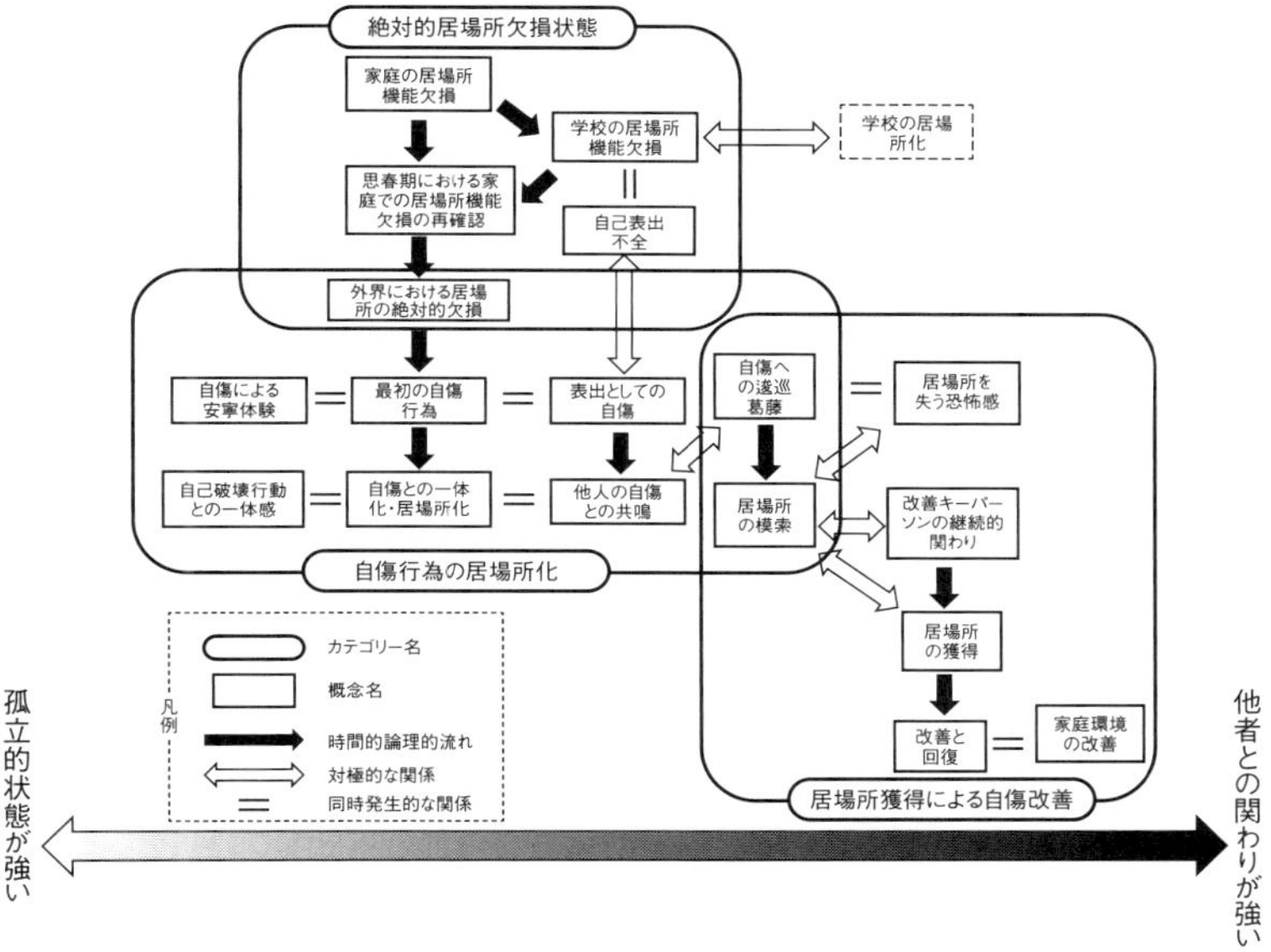

図4-1　結果図

ら家庭の次に学校が居場所となるべきであろう。家庭で居場所のない状態を経験したとしても、その時期に学校や友だち、教師が居場所的なものとなるなら、自傷者は自傷行為にまで至らなかったかもしれない。しかし、かれらの口からは、学校でいじめられたり、先生に見放されたり、味方になってくれる先生がいなかった等の体験が語られ（L、J、K、C）、学校でも居場所をみつけられない様子が見受けられる。こうした状況を〔学校の居場所機能欠損〕という概念名で捉える。この概念は、学校が家庭に替わる居場所機能を果たさない状況を示す。

　そして、思春期を迎えたかれらは、学校でそのような居場所を得られないため、不登校や引きこもり等になる場合もあり、再び家庭に居場所を求める。しかしそこでも、アルバイト代を父親が〝せびりに来（L）〟る、酒癖が悪く物に当たる母親の男との同居（K）、兄弟の問題を自分のせいにされる（I）などの状況が語られる。これを〔思春期における家庭での居場所機能欠損の再確認〕と名付ける。家庭が居場所となりえていない状況を思春期において再確認することを示す概念である。

この状態と並行して、本当はいろいろ話したいのに〝話せないでそのまま終わっちゃった（A）〟、〝誰に何を訊かれようが、なんか、本心の悩みが言えない（L）〟、〝誰にも頼れない。頼り方を知らない、甘え方も知らない（L）〟という〔自己表出不全〕が自傷者にはみられる。これは、自傷者が、自己表現が苦手なことを指す概念である。そして、うまく自分の気持ちを表出できない状況が学校での居場所欠損と関連していると思われる。もともと家庭において居場所が与えられなかった自傷者は、基本的な人間関係を学ぶ機会が不十分であったと予想され、そのため自己表現したり人間関係を作ったりすることが苦手であると推察される。これは、Balint（1968）の言う「基底欠損」と同様の状況であると考えられる。

そうした状態を前提として、自傷者は、外界のどこにも一切居場所がないという状況を自覚し、それについて次のように語る（〔外界における居場所の絶対的欠損〕）。〝なんか、もうなにも求めなくなった、親にも求めなくなった（L）〟、〝家にいて、家族がいても、なんか一人だなあってなるし（K）〟、〝学校きてもいろいろもめたり（J）〟。

これらの自傷者の語りが客観的事実を反映したものかは確認できない。自傷者の思い込みや記憶違いもあるかもしれない。しかし、複数の自傷者がこうした問題を事実だと確信して語っている。客観的事実ではないにしても、これに近い経験をしていることは疑いえない。また、記憶違いだとしても、そのような思い込みがなぜ自傷者に生じているのか追究していくことには意味があり、概念化、カテゴリー化が必要であろう。

2）【自傷行為の居場所化】について

こうしてかれらは、外界における絶対的居場所欠損の状態において、自分の身体や自傷行為が唯一の居場所となっていく。さらに、自傷者の語りを聴いていると、自傷行為そのものが居場所となっているのではないかと思わせる、激しい自傷への思いが現われる。

ある日、〃ちょっとストレスみたいな（G）〃ものから〔最初の自傷行為〕を行う。そして、その時に〃気持ちいい感じ（G）〃、〃痛いのが好きみたいな（G）〃気分を味わい、〃血が出てくれば、ああ生きてるんだな（L）〃と感じ、〃裂けた肉や血を見て落ち着く（H）〃という状態になり〔自傷による安寧体験〕をする。

そして、〃赤ちゃんは、いい子いい子ってすると、たぶん安心して泣きやむ（A）〃のと一緒で、リストカットによって落ち着くとの表現にみられるように、乳幼児期の「抱える環境」とリストカットを同一視しようとする語りもみられる。さらに、〃カッターは自分の一部（H）〃という感覚になり、自傷行為をしていることが自分に〃一番合っているような気がする（D）〃と感じ、さらにリストカットを〃してない時の自分が考えられない（D）〃。さらに、リストカットを自分から取ってしまったら、〃何もない（A）〃、〃逆にもうほんと死ぬことしかできない（A）〃という心境になる。これは〔自傷との一体化・居場所化〕という状況である。

これまでの居場所研究の多くが、「居場所」を肯定的なものとしている。しかし、他者との関係から切り離されている居場所の場合、引きこもりなどの否定的な影響を与える可能性が指摘されている（原田・滝脇 2014; 山岡 2002; 若山 2001）。自傷行為が居場所となるような状態もまた、否定的な影響を与える居場所の問題として考えることができる。

こうして自傷者は、自傷行為という極めて不健康な仮の居場所を獲得したのである。それは、自分を取り巻く周囲のどこにも、居場所を見出せない者が最後にたどり着く居場所といえる。周囲の環境に居場所がないために、自分の身体しか居場所がなくなる。〔自傷との一体化・居場所化〕は、自傷がアディクション化した（松本 2011）ということであるが、これは、アディクション（依存）という言葉だけでは捉えきれない、自傷者の自傷行為に対する切実な思いを示す概念である。

そして、自傷者はその他の自己破壊行動や自殺関連行動を行うようになり、自傷行為と同様にそれらとの一体感を味わうようになる（〔自己破壊行動との一体感〕）。また、自傷者には、〔自己表出不全〕がみられたが、自傷行為によってやっと、自分の居場所のなさやつらさ、寂しさを表現する。それは〝表現の1つがリストカット（J）〟という自傷者の語りにみられる。これが〔表出としての自傷〕である。

さらに自傷者は、他の自傷者と共鳴し合うことで、お互いの居場所的存在となっていく。〝いつ死のうか、リストカット最近した？（J）〟と仲間と会話をする中で、仲間の〝つらさが伝わってきた（A）〟。あるいは、親友がリストカットしたカッターが〝（自殺した）親友の形見（H）〟である。あるいは、友人の自傷行為をやめさせようとして、〝自分がやっちゃった（L）〟というように、共鳴を通じて自傷行為が伝染するということも起こる。こうした状況を〔他人の自傷との共鳴〕という概念で捉える。〔自己表出不全〕がみられた自傷者であるが、自傷行為を通じてなら、自己表出し他人と共鳴し合い、他人を居場所と感じることができる。

こうして自傷行為という極限的な居場所をみつけた自傷者は、同時に自傷仲間という対人的な居場所もみつける。これらの諸概念を包摂するカテゴリーが【自傷行為の居場所化】である。

3）【居場所獲得による自傷改善】について

自傷行為が居場所となった自傷者も、その状態に満足しているわけではなく、葛藤を味わいながら、徐々に本当の居場所を模索・獲得して、自傷が改善していくこともある。

居場所がない、あるいは自分の身体や自傷行為しか居場所にすることができない自傷者が、それでも、自傷行為以外の居場所を模索していく。〝我慢しなきゃなっていうか、ああやっちゃいけないことだ（C）〟と自傷をしたい衝動との葛藤に悩み、あるいは我慢できなくて自傷行為をしてしまった場合、〝やっちゃった時の罪悪感ハンパなくて。それでなおさらエスカレートして（K）〟いく。このように自傷者は自傷行為をやめようとしながらも、やめられない葛藤に悩み苦しみ、罪悪感を味わう。これは〔自傷への逡巡葛藤〕と表現できる。でもその葛藤は一方で、自傷から抜けだそうとするあがきであり、回復への営みの第一歩ともいえる。

また、かれらは自傷以外の居場所や居場所的人物を模索する。〝家にいて、家族がいても、なんか一人だなあってなるし。今のバイト先は別にそんな〔居場所と言える〕ほどの〔中略〕ところじゃないし、バイト先は、昼間の職場はもうなんか違うし（K）〟という言葉に居場所を模索する過程が現れている。あるいは、居場所として模索される対象は、病院や医者の場合もある。自傷者に医者は、大きな居場所候補として映るであろう。しかし一方で、医療や医者は一時的なもので、最終的な居場所となりえないことに自傷者は徐々に気づき葛藤する。〝みんな医者なんて同じようなものだよ（A）〟、〝大半の患者がそうだよ。主治医がだんだん替わっていく（A）〟等の表現にそれがみられる。医者を居場所にしようとする意識と、医者が結局は居場所になりえない葛藤から、医師への反発を露わにもする。こうした状態を［居場所の模索］という概念で捉える。

また、居場所を模索すると同時に、付き合う男性が〝最終的にどっかいっちゃうんでしょって思っちゃう（K）〟という心境に陥ったり、世話を焼いてくれていた教師が他の生徒の相手もするようになると〝嫉く（J）〟ことがあったりする。あるいは、〝好きになっちゃえば、失うのが怖くなる（K）〟、〝人が離れていくのが怖い（K）〟等、自分の居場所になる可能性のある人との別離を恐怖する（［居場所を失う恐怖感］）。

そのような居場所の模索をたどる中で、自傷者の中には幸運にも、自傷改善のきっかけとなるキーパーソンに出会う者がいる。それらは、〝一年半も続けてられる（L）〟アルバイト先の仲間。〝すごい優しくって［中略］付き添って、ほんとにいろいろ教えてくれてた（J）〟という職場の先輩たち。〝そこら辺の大人の人と違って、［中略］近寄ってきてくれるし、話きいてきてくれる（J）〟学校の教員。〝なんも気にしないで、ただ訊かれたことに答えるだけ（K）〟というカウンセリングを続けたSC、〝不安定になってくると、［中略］気をつけてくれ（E）〟る彼氏等である。そして、それらのキーパーソンとは、高校時代を含めた数年単位の関わりの場合が多い。こうした人物を捉える概念として「改善キーパーソン」という表現を演繹的に用いる。そして、この改善キーパーソンは、自傷者に寄り添いながらも、結果的につかず離れずの距離感で居続けることをでき、かれらに「抱える環境」＝居場所を長期的に提供する。そうした支援的立場の存在の長期的な関わりを［改善キーパーソンの継続的関わり］という概念で捉える。

そうしたキーパーソンが出現することで、直ちに自傷行為が止むわけではない。図4−1の【自傷行為の居場所化】と【居場所獲得による自傷改善】との重なりは、改善キーパーソンが出現しながらも、他に居場所を模索したり、居場所を失う恐怖におびえたり、逡巡葛藤する状況を示している。しかし、改善キーパーソンは継続的安定的に自傷者と関わり続け、そのことが自傷改善の大きな要因になっていく。

それらの改善キーパーソン（職場の仲間や先輩、教師、カウンセラー、彼氏等）が、自傷者の感情の起伏や複雑な言動、操作性にも耐え、安定してかれらの傍らに居続けた結果、かれらの居場所を失う恐怖感は薄れ、自傷者は本当の居場所を獲得する。そうした居場所は〝なんか心が病まずに済むってのが、すごい楽しくって、今までそういう環境で、友だちと接したこととか、人と接したこととかなかったから、すごい楽しいんですよね（J）〟と表現される職場。〝最初仕事慣れなかったんだけど、慣れ始めてから、仕事でいっぱいになっちゃって（中略）こっち（リストカット）はもうどうでもいいって感じ（L）〟になってしまうような充実したアルバイト先。〝今は別にあいつがたまに来てくれるだけでも、まあそれでいいなあっていうか（J）〟というように表現される不安定な時期を支え切った安定した彼氏等である。〝全部のことを言ってから付き合ったから。（中略）だから、そういうことしそうになれば止めてくれる（E）〟という彼氏が出現し、そのまま結婚し、今は子どももいて安定している者もいる。これが、〔居場所の獲得〕という概念で示される状態である。

改善キーパーソンがそのまま居場所となることもあれば、改善キーパーソンの存在を踏み台にして新たなより安定した居場所を獲得するという場合もある。

そして、ついに自傷者は自傷行為の改善ないし回復に至る。〝仕事はじめて、たぶん、三、四ヶ月してから、パッとやめた（L）〟、〝仕事してみれば忙しくてそんなことやってる暇もないし（J）〟と、就労やアルバイトをきっかけに自傷をやめたケース、あるいは、〝卒業してから、やっているの見られると、何やってんだこいつって目でみられるのも嫌だし［中略］、気づいたら減ってた（K）〟と、高校卒業を機に自傷の頻度が減っていることを自覚しているケースもある。改善とは自傷行為の頻度が明確に減った状態であり、回復とは自傷行為をしなくなった状態である〈改善と回復〉。いずれも、自傷者の語りの中に、改善や回復の背景や理由が明確にみられる状態である。その点が自傷行為の一時的中断とは違う。さらに、虐待を受けた親から、経済的にも精神的にも自立し、家族や家庭との関係も改善されている様子がみられる者もいる〈家庭環境の改善〉。

こうした一連の概念は【居場所獲得による自傷改善】というカテゴリーでまとめることができる。

第3節　本当の居場所を求めて

1．自傷行為の支援と居場所

本研究では、自傷者の居場所についての語りをきっかけとして、自傷行為の発生と回復を、居場所の欠損と獲得という観点から追究した。そして、居場所という概念をWinnicott（1965）の「抱える環境」と捉えることで、出生直後から高校卒業前後の年齢に至る過程をみている。そして、自傷行為の背景には一貫して【絶対的居場所欠損状態】という表現がふさわしい問題があること、それは、「単に居場所がない」

ということを示すものではなく、家庭、学校、その他に絶対的に居場所がなく、自分の身体以外に居場所が欠損している絶望的状況を示す概念である。自傷者の語りからは、そのような絶望的居場所欠損状態をみてとれる。自傷行為とは、そのような絶望的居場所欠損状態にある者が、最後に至る行為であるという観点から捉える必要がある。支援者がそう認識をすることによって自傷行為をする生徒に初めて本当の共感ができ、有効な支援をしていくきっかけとすることができると考えられる。

2．自傷行為の要因としての学校での居場所機能欠損

従来の研究では自傷行為や自殺関連行動に至る背景については、主として家庭環境的要因が指摘されてきた。例えば、Linehan（1993）は、そうした家庭環境として虐待的な家庭以外に「完全な家庭」等、情動表出を許さない家庭環境を挙げている。しかし、本研究の結果から、学校における居場所の欠損も自傷行為発生の重要な要因の一つであると考えられる。つまり、家庭が劣悪な環境であっても、学校が居場所的な機能を果たすことで、自傷者が自傷に至らないという可能性を指摘できるのである。

自傷者の語りからは、学校や教師が居場所を提供するどころか、その逆に自傷者を問題児等として扱うことで、自傷者をさらに傷つけ、自傷の遠因となっている様子も見受けられた。劣悪な学校環境も自傷の背景となっているということに、学校教員は注意を払わなければならないだろう。さらに言えば、自傷行為は、家庭環境要因のみでは起こりえず、学校環境要因が加わって初めて発生するという可能性も考えられる。

自傷者は対人関係が上手ではなく、いじめのターゲットになりやすかったり、非行傾向もみられる場合

もある。教師からもやっかいな生徒と思われたり、生徒指導の対象とみなされやすい。学校としては、それらの生徒に対して、単純に懲罰的な生徒指導を行うのではなく、むしろ、いじめから守ったり、温かく接したりすることで、居場所機能を果たすことが必要である。

学校において教員は専門家であり、自傷する可能性のある児童生徒を支援し居場所的環境を提供する責任がある。その中で、ともすれば学校が居場所を提供することに失敗し、自傷者の大人への不信感を強めさせ、自傷行為を助長させる要因となっている可能性に注意すべきではないかと考える。

〔学校の居場所機能欠損〕の対極の概念として〔学校の居場所化〕を仮定し、本研究のまとめである図4－1において破線で囲んで図示した。しかし、今回の調査対象一二名全員がいずれも学校や教師に不信感を持ったり、その結果として自傷行為に至ったりした生徒であるため、学校が居場所機能を果たすという対極の概念を形成するデータは、残念ながら得られなかった。

3．自傷行為の居場所化について

自傷者はこうして家庭、学校のその他外界のすべてに居場所を見出せないという語りをする。家庭での虐待的状況、学校のいじめ、あるいは、問題児としての扱い等々、その結果、自分の身体しか居場所がない状態に陥り、結果として自傷行為が居場所となっていく。自傷者の語りから、他の居場所やはけ口がなさすぎて自傷行為を唯一の居場所のようなものにせざるを得ない気持ちが確認できる。自傷者が自傷行為と一体化し自傷行為が居場所となっているという指摘は、これまでの研究ではほとんどなされてこなかったといえるであろう。

したがって、〔自傷との一体化、居場所化〕、【自傷行為の居場所化】という概念名、カテゴリー名は、自傷行為を居場所とせざるを得ないような自傷者の極限的心理状態について支援の立場から理解するためものである。支援者は、こうした自傷者の状態を理解した上で、具体的な居場所機能を提供していくことが必要であろう。

4．居場所の獲得と自傷改善について

1）改善キーパーソンについて

自傷者は他人の自傷と共鳴したり、自傷への逡巡葛藤に陥る。それは、本来自己表出不全で自分の思いを語るのが苦手な自傷者が、自傷について他人に語り、自傷行為をしていることを露わにし、そのことが支援的立場の者の目に触れ、支援や指導の対象になっていくきっかけともなる。その結果として、自傷者を取り巻く人々（友人、恋人、教師、SC、医者等）が支援者として立ち現れる。支援者の何人かは、関わり方を間違えたり、期間が短かかったりで、継続的支援に失敗する。しかし、そうした支援者の一部で次の条件を満たす者が改善キーパーソンとなる。

その条件とは、①自傷者の気分の浮き沈みや動揺に巻き込まれつつも巻き込まれすぎず適度な距離を保ち続ける、Winnicott（1965）の「ほどよい母親 good enough mother」に似た役割を果たし、失敗はあってもほどよい支援的立場を保ち「抱える環境」を提供する。②自傷者と日常的に接する機会があり、生活全般の相談に乗ったり支援したりできる。③自傷行為そのものを否定も肯定もせず、全人格的に自傷者に関わる。④数年単位の長期にわたって自傷者に関わり続けることができる。という四つである。

自傷者にとって改善キーパーソンとなっている者は、恋人にしろ、教師、ＳＣにしろ、この四つの条件を満たしている。すなわち、自傷者を支援する立場にある者は、この四条件を意識して関わっていくことが有効であろう。ただ、①〜③の条件はその人の態度や心構え、資質等に関わる問題であるが、④の条件は偶然に左右される。恋人の場合、数年間交際を続けること、教師やＳＣ等の場合異動せず数年単位で自傷者に関わることが結果としてできることが必要ということになる。

同様のことを、Huband & Tantam（2004）は、イギリスの成人の自傷者の質的データの分析から、「一人のキーワーカーと長期の人間関係を維持すること（Having a long-term relationship with a key worker）」が、さまざまな自傷支援戦略の中でも最も効果的であることを指摘している。これは本研究で〔改善キーパーソンの継続的関わり〕という概念で捉えたものと同様の状況といえる。日本の高校生の年代にも同じような支援が有効であるということを指摘できる。そして、坂口（2013, 2021）が指摘した〝自傷行為をする生徒たちにとってサポートされたと感じるプロセス〟は、本研究の「改善キーパーソン」の関わりに近い対応を教師が果たしている状況を自傷者の視点から捉えた概念であると思われる。坂口が示したこのプロセスを教師が長期的に果たすことで、本研究の〔改善キーパーソンの継続的関わり〕で示したものと同様の支援が可能になると考える。

ただ、教師の支援のあり方として、教師自らが直接改善キーパーソンになる方法もあれば、自傷者の周囲に恋人、カウンセラー等改善キーパーソンになりうる人物を見出し、その関係が継続発展するように働きかけるという間接的な方法もあるということを指摘したい。

２）学校における支援機能

一二名の事例をみると、自傷行為の回復過程は高校に入学して支援が入ってから高校を卒業するまで、最低でも数年単位の過程をたどる。幼い頃から十数年もの間、居場所欠損の状態に置かれた自傷者が回復していくためには、それなりに年月がかかるであろう。そして、学校は、そうした数年単位の支援を行うのに適している。学校教員は、通常は一〜三学年の持ち上がりを2サイクルは経験し、六年間程度は同じ勤務校にいることが多い。さらに、卒業した生徒、あるいは教員が異動したあとも、元生徒、元教員ということで、支援をし続けることが可能である。一方、その他の福祉機関、病院等は、職員が異動したあとは一切患者等とは関係を持たないのが慣例ではないか。

第4節　まとめ　居場所となるために

本章では、学校教員の立場での自傷者への対応方法の手がかりを得るため、一二名の自傷生徒から自傷にまつわるさまざまな話を聴き取り、居場所の欠損と獲得という視点により質的分析を行った。

その結果、自傷の開始や維持における自傷者の極限的な精神状態を捉える概念およびカテゴリーを抽出し、そうした概念を通じて自傷者の心理状態を理解した上で、初めて共感的な支援が可能となることを指摘した。そして、自傷行為の改善において学校や教師が具体的にどう居場所的機能を果たしていくかを考察し、自傷生徒に対して改善キーパーソンとなったり、そうした存在と出会う場を提供したりして、数年単位で「抱える環境」を提供し続けることの重要性を指摘した。

結果図（図4－1）では、上から下にいくほど、時間的論理的に進んだ概念・カテゴリー、左にいくほど孤立的状態の強い概念・カテゴリー、右にいくほど反対に他者との関わりの強い概念・カテゴリー、となっている。自傷者が他者との関わりを強めるほど、居場所をみつけ改善していくことがみてとれる。

なお、本研究は、自傷当事者の記憶による語りに依拠したものである。その点で、家庭の状況や学校での対応についての自傷者たちの語りが、そのまま客観的事実ではない（いわゆる虚偽記憶の）可能性もある。しかし、少なくともかれらの主観はそうなのであり、若干事実と異なることがあったとしても、主観的真実として尊重すべきではないか。かれらは今でもその主観的真実によって傷つき、苦しみ続けているのであるから。

なぜこのことをわざわざ書くかというと、最近、虐待的環境にいる子どもや若者を支援する場で、支援者の「当人の言っていることが（部分的には）本当かどうかわからない」という発言を耳にするからである。このように、支援者が当人の主観的真実を受け入れない結果、本人に対する支援的姿勢が弱くなる傾向がある。本書および筆者の立場は、その記憶が本人を苦しめたり、心理的に不安定にしているとすれば、虚偽記憶か否かにかかわらず本人の主観的真実を尊重して対応すべきだというものである。

さらに筆者は、明らかに、意図的虚言的な被害を当事者が語る場合であっても、その語りを尊重して対応した方が最終的には本人の問題を改善しやすいと考えている（佐野 2022）。

第5章　自傷者の調査への協力的姿勢とメンタルの安定について

第1節　積極的に協力する自傷者たち

第4章では、自傷行為当事者一二名に自傷行為についてのインタビューを行い、詳細な語りを得た。その結果、自傷者を支援していく上での重要な観点や方法を見出すことができた。その際、自傷当事者たちにおいて、インタビューに積極的に協力し、さまざまな語りをしたあと、メンタルが落ち着くという現象がみられた。本章ではこの現象について考察する。

自傷者に、自傷行為の背景や原因となった環境について詳細に語らせることには慎重であるべきだという意見もあることは既述した。自傷について語ることで、かえって自傷者を刺激し、自傷行為の頻度が増したり、メンタルの不安定をもたらす可能性が懸念されるからである。しかし、本書を貫く一つの主張は、繰り返しになるが、自傷や自殺について支援者が当事者と率直に語り合う方が、状況は改善するというものである。本章では、その議論をさらに補強する。

近年の自殺予防は、ＴＡＬＫの原則（※）にみられるように、自殺への心配について伝えたり（Tell）、自殺への思いについて率直に尋ねる（Ask）方が自殺を予防することに結び付くという考えが主流になっている。また、自殺企図を早期に発見するため、精神科医やセラピストが躊躇せず自殺について尋ねていき、自殺の問題について率直に患者と語り合う関係性を作ることが重視されていることは前章でも触れた（Shea 1999）。

自殺に関するこうした考え方は、自傷行為にも当てはまる。自傷については、これまで教師や支援者はそれをみかけても話題にすることなく、見て見ぬふりをしたり、その話題を避けたりするような対応もみられた。あるいは、全く反対に、厳しく自傷をやめるように指導したり、叱ったりしていた。つまり、自傷については、無関心でいるか、叱責するかの両極端の対応がなされてきたのである。

第4章でみた通り、自傷者は自傷行為をせざるを得ない絶対的居場所欠損状態にある。家庭にも学校にもどこにも居場所がなく虐待的環境に置かれている。そのため自傷行為が唯一の居場所となる。そのような虐待的環境が改善されないまま、自傷を咎めることは、自傷者から唯一の居場所を奪うことになり、本当の自殺につながる可能性がある。自傷行為は、直接にそれをやめさせようとするのではなく、自傷の環境要因である絶対的居場所欠損状態を改善する働きかけこそすべきであろう。そのために本来は、自傷者に対してその背景にある悩みや問題について語りかけ、対話していくことが重要である。

自傷者はすでに、虐待的状況にあったり、ネグレクトを受けたりしてきた。もし、支援者がかれらの自傷や自傷の背景について、全く語りかけなかったり、触れようとしなかった場合、支援者がネグレクトを再現してしまうことになる。したがって、きちんと自傷や虐待的状況について語りかけを試みることは大切なアプローチになる。

ただ現実は、自傷者に相談やカウンセリングを勧めても、積極的にそれに応じたり自傷について語ったりすることはあまりない。すでにみたように、自傷者には〔自己表出不全〕という傾向があり、自分の思いや気持ちを語ることが苦手だからである。さらに、虐待的な大人としか接してこなかったため、誰も信用できないからである。しかし、そこを乗り越えて、自傷者が自分の自傷行為にまつわる問題について語りはじめ、対話へとつながる方法論、さらには自傷者との関係性を構築して対話がなされるようなカウンセリングや心理療法の技術、技法が追究されるべきであろう。

自傷・自殺とは別の問題であるが、これまで精神科医療においても、統合失調症患者の幻覚幻聴については、医師が詳しく尋ねたり話題にしたりしない方がよいとされ、医学教育でもそのような教示がなされてきた。しかし、近年注目されているオープンダイアローグ(斎藤 2015)では、急性期精神疾患患者の幻覚幻聴についてもしっかりと聴き、それについて率直に対話をしていくことが有効であるとされている。そして、その方が当事者の現実検討力が高まり、幻覚幻聴を弱めたり改善させたりする効果があるという。

このように自傷・自殺、幻覚幻聴について、当事者と対話していくことがその改善に有効であるならば、その他の精神的心理的問題においても同様であろう。そもそも当事者の抱える精神的問題について、支援者がその話題を避けたり語り合うことをタブー視したりすることが、その当事者にプラスに働くとは思えない。当事者の心理的問題について、慎重さを維持しながら、一緒に考えたり対話したりする営みが本来臨床的対応において必要なことであり、それが人の心を尊重するということではないか。そして、それによって、当事者自身も自分の心を大切にするようになり、自傷等の問題に関わる自分の心理を見つめるようになり、内省したり客観視したり、整理したりする機会となる可能性が高くなる。近年は「子どもも参加型チーム援助」(田村・石隈 2017)といって、支援会議の場に本人も入ることの有効性が指摘されている。これも当事者が自分の課題について支援者と語り合い内省を深め、支援が進展する機会となるようである。

今回、自傷者にインタビューへの協力を求めた際、ほとんどの自傷者が非常に協力的な姿勢でこちらの質問に丁寧に答え、そして、自傷行為について言葉を駆使して説明してくれ、その背景となっている絶対的居場所欠損状態についても詳細に語ってくれた。そして、インタビューが終わったあとも、すがすがしい表情になって、メンタルが安定した感じにみえた。これは、よいカウンセリングを受けて気づきを得た時にクライエントがほっとした表情になり気持ちが安定するのとよく似ている現象であった。

筆者は、この現象についても分析ワークシートに〔インタビューへの協力姿勢〕という概念でまとめ、第4章の分析の中で扱い、結果図に落とし込もうとした。しかし、うまく当てはまらないので、この概念については外して第4章の議論を展開した。ただ、結果として自傷者のメンタルが安定したことは事実であるので、改めてこの概念だけ取り上げて本章で論じる。

自傷行為について詳細にインタビューするという研究は佐野（2015）以降増えてきた（例えば、飯島・桂川 2019; 新井 2021）ものの、自傷行為について語ったことが気分の安定をもたらすという知見はみられない。なぜ、自己表出が苦手なかれらが、自傷に関するインタビューには協力的になり、その後メンタルが安定するのか。そして、このことは何を意味するのか。この現象に、自傷者の状況を改善する手がかりがあると思われる。

※ＴＡＬＫの原則は、自殺念慮を抱く人への初期対応の基本姿勢である。Tell（心配を伝える）、Ask（自殺のことを尋ねる）、Listen

（聞く）、Keep safe（安全を確保する）の頭文字をとったもの。

第2節　協力したあとのメンタルの安定

今回の分析は木下（2007）の提唱したM-GTAで用いる分析ワークシートを使ったことは第4章で述べた。インタビューに対して調査対象の自傷者の多くが非常に協力的になり、自傷について語り、かつ、その直後に気分が安定するという状況を〔インタビューへの協力姿勢〕という概念で捉え、分析した。ただ、この〔インタビューへの協力姿勢〕はいずれのカテゴリーにも入れることができなかった。それは、自傷行為についてインタビューを受けるということそのものが、通常の自傷の改善過程の中では発生しない、例外的な現象であるからである。本研究のように、身近に自傷行為の研究者がいて調査対象者になるという偶然の機会の結果生じた現象にすぎない。そして、だからこそ、この例外的な現象によってみられた自傷者の普段とは違った反応に、自傷を改善するための対応方法のきっかけが隠れていると思われる。

分析ワークシート（章末、表5－1）をみると、まず、調査協力者Aは、自傷行為の話をするのは苦痛じゃないかと筆者が尋ねた時、「苦痛じゃない」し「この話をすることは逆にすっきりする」し「役立ててるのかな」と思うと答えている。また、インタビュー後のメールでのやりとりで、「今日は話せて良かったしスッキリした」、「良かった、先生に助けて貰ってばかりだったから、〔中略〕協力出来て本当に良かった。先生みたいな人がたくさん居たらいいのにねえ」、「力になれて良かった。わたしは大丈夫だよ。ありがとう。無理しないように頑張るね」と相次いで送ってきた。その文面には、自傷について十分に語ったことへの喜びやその後の落ち着いた心境がにじみ出ていた。さらに、調査協力者DおよびEは、先生の勉強に役立つなら協力したいという趣旨の表現をしている。また、インタビューの終わり頃、自傷行為等について語らせたことについて、筆者の方がその悪影響を心配して声をかけると、全然大丈夫だと答えたり、「なんでも話しても」良い（C）と述べたりしている。

さらに、別の生徒Hは、学校の教育相談の文脈で担当教員として聴いた、Hの「眠れない時にリストカットをする」という話をもう少し深めたいと思って尋ねても、あまり語ろうとしなかった。しかし、その後メールのやりとりで、筆者が、大学の研究に関連して自傷行為について教えてほしいという姿勢で、改めてHに尋ねると、それまでと違って、リストカットをする理由や、直後にどうなるか、どのように自傷者に対応したらいいかまで、詳細に説明してくれた。その後、筆者にこのような質問をされて、かえってリストカットするようにならないか尋ねると「こんな事を聞かれたくらいでしませんよ」と答え、さらに「苦にならないし寧ろ力になれて光栄です」とまで述べている。つまり、Hは、相談支援の文脈で、自傷行為について尋ねても多くを語らなかったが、研究や他の自傷者の支援方法を知りたいから教えてほしいという文脈では、詳細に自傷について語り、しかも光栄だとまで言ったのである。

また、調査対象者Iについては、逆の順序で、先に研究のインタビューに協力してもらい、後日、SCのカウンセリングを勧めた時は、「研究の協力ならいいが、［中略］目的がはっきりしないので、カウンセリングはいやだ」と言って断った。やはり相談支援の文脈では語らないが、研究協力なら喜んで応じるということである。

さらに、何人かは、このインタビューへの受け答えが、自傷行為も含めて他人と話す「すごい久しぶり」の経験だと明るく答え（B）、さらに、一番濃厚な語りを得たLは、「しゃべりすぎたかな」と言いながらも大きく笑い、表情は明るかった。また、筆者の「こんなに話したことないってぐらい話したんじゃないの」の問いかけにも笑い、自分が詳細に語ったことを「スパスパ口から出た」と述べた。自傷やその背景の内容は過酷なものであるが、それを明るく話したり、結果として大笑いしながら語り合えたという経験は、L自身にとっても予想外の初めての経験であり、しかも、Lの大笑いに現れているように、気持ちを安定させるものであったはずである。

ある自傷者も語っているが、自傷行為の実行は、現実の日常で絶対的居場所欠損状態を再認識するような絶望的状況の時に起こるものであって、自傷について尋ねたり、それを語ったからといって誘発されるものではないとのことである（C、H）。一二名のいずれも、なにかこれまで押さえつけていたものを吐き出すように詳しく語ったようであった。本当は話したかったのにずっと話せなかったことがやっと話せた、という印象であった。

インタビュー後は念のため、かれらのメンタルが悪化していないか、直接、あるいはSNSの連絡等で確認したが、悪化した者は一人もいないどころか、むしろその後メンタルが落ち着いた様子が感じられた。さらに、筆者との関係性がより深まり、筆者をさらに信頼して相談に来るようになった者もいた。

第3節　なぜメンタルが安定するのか

普段は対人関係が苦手だったり自分のことをあまり語ったりしない自傷行為当事者の生徒たちが、なぜこんなに協力的でよく語り、その後メンタルの安定がみられるのか。このことは何を意味するか。そして、どうしてこのような現象が起こるかについて考察したい。

まず、筆者は、調査協力者である自傷者たちに、大学院にて自傷行為の問題を研究しなければならない状況にある自分の立場を明確に伝え、インタビューへの協力を依頼した。さらに、それは自傷で苦しんでいる他の人を助ける方法を探し出すためでもあることを説明した。このように研究に協力してほしいというスタンスで自傷行為についてインタビューをすることが、なぜかれらの積極的な協力を生み、直後の気分の安定を生むのか。いくつかの仮説を提示する。

1）インタビュアーのへりくだり（ワンダウンポジション）が効果をもたらす

日常では、筆者は教師かつ相談支援担当であり、かれらに対して立場が上になる。また相談の場面においても、相談する生徒は助けてもらう側、聴き役の教師は相談に乗って助ける側という関係性になる。ところが、今回の自傷行為の調査のインタビューにあたっては、筆者の方が教えを乞う立場で下になり、かれらの方が自傷経験値的にも上であるという関係性に転じた。このように自分の方の立場が上になるという経験は、特に自傷行為の悩みを抱えている生徒たちにとっては貴重な珍しい体験ではなかったか。普段はお世話になっている教師に対して、逆に自分の方が教えるのだから、日頃の教師生徒関係あるいは相談関係とは違い新鮮だったに違いない。

これは、システムズアプローチ（吉川・赤津・伊東 2019）やナラティブセラピー（野口 2002）でいわれる、「ワンダウンポジション」や「無知の姿勢」と通じるものである。研究に協力してほしい、教えてほしいというスタンスは、そのまま自然とワンダウンポジションとなり、さらに無知の姿勢で、何も知らない者として興味深く話を聴いていくことになったため、その姿勢がかれらの語りを引き出したということかもしれない。

この仮説を臨床で応用する場合、ワンダウンポジションや無知の姿勢で自傷者に対応することは有効ということになる。

2）研究という枠組みが安心感を与える

研究のため、あるいは自傷について教える、という枠組みが安心感を与えるという可能性もある。研究という枠組みは、自傷行為に対しては価値判断を挟まず無批判的客観的であり、中立的な姿勢で話が進んでいくことになる。それが、相談支援の場となると、自傷行為は本人の克服すべき問題であり、改善する対象として語られ、どうしても否定的なニュアンスで扱われてしまう。そうなると自傷行為について語ることに慎重になり、あまり語らなくなるのではないか。これまで、かれらはそうした相談支援や教育現場において、自傷行為を否定されたり叱責されたりする関係性の中でしか、自傷行為について語るのを許されてこなかったはずであり、自分の居場所でもある自傷行為に対して否定的眼差しを向けられることはつらいことである。

その点、今回の研究への協力という視点で自傷行為について語ることは、自分の自傷行為について無批判かつ価値判断を挟まないで聴いてもらい話せる珍しい機会であり、自傷について安心して語れる貴重な場であった可能性がある。

このことから、この仮説を臨床で応用する場合、自傷者の自傷行為を否定せず客観的に聴いていくということが有効であるということがいえる。

3）人の役に立つ体験

自傷者は家庭にも学校にも居場所がない絶望的状況を経験している。そのため、自己否定的であり、自尊感情が低い。そして、実際に、人のために役立っていると思える経験も少ないのではないか。そんな中、教員の研究に協力することで、人の役に立っているという感覚を味わうことになる。実際、何人かは「先生の役に立てて嬉しい」、「光栄である」という表現で、自分が役立つことの喜びを表明している。自傷行為について語り説明することで感謝されるのである。そして、その相手が、日頃お世話になり相談に乗ってもらっている筆者のような役割の教員だから、なおさらその思いを強めるのではないか。さらに、自分が語ったことが自分と同じように自傷行為について葛藤している人たちを助ける可能性もあるわけである。そのような人の役に立つ経験が喜びとなって、その後のメンタルの安定につながるということも考えられる。しかも、その行為は、自分の悩みの本丸である自傷行為について語ることなので、難しくない。その上で人の役に立てるのだから、自尊感情が高まるのではないか。

これを臨床的に応用する場合、自傷行為に限ったことではないが、自傷や悩みについて語ってくれればセラピストは助かるわけであり、あなたの語りが同じような悩みを持つ人も助けるようになる可能性がある、と伝えてみるということではないか。

しかし、このことは個別臨床の場では、実際にすでに行われている。われわれ心理臨床家は、クライエントの語る内容から自らも学び経験値を高め、それを他のクライエントに応用したり、事例研究などの論文で発表して他の臨床家にも伝えることをしている。そのことは普段はクライエントに説明することはしないが、場合によっては、現在の臨床的対話が他の臨床家や他のクライエントに役立つということをあえて説明してみると、クライエントは自分の問題をより語りやすくなるのではないか。

4）自傷について初めてしっかり語ったり聴いてもらったりする体験

自傷者にとって、自らの自傷について言語化して語る経験とはどのようなものであろう。自傷行為がみつかれば叱責されるし、自傷行為をしていることをあまり知られたくないから、自分の自傷について考えたり語ったりする機会はほとんどなかったと思われる。

しかし、今回のインタビューに答えることで、自傷行為とその背後にある思いについて、おそらく初めて言語化でき、自らの葛藤について思考する体験をしたのではないか。そのことが、自傷に伴う感情を整理することにつながり、メンタルが安定した可能性がある。

これを臨床的に応用する場合、率直に語り合うという姿勢を貫くということになろう。温かく、受容共感的なスタンスでセラピストが聴き（Listen）ながら、語りを促す適度な質問（Ask）をしていく。つまり、ＴＡＬＫの原則は、自殺防止だけでなく、自傷行為についても適用できるのではないか。

5）聴く側も自然体で聴ける

研究対象として自傷者に自傷のことを尋ねる場合、聴く側の筆者も、実は、普段の相談の文脈とは違った姿勢となる。

相談の文脈ではどうしても本人を少しでも改善させようという思いが先走り、自傷行為や関連する語りに対して、構えて受容的に聴こうとする。ところが、今回はあくまで研究の文脈なので、悪化はさせたくないが、改善しようとか共感しようという思いは弱くなり、結果として自然体でむしろ客観的に、自己一致した姿勢で聴くことができるようになっている。それがプラスに働いて、自傷者がかえって安心して語るということはいえないだろうか。

つまり、臨床的に応用する場合、セラピスト側が自己一致や純粋性を貫き、自然体で話を聴いていくということになる。

以上、いくつか挙げてきたが、それぞれが独立したものではなく、互いに深い関係がある仮説である。総じて、自傷者は、日頃自分の自傷行為について批判的な目線しか感じないため、自傷についてあまり語ることができず、さらにその背景にある絶対的居場所欠損状態についても相談する機会がなかった。それが研究という文脈では、自傷等について無批判的に興味を持って聴いてもらえ、それがしかも人に役立つことにもなるのである。そのため、自傷やその背景となっている問題について安心して語る貴重な機会を得ることになる。語っている最中も筆者が自然体で無批判に興味を持って聴き続けた結果、自傷行為と関連問題について初めて言語化し、客観視できる機会となった。自己表出不全の自傷者たちであるが、自傷や絶対的居場所欠損状態については大きな悩みであるので、本当は理解されたいし、語りたかったはずである。

第4節　まとめ　どう支援に生かすか

自傷者へのインタビューが協力姿勢を生み、その後の状況を改善させる理由を検討した。今回は研究への協力という文脈であったため、このような状況が発生したわけであるが、自傷を改善するには、本人に自傷行為やその原因となっている背景についてきちんと語らせることが有効であるということが示唆される。

そして、インタビューのために用いた無知の姿勢やワンダウンポジション、さらには価値判断を挟まずに聴き、対話をするという姿勢は、通常の自傷者の相談支援の場面でも有効であると考える。さらに、いたずらに立ち直らせようとか共感しようと思わず、自然体で自己一致の姿勢で対話を行っていくことも、聴く側の姿勢として重要であろう。

近年メンタライジング（上地 2015）、ＡＥＤＰ（花川 2020）、オープンダイアローグ（齋藤 2015）など、クライエントと対話をし、お互いの考えや気持ちに率直に触れ合い、感情交流を重視するセラピーや方法論が注目されている。これらのセラピーで行われているように、自傷・自殺問題についてもタブー視するのではなく、当事者と支援者が率直に対話をしていくことで、その改善が促進される可能性がある。もとより、精神疾患の人、メンタルを病んでいる人は、自己の問題について語ることが苦手であり、ともすれば防衛したり抵抗したりするであろう。しかし、それらの防衛や抵抗を丁寧に乗り越え、語り合っていくことが、自傷・自殺対応に限らず、これからの心理臨床には求められているのではないか。

ただ、絶対的居場所欠損状態に関わる問題は、虐待的な状況を示すものでありトラウマ的な問題になる。それについて語らせることに慎重であるべきというのは間違いない。むやみに語らせることで、除反応が起きたりメンタルが不安定になったりする可能性もある。したがって、聴き手（セラピスト）が丁寧に共感しながら、無知の姿勢で、ゆっくりと尋ねていくようなことが必要であろう。さらには、セラピストにトラウマ対応やトラウマ治療に関する知識や経験があった方がよい。そして、身体レベルに注目することも交えながら、ゆっくりと対話を行えば、結果としてトラウマティックな絶対的居場所欠損状態の記憶を適切にエクスポージャー（暴露）することになり、その記憶を整理することにもつながるかもしれない。すなわち、自傷者へのインタビューは自傷改善のみならず、その背景にあるトラウマ改善にも有効である可能性があるといえる。

さらに、現在のところ、教師がトラウマ治療をすることまでは求められていないが、トラウマインフォームド・ケアの考えが学校現場に広まっている中、トラウマへの理解を深めた教師が慎重かつ率直に自傷行為当事者はじめ、トラウマを持つ生徒たちと語り合うことで、そのトラウマを少しずつ癒やし、自傷を改善したり、自殺念慮を弱めていくことも考えられるかもしれない。

表 5-1　分析ワークシート（インタビューへの協力姿勢）

<table>
<tr><td>概念名</td><td>インタビューへの協力的姿勢</td></tr>
<tr><td>定義</td><td>自傷者へのインタビューに対して自傷者が協力的でかつ自傷について積極的に語ること。さらにインタビュー後、自傷者のメンタルが安定する感じになる現象。</td></tr>
<tr><td rowspan="6">具体例（ヴァリエーション）</td><td>S は筆者（佐野）のイニシャル、それ以外のアルファベットは、第 4 章の表 4-1、表 4-2 の ID と同じである。

S:　昨日おれが去ったのはタイミングが中途半端だったでしょ。
A:　その時は今薬がないってのがわかっているし、この話をすることは逆にすっきりする。
S:　この話をすることは苦痛じゃないの？
A:　苦痛じゃない、っていうか、役立ててるのかなって思う。</td></tr>
<tr><td>以下、A からのインタビュー直後のメール
1 通目「今日は何か中途半端で終わっちゃったけど、話せて良かったしスッキリしたよ。過去のつらい事かもしれないけど、今は気にしてないし、参考になるか、役に立つか、解らないけど、役に立てれば、私嬉しいし、いつでも協力するよ。ただし、私で良ければ。それから私の事、気にして話してるようだけど、気にしないで話していいよ。そこまで弱くないから」

2 通目「良かった、先生に助けて貰ってばかりだったから…先生の役に立てたかどうかは解らないけど、協力出来て本当に良かった。先生みたいな人がたくさん居たらいいのにねえ。頑張ってね。そして一人でも多くの人を救いだしてあげてね。END」

3 通目
「力になれて良かった。私は大丈夫だよ。ありがとう。無理しないように頑張るね。先生も無理しないようにね。Fight」</td></tr>
<tr><td>S:　おれは今大学院で臨床心理学を勉強しているんだけど、D のような高校生（若者）がどうすればよくなっていくか、その方法を研究している。だから、D の状況について教えてほしいし、そういう意味では研究に協力してほしいのだけど。その代わりできる範囲で D にかかわって、D がよくなるようにする。どうだろうか。
D:　わかった。私は 誰にでも協力したい。（中略）先生は、カウンセラーになりたいの？　学科はどんなことしてるの？　むずかしい。先生もがんばって。私もがんばる。</td></tr>
<tr><td>以下、E に対してのインタビュー依頼メール
「もしよかったらたまにはコミュニケーションルームで最近の様子をきかして欲しいと思って。それと、おれは心理学の勉強しているんだけど、若い人の心理で E に教えて欲しいことがあるんだ」
E からの返信メール
「私も久々にお話したいです。水曜日は 3・4 の授業がないのでその時間でいいですか？　先生の勉強に役立つなら喜んで協力しますよ」</td></tr>
<tr><td>S:　それでそう薬、まあこれもあんまり、あんまりおれがいうのもあれなんだけどさあ・・・
C: 大丈夫だよ、もうなんでも話しても（笑い）。
(中略)
S:　いろいろけっこうな突っ込んだ話をきいて申し訳ない・・・
C:　大丈夫。
S:　よく話してくれてありがたいんだけど。
C:　うん。うん。</td></tr>
<tr><td>S:　だいたいいろいろ聴いて、ありがとうね、いろいろ。
C:　全然。
S:　結構差し入った話まで聴いちゃったけど。
C:　ううううん。全然。</td></tr>
</table>

概念名	インタビューへの協力的姿勢
具体例（ヴァリエーション）	以下、Hの相談に乗っている時の会話 S：　リストカットしたから眠れるようになるってわけじゃないよね。 H:　うん。 S：　その眠れない時に、やっぱりなにか、いろんなこと考えちゃったり、不安定になってくってことなんじゃないの？・・・例えばどんなこと考えちゃう？ H:　・・・(59秒)・・・ S：　ん？ H:　わかんない。 S：　わかんない？・・・・(30秒)・・・まあ、リストカットをするほど、気持ちが不安定で、なにかつらいってことなんだけどさあ、・・・ほんとはそのなH自身がそのつらさそのものを、おれは、もし、聴くことができたらと思うんだけど。 (中略) 以下、Hにインタビューの依頼をしてからのメールでのやりとり ①Sからの送信 「Hにお願いがあります。実は、ぼくは今研修で大学で若者の心理について勉強している。Hとか何人かの生徒の相談にうまく乗れなかったり、失敗したりしているので、もう一度相談へののり方とか、若者の心とか勉強をしにきているんだ。 その勉強の一つとして、Hに若者の心理やどんなふうにもっと教員が対応したらかいいか、いくつか教えて欲しいことがあるんだけど、協力してもらえないだろうか。変なことは訊かないし、いやなら断ってもいい。 おれとしては、Hから若者の心理やもっとこんなふうに対応してほしかったということを教えて欲しい。 だめだろうか」 ②Hからの返信 「いいですよ。協力します」 ③Sからの送信 「実は、訊きたいことの一つが、今若者にはやっているリストカットのことなの。若者がなぜリストカットをするのか、リスカするとどんなふうになるのか。教員や大人はリストカットをしている生徒にどう対応すれば一番いいのかとかいうこと。デリケートな話題だから、ムリして答えてくれなくていいけど。Hの答えられる範囲で教えて欲しい。 おれ自身、Hのリスカの問題にうまく対応できなかったという思いがある。もし、この話題に答えたり協力するのが嫌なら正直言ってくれればやめるよ」 ④Hからの返信（箇条書きのメールの返信　☆は自傷のプラス面、★は自傷のマイナス面　本人がメールの文面に付けた） 何故リスカをするのか？ ☆生きている事を感じたい ☆イライラなどを吐き出す意味で ☆自分の苦しみを訴えたい ☆自分でも分からない ★無意識に切ってしまう ★ストレス解消 ★衝動的に するとどうなるか？ ★裂けた肉や血を見て落ち着く ☆生きていると実感出来る ★後悔するがまたやってしまう ☆やめられなくなる ☆満足する ☆傷以上に心が痛い どうゆう対応をすればいい？ ☆必死に生きている証だから無理矢理辞めろとは言われたくない ☆馬鹿にせず話を聞いて欲しい ☆弱い人間扱いしないで欲しい ☆黙って側にいて欲しい ★ほっといて欲しい

概念名	インタビューへの協力的姿勢
具体例（ヴァリエーション）	以上、私が入ってるメンタルスクールで出てた意見です。 私の意見は黒星。 ⑤ S からの送信 「おれがリスカのことを H に聞くことで H がかえってリスカをするようにならないか心配。大丈夫だろうか。 ただ、H からおれが今聞いている話は、おれにとってはとても大切な話です。リスカする人の気持ちが初めてわかってくるような感じがする。そして、その気持ちを大切にしてこれからもっと若者を助けられる人になりたい」 ⑥ H からの返信 「こんな事聞かれたくらいでしませんよ。苦にならないし寧ろ力になれて光栄です」
	S： ごめんねなんか、いろいろ根掘り葉掘り聴いて申し訳ないけど。勉強になる。 B： なんにも（笑）だいじょぶです。 (中略) S： あの、おれがさあ、大学で勉強しててさあ、(中略）教授に言われたってわけ、おまえ学校教員だから、生徒にもっとちゃんと生の声を聞いてきなさいみたいなね。でも、そんなの簡単に、今話していることけっこう話してくれてありがたいし、勉強になるんだけど・・・その今あえてこう自分のつらい部分も話してくれて、すごい勉強になるしね（中略） B： そうですね、ただ、カウンセリングはしてないんですよ。薬だけもらうために、今ちょっと不安ですとか。イライラしますとか、そのくらいしか話さないで。 S： あまりカウンセリングとか好きじゃないの？ B： なんかしゃべるってのが、あんまり得意じゃないんですよ。自分のことしゃべるの苦手なんですよ。う～ん、今日みたいに話すのはすごい久しぶりです。 S： ねえ、だってチューターだった時にさあ、おれがさあ、話そうなって言っても、あんまりこう話そうとしなかったてのを覚えてて、ああ、この子あんまり話すの好きじゃないのかなっていう印象をもっているけど。今日は割とね・・・ B： そうですね。 S： よく話してくれてありがたいんだけど。 B： たわいもない話で申し訳ないですけど。
	S： なんだかんだで、ずいぶんいいづらいことを 1 時間以上話をしてもらって。 L： (笑い) S： おまえの話がおもしろくて、語ってくれるからね。 L： (大笑い) S： いろいろ訊いちゃったんだけど、ありがとうね。 L： はい。 S： つらい話をたぶん・・・ L： いや大丈夫です。 S： たぶんつらかった話も全部離してくれたしさあ。やっぱ、参考にある。リストカットするのは、そんな簡単にリストカットってしてない。ホントにそれなりの事情がある。 L： うん。 S： 今も聴いたけど家庭でのね、おやじさんのそんな棒で殴られるほど、なおかつ学校でもなるんだよね、そのリストカットするころ、だからもうほんとそれしかなくなっちゃうってのがよくわかって。 L： うん。 S： 参考になるし、しかもなおかつ、先に聴いた話だけど、どうすればやめられるかってのも・・・そうだから、おれとしてはすごい助かったしありがたいと思っている。ね、よくつらいような話も話してくれたし。 L： (笑い) S： だから、絶対生かさなきゃなってね。なんらかの形で。今苦しんでいる子たちにね。L は卒業したようだから。ほんとよく語ってくれたね。 L： (笑い）逆にしゃべりすぎたかなと思って（大笑い） S： ちょっとしゃべらせすぎちゃった？　あんまりしゃべるの苦手なわけじゃん。たぶんこんなに話したことないってぐらい話したんじゃない？ L： 結構、うん。 S： だよね。

概念名	インタビューへの協力的姿勢
具体例（ヴァリエーション）	L：うん。 S：しゃべらせちゃったかなって感じで、大丈夫かな？ L：いやでも、スパスパ口から出た。 S：反動がきちゃうってことあるから、あとになってあんなにしゃべらなければよかったなんてなってもあれだけど。 L：（大笑い） S：ただ、おれとしては、ありがたくて、そんなん誰にも言わないし、そういうことで今から苦しむ子たちとかに、うまくこうアドバイスするように、させてもらうから。L には立ち直った模範として。 L：うん（笑） S：まあ、名前も出さないし、どこの学校の人かも言えないけど、立ち直ったりした人がいるんだよって話はさせてもらうけど。 L：うん。 S：あと、それくらいつらいことがあったんだよとかね。 L：うん。 S：ほんとにありがとうね。すごく教えてくれて。 L：いえ（笑）。 S：感謝します。 L：いえいえ。 S：L もがんばってる。なんかすごい最近、そう一年生の時とね、顔が違うんだよね、輝いている感じ。 L：（笑）
	以下、I へのインタビュー依頼とその後 登校時偶然本人と会い、「ちょっとお願いしたいことがあるんだけど、放課後来てくれる」と言っただけで、「ああいいよ」と明るく快く返事。 放課後、コミュニケーションルーム 1 で、「実は自分は大学院で自傷行為の研究をやっていて、研究のインタビューに協力して欲しい」とお願いしたら快く引き受けてくれた。 後日、本人にそれとなく SC カウンセリングを勧めた時に、断られたが、「この間先生と話したように、研究の協力とかならいいが、自分から話してもどうなるって思って、目的がはっきりしないので、カウンセリングはいやだ」と言っていた。また、臨床心理実習生と話すのは、「あの人たちの練習相手という意識でやっているから話せる」とのことであった。
	S：自傷のことはだいたい教えてもらったので、まあ自傷のことはありがとうね。 K：いやまあ別に。大丈夫。 S：いやそれで大丈夫？　ようするに根掘り葉掘り訊いたわけだよ。今まで自傷のことを、そんなに話さないだろうし、いつやっただ、やれなんだとか。 K：うんうん、まあね、大丈夫。 S：あと、過去のつらいことだってね、過去の学校のこと、家庭のこととか訊いて、正直、しゃべってくれてありがたいし、こちらはまあ聴いたわけ、いろんなことをね。もしそれでやっぱ家帰ったら、（中略）その自傷のことをおれが訊いたことで、やっぱりちょっと調子が悪くなったとかさあ、そういうことがあったら、ちょっと教えて。 K：うんうん。大丈夫だと思う。うん。

概念名	インタビューへの協力的姿勢
理論的メモ	・対極として協力的でない姿勢も想定できる。それはあるか。 ・協力的でない態度として二つある。一つは、最初協力的だったのだが直前になっていろいろ考えすぎて協力を断る例。もう一つは、相談に乗るという姿勢の時は全く無口で協力的でない例。 ・協力的であるだけでなく、インタビューを受けることで調子がよくなる。自傷者の気分がよくなる。それは、表出ができるからか。率直なインタビューとそれへの応答は、自傷の導因としての表出不全と対極にあるのではないか。 ・表出は自分から自分の意志で話さなければならない。でも自傷者は表出が苦手だからそれができない。しかし、インタビューだとこちらから訊いてくるしインタビューという枠があるので話しやすい。 ・具体例の中には、自分ではないが、インタビューに協力するのがイヤな子もいるという可能性も示唆されている。 ・インタビューの影響についても具体例に載せている。インタビューの影響ということで概念を分けるべきかもしれない。 ・具体例の中には、自傷について尋ねてもちゃんと答えない、口ごもる例がある。この例は、研究や協力という立場で自傷のことを訊いていない例である。この場合、自傷について非常に口ごもっている。同じ人物に後日、自傷のことを勉強のために教えて欲しいといったら、今度は非常に能弁になり協力してくれた。 ・また調査者も非常にへりくだって頼んでいる。このことが自傷者の語りを能弁にするのか。聴き手が自分より高い位置にいる時には、自傷者は語らず、自分より低い位置にいる時には語る。

第Ⅲ部　実践・対応

第6章　教師は自傷行為をどのようにみているか
――学校現場の実情

第1節　教師は自傷にどんな対応をしているか

1．一般教師の自傷対応

本章においては、日本の教師たちが生徒の自傷行為に対してどのような対応をする傾向にあるか、現状を分析する。既述の通り、日本では養護教諭やＳＣを中心とした研究はいくつかみられ、自傷対応への意識や状況、他の教職員と連携していくことの必要性等が指摘されている（金 2009; 金他 2008; 松本他 2009; 松岡 2012a,2012b; 目黒 2007; 坂口 2015; 佐久間 2011; 安福他 2010）。しかし、学校職員として比率的に少なかったり常勤ではなかったりする養護教諭やカウンセラーが中心となって、蔓延する自傷行為に対応していくことには限界がある。日本の学校では学級担任の役割が大きく、学習上生活上の児童生徒の指導支援を行っているのが現状であり、自傷対応においても学級担任の役割は重要であろう。一方、そうした担任や一般教員を対象にした自傷に関する研究は少なく、一般教員が自傷行為にどう対応するか明らかになっていない（川島・荘島・川野 2011）。今後、学校現場において一般教員対象に調査をすることで、自傷行為の学校での対応のあり方について検討される必要があると考える。

そこで、本章では、学校において養護教諭を除く教諭・講師等の一般教員（以下、一般教員ないし教師）が自傷を行う生徒（以下、自傷生徒）にどのように対応しているか現状を分析する。その上で、学校現場で一般教員がどのように生徒の自傷行為に向き合っていくべきか、提言を行いたい。

2．教師たちへのアンケート（質問紙）の実施

1）質問紙の項目及び尺度

教師が自傷にどのように対応するかという、教師の自傷生徒への対応傾向について調べる既存の尺度が存在しないため、本研究用に質問紙を独自に作成した。まず、「あなたは自傷をしている児童生徒に対して、どのように対応しますか」という質問項目を含む自傷に関する予備調査をC大学大学院学校教育研究科所属の現職派遣教員も含む大学院生に対して行い、六一名から回答を得た。その回答内容を参考にして、三五項目の質問からなる「教師の自傷生徒への対応傾向に関する質問紙」を作成した。その内容は、「担任している生徒の腕にリストカット（自傷行為）の傷痕があるのを見つけた場合、担任としてのあなたはどのように対応したり行動したりしますか（現在担任でない方も、自分が担任だった場合を想定してお考えください）」という問いかけをし、続く三五項目の質問内容に「5　必ずそうする（強くそう思う）」、「4　そうする（そう思う）」、「3　どちらともいえない」、「2　そうしない（そう思わない）」、「1　決してそうしない（決してそう思わない）」という五件法で回答する方式であった。

担任であることを想定して回答する方法を採ったのは、自傷行為への関わりが校務分掌上の立場によっ

て異なるという予想から、回答のスタンスにばらつきが出ることを避けるためである。教師の多くは何年も担任を経験する。一般教員である以上少なくとも一度は学級担任の経験があると考えられる。一方、養護教諭は一般的には担任をしない。このことから、担任であることを想定させることで、一般教員としての視点に立った回答が得られると考える。

さらに、教師の対応傾向に影響を与える変数を確認するため、「教師の意識・考え方に関する関連質問」を別に一〇項目付け加え、調査回収した。それらは、「関連して、先生のお考えなどについてお聞きしたいと思います。以下の質問に四択でお答えください」という問いかけに対して、「4　そう思う（あてはまる）」、「3　どちらかというとそう思う（どちらかというとあてはまる）」、「2　どちらかというとそう思わない（どちらかというとあてはまらない）」、「1　そう思わない（あてはまらない）」という4件法で回答するものであった（本書巻末の資料2参照）。

2）対象および調査方法

中部地方に位置するA県の五つの公立高校の校長を通じて一般教員への調査を依頼した。全日制高校四校、定時制単独高校一校の計五校である。その内訳は、大学進学実績がある全日制普通科進学校（以下、進学校）、進学実績は県内普通科でも中間にある全日制普通科中堅校（以下、中堅校）、伝統を有する全日制職業高校（以下、職業校）、進学実績をあげるために努力している全日制周辺校（以下、周辺校）、そして、全日制に通学できないさまざまな事情を抱えた生徒たちが集まる定時制単独校（以下、定時制）である。いずれの高校も数百人規模の生徒が在籍し、数十人単位の教職員が勤務している。

大学院の指導教員と筆者との連名による校長および回答協力教員宛ての文書によって、研究の目的、回

表 6-1　回答者の年代と性別

年代	男性	女性	計
20 代	12	10	22
30 代	22	20	42
40 代	46	20	66
50 代	15	10	25
60 代	5	0	5
不明			4
合計	100	60	164

答が任意であること、個人を特定する調査ではないこと、データは統計的にのみ処理されること等を伝え、倫理的な配慮を行った。なお、フェイスシートには、年代の記入のみで年齢の記述は求めなかった。それは、学校ごとの調査のため、年齢によって個人が特定できる可能性があったからである。

調査は二〇〇×年七月に行われ一六四名の教師から回答を得た。回答者の年代と性別は表６－１の通りである。

第２節　迷い、試行錯誤し、二分される教師たち

1．教師の自傷への四種類の対応

「教師の自傷生徒への対応傾向に関する質問紙」について因子分析を行った。回転をかけず因子分析を行ったところ、スクリープロットから四因子構造が適度であると考えられた。因子間に相関が想定されることから主因子法、プロマックス回転で因子分析を行った。すべての項目の因子負荷量が .300 以上となり表６－２にみられるような因子分析結果となった。いくつかの項目で、二つの因子に因子負荷量が

高い項目（表6－2、網掛け箇所）があるが、本研究は尺度作成を目的としているものではなく、因子得点で以後の分析を進めること、高い因子負荷量が二因子にまたがることそのものが、教師の自傷行為への対応についての考察を深めることから、この因子分析の結果をそのまま用いた。

第一因子は「管理職」や「学年主任等」への報告、「医療受診」や「入院」、「保護者への連絡」、「SC」や「養護教諭」等専門的立場への相談等、校内外と連携しながら危機介入的な対応に関する項目に高い因子負荷量を示しているため「危機介入」因子と命名した。第二因子は「相談にのる」、「事情を尋ねる」、「丁寧に話を聞く」等の項目にプラスの因子負荷量、「話しかけず、そっとしておく」、「話を聞くことはよくない」等にマイナスの因子負荷量を示し、全体として本人と個別的に関わり相談に乗ることを肯定していることから、「相談対話」因子と命名した。第三因子には、「やめるように説諭」、「叱ってやめさせる」、「自傷をしないよう「約束してもらう」」等、自傷をやめさせるために厳しく指導したり説諭したりすることから「指導説諭」因子と命名した。第四因子は、「しばらく様子をみる」、「そばにいる」、「すぐには話しかけず、機会をみつけて本人と話す」、あるいは「周囲の先生に相談」、「他の職員との連絡や情報交換」等、職員間で連携しながら本人への見守りを行う項目に高い因子負荷量を示していることから「連携見守り」因子と命名した。

以後、この教師の自傷対応傾向の四つの因子を「自傷四対応因子」ないし「四対応因子」と呼ぶ。

この四対応因子には因子間相関がみられ、異なる因子間での関連性が推測される。そこで、二つの因子に因子負荷量が高い項目を、符号がマイナスのものを除いて整理すると表6－3のようになる。そこからは、二つの因子間に共通する要素をみてとれる。例えば、「危機介入」と「連携見守り」に共通して因

表 6-2　教師の自傷生徒への対応傾向に関する質問紙の因子分析結果

		1 危機介入	2 相談対話	3 指導説諭	4 連携見守り
5	管理職への報告を考える。	**.791**	.031	− .012	− .169
32	本人の家族に医療受診を勧めてみる。	**.753**	− .112	.198	− .013
19	精神科医療での対応が必要だと思う。	**.739**	− .243	.027	.009
8	保護者への連絡をした方がいい。	**.647**	.107	.101	− .147
22	生徒指導や教育相談の先生に報告相談する。	**.643**	.065	− .224	.198
2	学年主任等に報告した方がいいと考える。	**.600**	.191	− .212	− .075
10	生徒指導会議や学年会議等の指導に関する会議の場で報告して対応について協議する。	**.580**	− .096	− .007	.141
4	本人に医者への受診を勧める。	**.518**	− .046	**.360**	− .058
15	入院させて最悪の事態を未然に防ぐことも必要である。	**.496**	− .114	.247	.061
3	スクールカウンセラーがいれば、担任として相談してみる	**.432**	.153	− .221	**.300**
25	本人にカウンセリングやセラピーをうけるように勧めてみる。	**.407**	.010	.186	.070
17	養護教諭にもそれとなく相談してみる。	**.398**	.104	− .110	**.377**
31	傷痕の処置のため保健室につれていく。	**.357**	− .099	.166	.179
21	特になにもしないと思う。	− .034	**− .721**	.186	− .101
27	気にかける程度にとどめて見守る。	− .237	**− .690**	.073	**.398**
1	本人を刺激しないためにあえて話しかけず、そっとしておく。	− .104	**− .651**	− .138	**.376**
24	絆創膏等で傷の手当てのみ行う。	.147	**− .650**	.180	− .031
23	自傷そのものについて詳しく話しを聞くことはよくない。	− .090	**− .577**	− .065	.176

14 担任としてその生徒の相談にのることも必要だ。	− .060	**.491**	.076	**.400**
18 一教師が安易に係わっていくことは危険ですらあると考える。	**.375**	**− .488**	− .079	.010
13 自傷をする前に話しを聞いて、自傷を未然に防いだ方がいい。	− .091	**.428**	.277	.141
16 職員が協力して支援できる体制をつくる。	.090	**.408**	− .060	**.376**
28 自傷をしたあとに丁寧に話しを聞くことで以後の自傷を予防する。	− .036	**.407**	**.323**	.223
12 本人に対してやめるように説諭する。	− .002	.108	**.744**	.026
30 これ以上自分を傷つけないように約束してもらう。	− .005	− .053	**.705**	.220
20 本人を厳しく叱ってやめさせる指導も必要である。	.073	**− .322**	**.610**	− .093
6 本人を呼んで、どうしてなのか事情をたずねる。	.029	**.473**	**.512**	− .160
7 周りの生徒にそれとなく本人の様子をたずねる。	− .070	.090	**.309**	.278
33 その後しばらく様子をみる。	− .054	− .208	.053	**.534**
29 話はせずともそばにいる時間をつくる。	.027	− .114	.024	**.510**
9 自傷以外の他の話題で本人に話しかける。	− .016	.110	.168	**.486**
11 とりあえず周囲の先生に相談してみる。	**.366**	− .147	.071	**.430**
26 他の職員との連絡や情報交換を行う。	**.316**	.144	− .009	**.419**
35 すぐには話しかけず、機会をみつけて本人と話す機会をつくる。	− .027	**− .388**	− .042	**.411**
34 本人にやさしく接し、なだめる。	078	.066	**.321**	**.368**
因子間相関 1		.545	.314	.467
2			.315	.423
3				.118
4				

表 6-3　二つの因子に負荷量が高い項目

			1 危機介入	2 相談対話	3 指導説論	4 連携見守り
連携的	3	スクールカウンセラーがいれば、担任として相談してみる	**.432**	.153	− .221	**.300**
	17	養護教諭にもそれとなく相談してみる。	**.398**	.104	− .110	**.377**
	11	とりあえず周囲の先生に相談してみる。	**.366**	− .147	.071	**.430**
	26	他の職員との連絡や情報交換を行う。	**.316**	.144	− .009	**.419**
個別的	6	本人を呼んで、どうしてなのか事情をたずねる。	.029	**.473**	**.512**	− .160
	28	自傷をしたあとに丁寧に話しを聞くことで以後の自傷を予防する。	− .036	**.407**	**.323**	.223
日常的	14	担任としてその生徒の相談にのることも必要だ。	− .060	**.491**	.076	**.400**
	16	職員が協力して支援できる体制をつくる。	.090	**.408**	− .060	**.376**
緊急的	4	本人に医者への受診を勧める。	**.518**	− .046	**.360**	− .058
その他	34	本人にやさしく接し、なだめる。	.078	.066	.321	.368

子負荷量が高い項目は、「SC」、「養護教諭」、「周囲の先生」、「他の職員」等に相談したり連携したりするものであり、共通する要素として「連携的」に対応しているということがうかがえる。また、「相談対話」と「指導説論」は、本人との一対一の対応を示唆する項目がみられることから「個別的」という共通要素を推測できる。さらに、「相談対話」と「連携見守り」の両方に因子負荷量の高い質問項目は、「担任としてその生徒の相談にのる」あるいは「職員が協力して支援」であるが、ここには、学校が「日常的」に対応するという共通要素がみられる。そして、「危機介入」と「指導説論」に共通する質問項目として医者への受診を勧める質問項目がみられるが、ここには「緊急的」という要素をみてとれる。

2. 四種類の対応はどのようなことと関連するか

それぞれの自傷四対応因子が教師のどのような教育の考え方と関連するか調べるため、抽出された四対応因子の因子得点を目的変数とし、一〇項目の関連質問を説明変数とした強制投入法による重回帰分析を行った。その結果は表6−4の通りである。それを踏まえて、教師の意識・考え方に関する関連質問の中で、自傷四対応因子との関連に有意ないし有意傾向がみられた五つの項目（関連質問項目（1）、（2）、（5）、（6）、（10））を説明変数、四対応因子を目的変数とする共分散構造分析を行った。その結果が図6−1である。図6−1をさらにわかりやすく整理したのが図6−2である。教師の基本姿勢や自傷への認識の相違によって対応も異なっているということが指摘できる。

表 6-4　対応因子と関連質問との関係（重回帰分析）

	危機介入	相談対話	指導説諭	連携見守り
(1) リストカット等の自傷行為をする生徒が多くなってきていると感じますか。	.08	.10	.20*	.23**
(2) 自傷行為は対応が極めてむずかしい問題であるとお感じですか。	.19*	.06	－.03	.10
(3) 勤務校（前任校含む）に自傷行為をしている生徒がいるといくことを何らかの形で知っていましたか。	.02	.03	－.12	.06
(4) 実際に自傷行為をしている生徒への対応に迫られたことが、直接的にせよ、間接的にせよ、ありますか。	.16	.06	－.02	.06
(5) あなたは、教師としてどちらかというと生徒にやさしく共感的に接する方ですか。	.08	.15 †	.15	.18 †
(6) 自傷行為は学校での対応の範疇を超えている問題と考えますか。	.07	－.39***	－.07	－.10
(7) 自傷を始めるきっかけとしていじめ被害がありますが、いじめはいじめられる側にもなんらかの問題があると思いますか。	－.02	－.07	.02	－.06
(8) あなたは、どちらかというと生徒に厳しく指導していくタイプですか。	－.03	－.08	.02	－.09
(9) あなたは生徒の自傷行為について相談にのった経験がありますか（生徒と自傷の話をする等)。	－.08	－.11	.07	－.15
(10) あなたは熱心に生徒に向かっていくタイプの教員ですか。	.22*	.42***	.05	.23*

† P <10. *P <05. **P <01. ***P <001

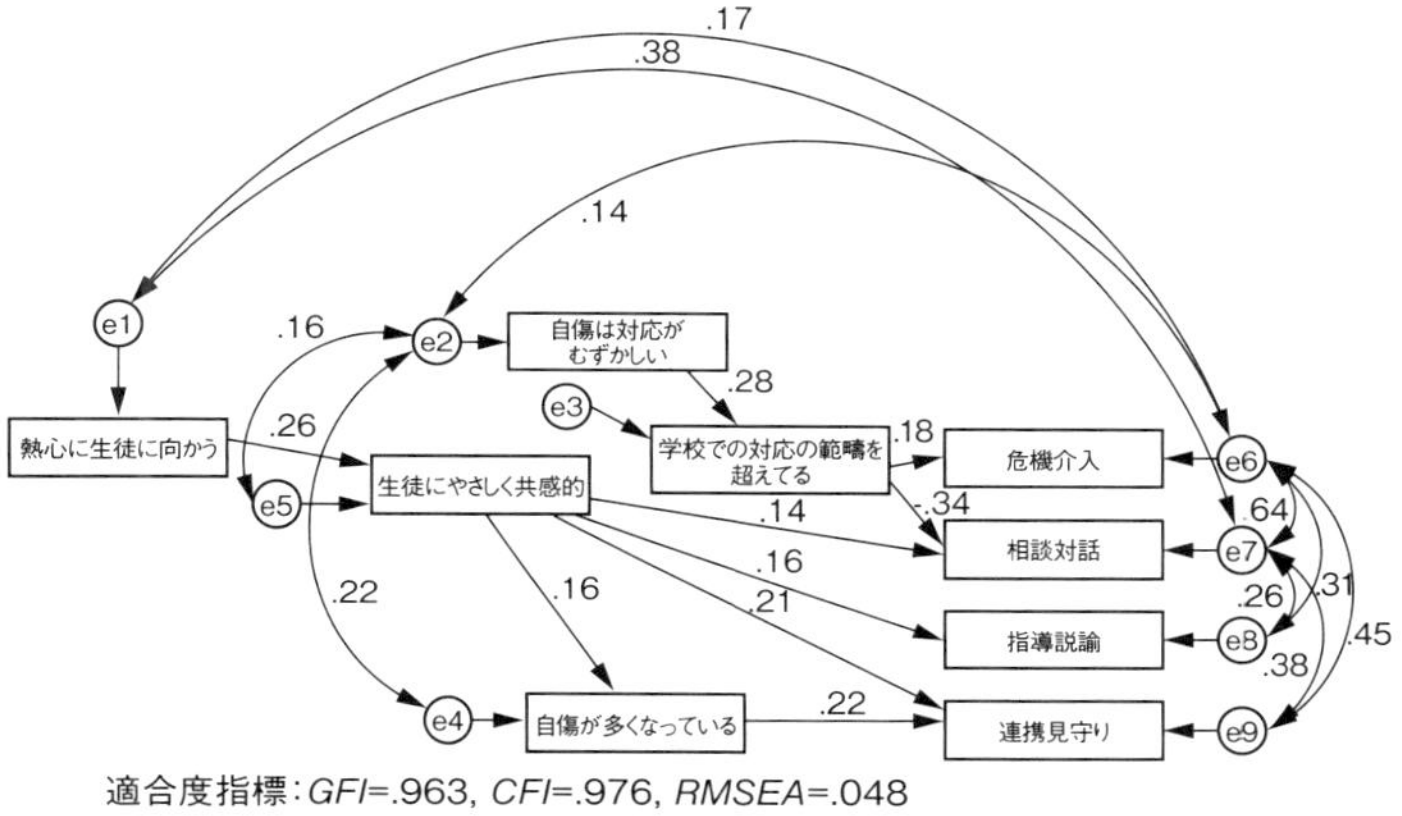

図6-1　教師意識・考え方が自傷4対応因子に与える影響
（共分散構造分析）1

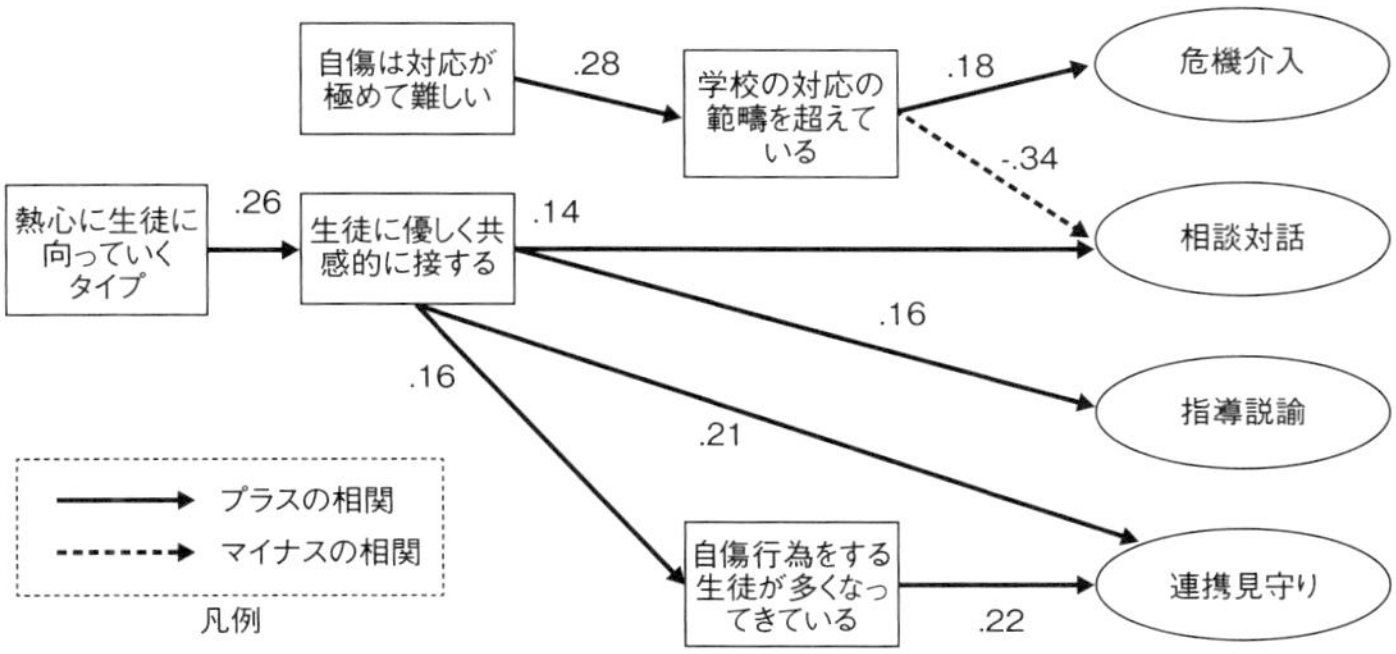

図6-2　教師の意識・考え方が自傷4対応因子に与える影響
（共分散構造分析）2

表 6-5　二つの教師クラスターの学校ごとの人数

クラスター／学校	周辺校	職業校	進学校	中堅校	定時制	合計
積極的対応	12	21 ▲	18	13	6 ▽	70
消極的対応	14	12 ▽	21	11	24 ▲	82
合計	26	33	39	24	30	152

▲有意に多い　▽有意に少ない

3. 教師の男女差による自傷対応四種類の比較

教師の対応の仕方に男女差による影響がないか、男女差を独立変数、自傷四対応因子の因子得点を従属変数とする一要因分散分析を行った。その結果、四対応因子のうち、「連携見守り」のみ有意差がみられ、女性教員の方が高かった（N = 148（男90、女58）、$F_{(1,146)}$ = 9.037，p<.01）。他の三因子には男女差はみられなかった。

4. 自傷の四種類の対応を基準に教師集団を分ける

教師の自傷四対応因子を変数にして、WARD法、平方ユークリッド距離を間隔として教師集団にクラスター分析（※）を行った。デンドログラムを参照した結果、二クラスターに分けることが適切と思われた。それぞれのクラスターの特徴を調べるため、二つのクラスターを独立変数、自傷四対応因子の因子得点を従属変数とする一要因分散分析を行った。その結果、第一クラスターの教師（N = 70）は、自傷四対応因子の因子得点平均すべてが第二クラスターの教師（N = 82）に比べて有意に高いという結果が出た。すべての対応を積極的に行うことからこのクラスターを「積極的対応」クラスターと命名する。反対に、第二クラスターは第一クラスターと比べて自傷四対応因子得点平均すべてが有意に低かったため、「消極的対応」クラスターと命名する（表6－5）。

5．学校間での自傷対応傾向の相違

1）学校間での自傷者の比率の推測

今回の調査対象であるA県の公立高校五校のうち、定時制だけは新入生アンケートの結果によって、現在自傷をしている、あるいは過去に自傷経験のある生徒の率が判明している。本研究の調査前年度の新入生アンケートでは新入生一二二名中三〇名が自傷経験者として回答しており、自傷経験率は二四・六％である。このようなことから、調査対象となっている五校中、定時制が一番自傷者の比率が高いということは推測できる。他の四校の自傷生徒の比率は不明であるが、定時制より低いということは指摘できるだろう。

2）自傷への四種類の対応の学校間の相違

五校を独立変数、自傷四対応因子の因子得点平均を従属変数として一要因五水準の分散分析を行い、学校間の対応傾向について比較検討したところ、四対応因子すべてで学校間に有意差がみられた。turkeyのHSD法でその後の検定を行ったところ、「危機介入」と「相談対話」では中堅校以外の三校に比べて、定時制が有意に低く、「指導説諭」、「連携見守り」でも、それぞれ職業校、周辺校と比べて定時制が有意に低かった（危機介入：F（4,147）＝8.80　相談対話：F（4,147）＝7.03 どちらも p<.001　指導説諭：F（4,147）＝2.86　連携見守り：F（4,147）＝2.45 どちらも p<.001）。総じて、すべての四対応因子において、定時制が一番低い傾向がみられた（参照：図6－3「危機介入」、図6－4「相談対話」）。

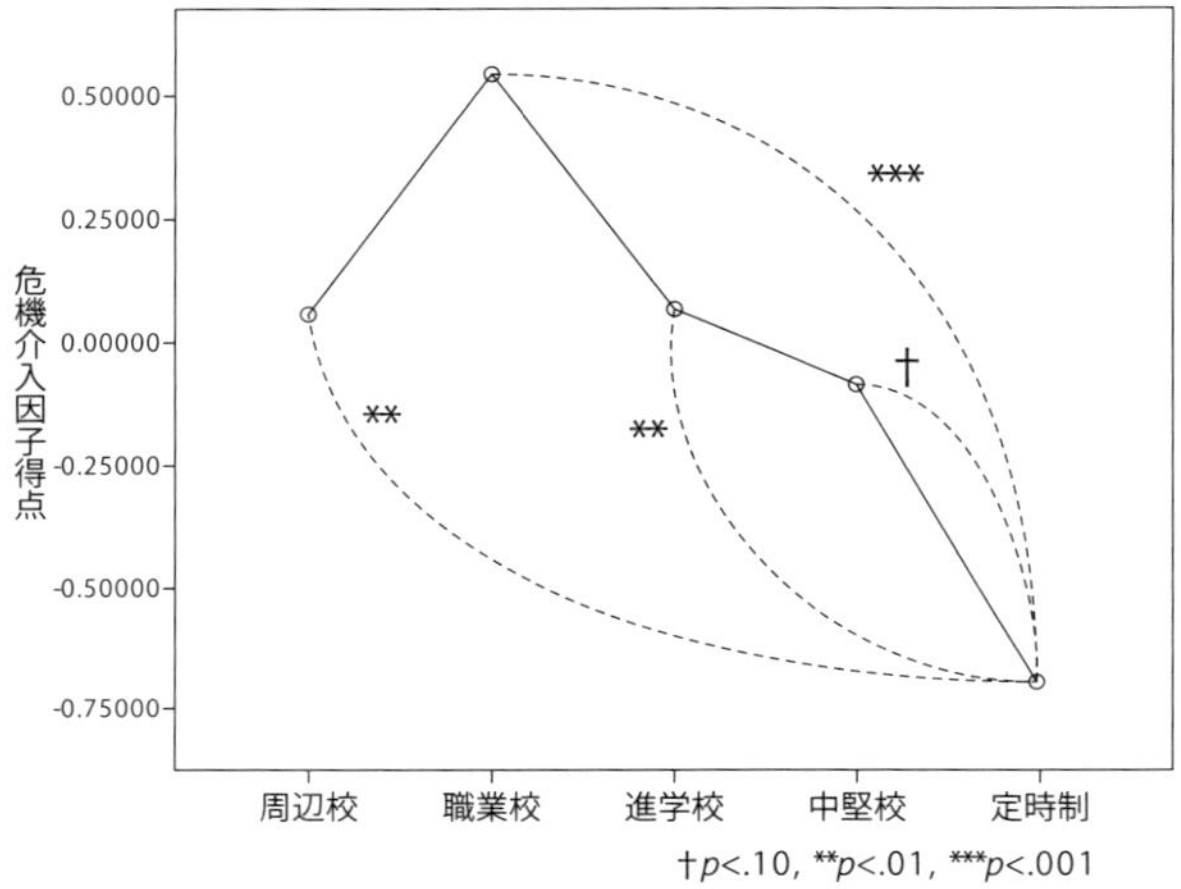

図6-3　危機介入因子得点平均の学校間比較

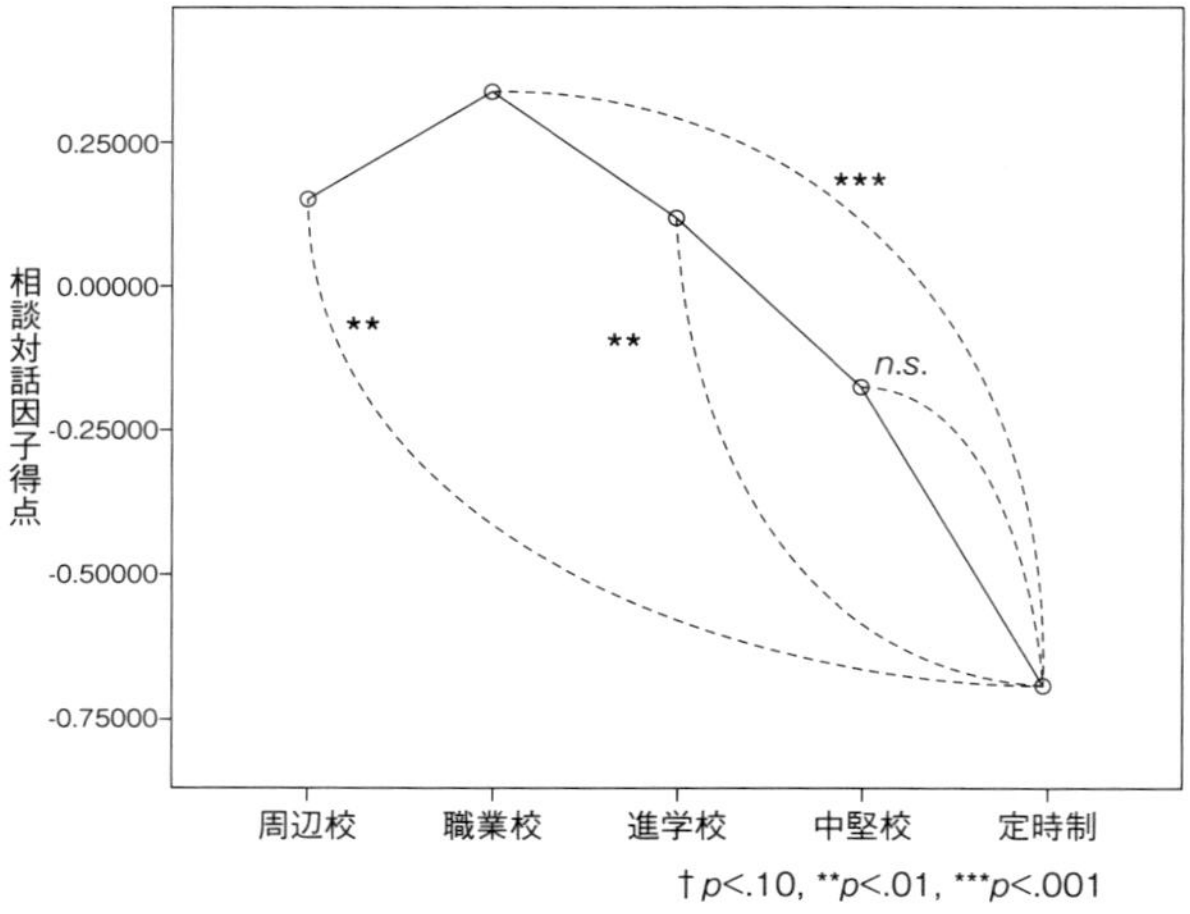

図6-4　相談対話因子得点平均の学校間比較

3）二つのスタンスに分かれる教師と学校間比較

「積極的対応」、「消極的対応」の二つの教師対応クラスターの人数に学校間の差があるか、χ^2検定を行った。その結果、積極的対応クラスターの人数について職業校が有意に高く、定時制が有意に低かった。また、消極的対応クラスターの人数は、職業校が有意に低く、定時制が有意に高かった（$\chi^2(4) = 12.939$, $p<.05$）（表6－5）。

※クラスター分析とは、質問紙への回答の傾向から調査対象者をグループ（クラスター）に分ける統計手法である。

第3節　四つの対応を連携に生かす

1．自傷への四つの対応傾向について

自傷への対応の質問項目を因子分析した結果、「危機介入」、「相談対話」、「指導説諭」、「連携見守り」の四つの対応因子が抽出された。これは一般教員（担任）が自傷生徒に対応する時の四つのパターンと考えることができる。これは、担任をするクラスの生徒に自傷行為がみられた場合、ある教師は危機介入的に対応し、別の教師は生徒と個別相談をし、さらにまた別の教師は連携で対応するというように、教師ごとに対応が異なっていることを示すものと普通なら推測される。

この四対応因子には因子間相関があり、二つの因子にまたがって因子負荷量が高い項目がみられた。そのことから、それぞれの因子には共通する要素があるということを指摘した。「危機介入」と「連携見守り」は、職員間で連携して対応するという点で共通性がみられる。また、「相談対話」と「指導説諭」はいずれも、生徒に対して教師が個別的に対応するという共通性がみられる。このことから、「個別的／連携的」という軸を想定できる。また、「危機介入」と「指導説諭」は、緊急的な対応という点で共通しており、一方で、「相談対話」や「連携見守り」には校内で日常的に対応していくという共通性がみられることから、「緊急的／日常的」という軸を想定できる。この二軸によって四対応因子を四象限に分類すると図6－5のようになる。

そして、日常的で個別的に行われるのが「相談対話」（第一象限）、日常的で連携的に行われるのが「連携

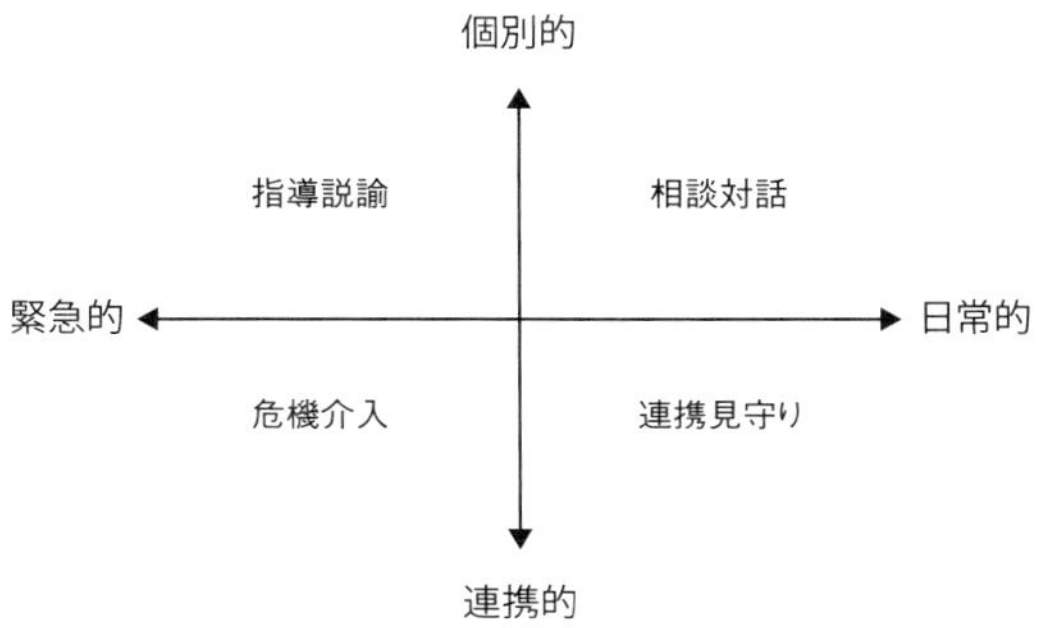

図6-5　自傷四対応因子の二軸による分類

見守り」（第四象限）、緊急的で個別的に行われるのが「指導説諭」（第二象限）、緊急的で連携的に行われるのが「危機介入」（第三象限）ということになる。

本来であれば、これらの対応のいくつかを同時に実施することはできないであろう。特に対角線上に位置する対応については、「相談対話」をする教師が同時に「危機介入」的に対応するということ、あるいは、「指導説諭」する教師が同時に「連携見守り」をするということは困難であることが推察される。

2．四つの対応に与える影響要因

共分散構造分析図（図６－２）をみると、自傷四対応因子に影響を与えているのは、教師の基本姿勢や自傷への認識であり、その相違によって対応も異なっているということが指摘できる。自傷対応は難しく、自傷が学校での対応の範疇を超えていると考える教師が「危機介入」をする。一方、熱心に生徒に向かっていくタイプで、やさしく共感的な教師が「相談対話」や「指導説諭」、「連携見守り」を行う。

これらは本来別々の対応であるということを前述したが、熱心で生徒に共感的に向かっていく教師が、自傷行為を目の前にして、やさしく相談に乗ったり、厳しめに指導したり、見守ったり、連携したりとさまざまな対応を模索しているということが想定できるのではないか。そのうち「連携見守り」をする教師は特に、自傷行為が多くなっていると感じているということがうかがえる。自傷が多くなっているため、個別に「指導説諭」や「相談対話」するより、連携や見守りを重視するようになるということが考えられる。

すなわち、共分散構造分析からは、教師の自傷四対応因子には、教師それぞれの考え方やさまざまな基本的スタンスが反映している部分もある一方で、熱心な教師が相反するような多様な対応を模索している様子もみてとれる。

3．教師の自傷対応の二つのスタイル

四対応因子を独立変数として、教師をクラスター分析すると、すべての対応を熱心にする積極的対応クラスターとすべての対応をそれほど行わない消極的対応クラスターに分けられた。

これは、対応方針が矛盾するすべての対応を行っている教師グループと、すべての対応に消極的な教師グループの二つに教師集団を分けることができるということである。前述のように、四対応因子は本来同時に実行できないような相対立する対応方法である。それにもかかわらず、積極的対応クラスターの教師は、それらを同時に行っている。すなわち、自傷行為への学校での対応方法が明確でない中、積極的に対応しようとする教師は、考えうるあらゆる方法を採り、試行錯誤しているということではないか。

もう一つの問題として、熱心にさまざまな対応をする教師がいる一方で、一切の対応に消極的な教師が

存在することを指摘できる。表6－5をみると、比率の違いはあれ、どの学校にも両クラスターの教師がある程度存在し、各学校単位で教師が二分されている様子がみてとれる。

本来、教師は役割分担しながら、あるいは、考え方が違う場合は相互に補い合いながら、自傷に対応することが理想ではないか。例えば、ある教師は危機介入的あるいは指導説諭的に対応する一方で、別の教師は同じ生徒に連携見守り的あるいは相談対話的に対応する等である。また、教師が対応方針をめぐって対立し二分されるというのは、学校現場ではよくみられる問題である。例えば、ある教師たちは厳しく介入的指導的に対応し、別の教師たちはやさしく相談的に見守りながら対応する等である。このような場合も、指導をめぐって対立はみられるが、ある意味で役割分担がなされている状況ともみることができる。しかし、現状では、すべての対応をする教師とすべての対応をしない教師に二分されている。このような形での教師の二分化は役割分担すらされていない状況であり、自傷生徒に対して適切な支援を行うことはできないであろう。

4．定時制高校の自傷対応が消極的という問題

四対応因子の因子得点平均値の学校間比較、あるいは、学校ごとのクラスター数の比較によって、定時制高校が他の四校と比べて自傷対応に一番消極的であるという結果が出た。定時制高校は自傷行為の発生率が最も高いことが予想される学校であり、本来は教師の対応が一番積極的でなければならないと思われるが、どうしてこのような結果になるのか。

これは、自傷をする生徒が大勢いる中、未だに自傷行為への学校での対応方法が明確でないため、定時

制の教師が対応に躊躇し身動きがとれない状況を示すのではないか。そして、定時制においても一部の熱心な教師は矛盾するすべての対応をし、他の多くの教師が何もしないという状況が発生していることが推察される。

しかし、定時制は、自傷をする生徒が多いことが予想され、ともすれば自傷行為が伝染したり蔓延したりする恐れがある。そのような定時制においてこのような状況は望ましくない。自傷生徒が多い中、教師たちはどう対応していくべきか、学校における自傷対応の方法論の確立が必要である。

5. 学校での自傷行為への対応方法のあり方

それでは、自傷行為に対して教師はどのように対応していくべきなのか。現状のように、教師が二分され、積極的クラスターに属する教師が矛盾するすべての対応をし、消極的クラスターの教師が何もしないのではなく、役割分担をしていくのが望ましいのではないか。その場合、教師の自傷四対応因子は、役割分担すべき四つの対応と捉えなおすことができると思われる。つまり、ある教師は危機介入的視点から医療の受診等も視野に入れる、別の教師は生徒に個別的相談対話的に対応する、さらに自傷に対して指導説諭する立場の教師がおり、一方で連携しながら見守る役割の教師もいるという形である。より具体的には、例えば、管理職は危機介入を視野に入れ、担任や養護教諭は相談や対話を、生徒指導主事や学年主任は指導説諭的に接し、それ以外の教科担任、部活顧問等は連携しながら見守る、という具合である。このように自傷四対応因子はそのまま、自傷対応の四つの役割分担と考えることもできる。

教師がこのように四つの役割分担を意識してお互いの役割を尊重しながら、連携的組織的にチーム支

表 6-6　教師の役割分担と担当

四つの役割分担	役割の内容	教職員の役割分担担当者例
危機介入	医療や外部につなげる、保護者との連携	管理職、生徒指導主任、保健主事など
相談対話	本人に受容的に対応して話を聴く	担任、養護教諭、SC など
指導説諭	自傷後必ず手当をする、傷跡を隠す、治療をする等制限的に説諭	学年主任、生徒指導主任など
連携見守り	情報交換をしながら、見守り、日常の教育活動の中で支える	その生徒を取り巻く、教科担任、部活顧問、保健係、教育相談係など

援を行うことで、より有効な自傷生徒への対応ができると考える。表6－6には仮説的に四つの役割分担と内容、分担の担い手（担当者例）を提示した。今後、これらの役割分担に基づく対応方法が実践される中でその効果を検証していく必要があるであろう。

以上の本章の考察は、基本的に生徒の自傷行為発見時の事後的な対応について述べたものであるが、このような四つの役割分担やチーム支援がその学校で組織的に行われているなら、自傷行為の改善や予防的対応のための環境整備も自ずと展開していくと思われる。

第4節　まとめ　チーム支援による対応を

一般教員の自傷行為への対応が明確でない中、教師たちが相反するさまざまな対応方法を模索していること、教師が積極対応をする集団と消極的な集団に二分されていることをみた。そして、積極的に対応する教師は、相矛盾するあらゆる対応をせざるを得ない状況にあること、さらに、自傷行為をする生徒が一番多いと予想される定時制高校において、教師が消極的な対応をしていること、それらの問題の背景に、学校現場における教師としての自傷対応の方法論が確立していないことを指摘した。

さらに、こうした状況を踏まえて、学校での自傷行為への対応方法として、教師が四つの役割分担をしながら連携してチーム支援を行っていくことを提言した。

本研究の調査時期は二〇〇×年であり、自傷行為が自殺未遂と考えられていたような時代である。チーム支援という言葉の普及も十分でなかった。今日では、新しい学習指導要領が実施され、生徒指導提要も改訂され、学校におけるSCやSSWを活用したチーム学校、チーム支援がうたわれている。教師一人で自傷行為に対応する時代ではなくなっている。ぜひ、チームを作り、組織的に自傷・自殺問題を含む生徒支援を行ってほしい。

しかし残念ながら、学校現場は実はこの調査時期とそれほど変わっていないというのが実情ではないか。その背景の一つとして、教師の多くが方法論をわかっていない、あるいは、伝わっていないということが指摘できる。チーム支援、組織援助というハード面が整っても、具体的な方策というソフト面が不十分なのである。そこで次章以降では、自傷・自殺の対応に関する具体的方策というソフト面について議論する。

第7章　学校における自傷行為への具体的方策
――死生観教育、集団認知行動療法、スピリチュアリティ教育の比較検討

第1節　生徒指導提要改訂と自殺予防教育

政府の策定している自殺総合対策大綱や生徒指導提要（文部科学省 2022）において、若者の自殺対策として学校で自殺予防教育を行うように提言がなされていることはすでに述べてきた（図7-1）。まず、学校は日常的な健康観察や教育相談体制を充実させ、それを土台に、教育活動として「生と死の教育」、「健康教育」、「温かい人間関係を築く教育」を行い、その上で、自殺予防教育として児童生徒の「相談する力（ＳＯＳの出し方に関する教育）」と「心の危機に気づく力」を培うことで、自殺を防ごうとする提言である。

この提言そのものは適切だと思われるが、問題は「生と死の教育」、「ＳＯＳの出し方に関する教育」などの自殺予防教育の授業やそのプログラムをどのように行うかである。すでに、「死の準備教育」などの名称で死生観教育が行われたり、「心のノート」（文部科学省）に基づいたスピリチュアリティを含む命の教育が行われてきていることは第2章、第3章で触れている。

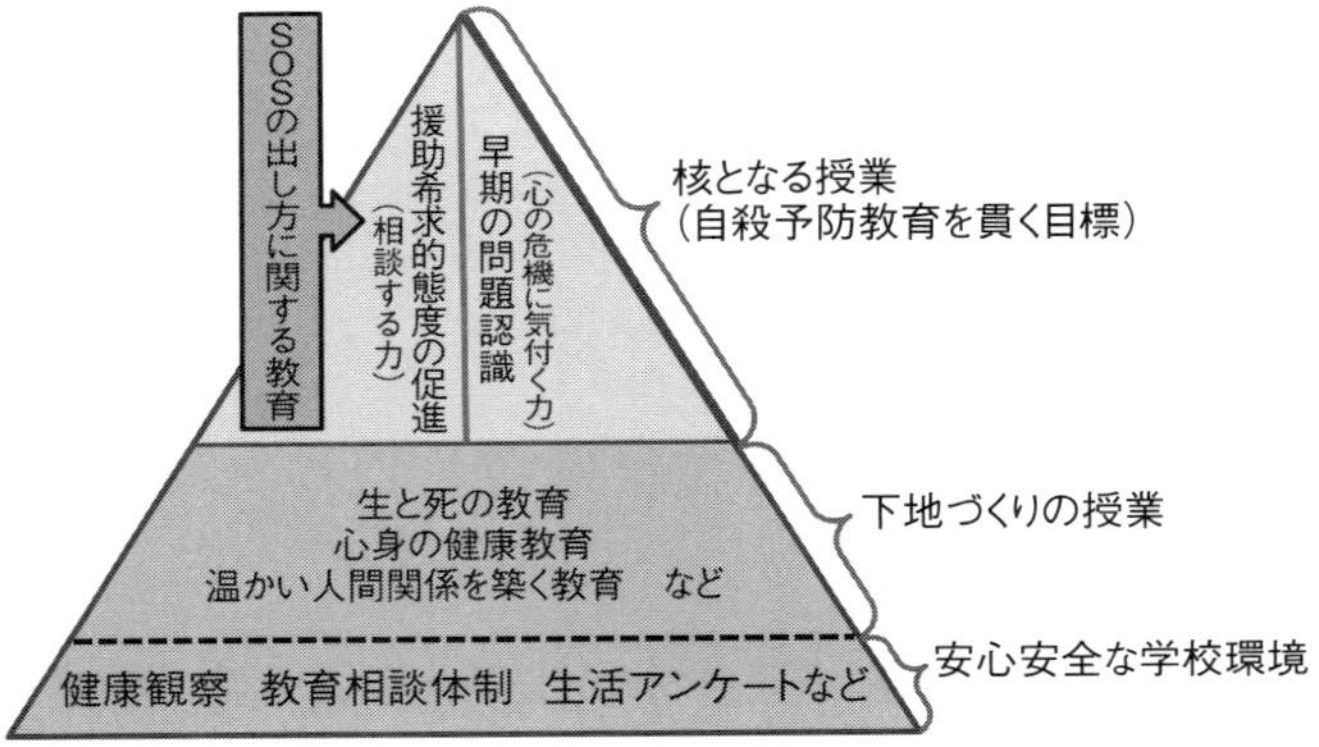

図7-1　自殺予防教育の構造（改訂版 生徒指導提要より）

例えば、最近では、相馬・伊藤（2020）は、助産師や難病を抱えた人の講演会、赤ちゃんの人形を用いたカリキュラム、小動物の短い命に関連するプログラム等を紹介している。しかし、それらの死生観教育やスピリチュアリティに基づく教育がどの程度効果があるか、明確なエビデンスがないような状況が続いているのではないか（海老根 2008）。また、阪中（2015）も自殺予防教育のエビデンスを経年変化で確認しようとしているが、一般的に思春期には希死念慮が年齢とともに上昇する傾向があり、自殺予防教育の効果の上昇と相殺されて、検証されにくいことを表明している。また、傳田（2018）は外国の学校における自殺予防教育の効果について、以前はエビデンスがみられなかったが、最近の一〇年間はエビデンスがみられるようになってきているとする。しかし、傳田の引用する外国の学校における自殺予防プログラムは、教師のゲートキーパーとしての訓練を含む総合的包括的なものであり（Wasserman et al. 2015）、その中のどの要素が効果的だったのかわかりにくい。また、もう一つの傳田の引用は、班ごとに競わせて行動変容を図る応用行動分析的方法（Wilcox et al. 2008）であり、もともと行動論や心理学においてエビデンスが存在する方法論である。

それらの日本や外国の自殺予防教育の実践は、命や人生について考える等の意味はあり、そのことに関する児童生徒の認識が高まったという研究は存在する。しかし、当初の目的である自殺や自傷抑止にどの程度効果があるか、未だに明確ではない。つまり、日本でも外国でもまだ十分なエビデンスのある自殺予防プログラムは確立されていないといっていいのではないか。

第2節　死生観教育、集団認知行動療法、スピリチュアリティ教育の比較

1．死生観教育と集団認知行動療法

日本の学校の現状では、授業等において、自傷・自殺のワードを直接用いることに躊躇や制約がある。そのため、命や生き方という視点から幅広く死生観やスピリチュアリティという発想から自殺予防教育を行っていくことになるのが現状である。

そこで、本章では、幅広く命や生き方をテーマにする中で、自傷（自殺）の予防や改善を図る学級規模（クラスワイド）な介入方法として、三つのプログラムを比較検討したい。

一つは死生観教育に基づくプログラムである。自傷行為当事者は自殺や死を意識しているため、死生観教育が改善効果をもたらす可能性がある。また、死生観教育を実施することで、人間関係スキル等他の

問題の改善（大宮・落合 2003）やその他の意識向上も期待できる。しかし、序章で論じてきた通り、死生観教育は多くの実践例がある中、その効果が必ずしも実証されてはいない（海老根 2008）。また、第2章で述べたように、死生観教育を行うことで、生徒たちの死への健全な防衛を阻害する可能性がある。一方で、デーケン（1996, 2003）が指摘するように、死生観教育は死の準備教育ともいえ、本来的には極めて重要なものであると考える。このように死生観教育は、二律背反を持っている可能性があるので、慎重に実施する必要がある。

二つめの方法として考えられるのは、集団に対する心理的アプローチである。Wilcox et al.（2008）も行動療法的手法で自殺予防に効果を示している。日本にもさまざまな心理的方法論を用いて生徒集団の成長を図るアプローチがあり、多くの実践例や資料集が刊行されている。例えば、構成的グループエンカウンター（國分他 1999）、ソーシャルスキルトレーニング（渡辺・小林 2013）、ピアサポート（中野・日野・森川 2002）等がある。しかしこれらは、比較的健康度の高い一般的な児童生徒を対象にしたものである。それに対して、認知行動療法は、抑うつ感や不安感、非適応的行動などマイナスな感情や行動に焦点を当て、その改善を図る（厚生労働省 2009）ものである。それを集団に適用する方法も確立されており、自傷行為等のマイナスの感情に基づく非適応行動を改善しようとする場合、有効性を発揮する可能性がある。そこで、もう一つのクラスワイドな介入方法として、集団認知行動療法を用いる。

2. スピリチュアリティ教育の問題

三つ目は、スピリチュアリティを用いた自傷行為への介入方法である。これについては、死生観教育と

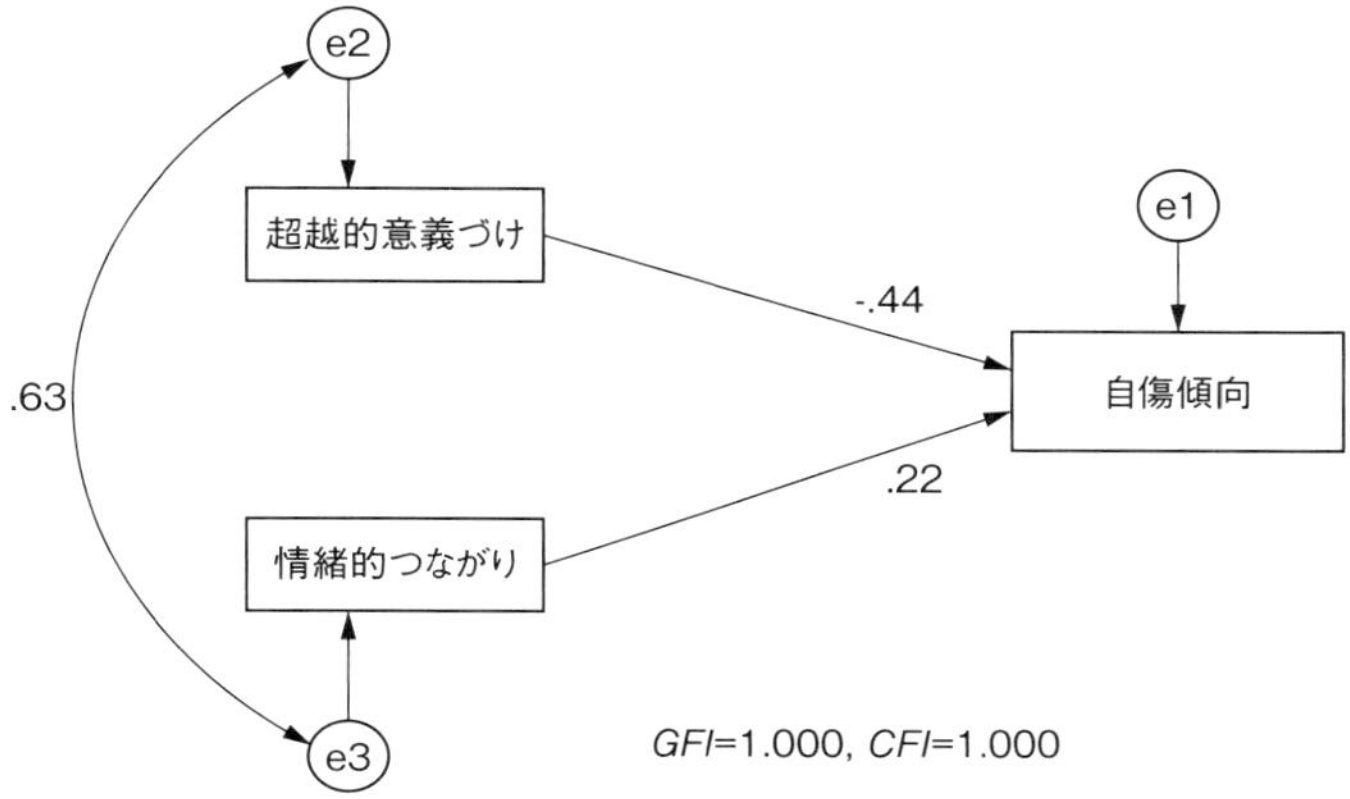

図7-2　スピリチュアリティ二因子の自傷傾向への影響（パス解析図）

集団認知行動療法とは別の時期に別の方法で行ったので項を分けて記載するが、結論と考察はまとめて行う。

これまで第2章、第3章において、スピリチュアリティの自傷行為への影響について検討した。その中で、スピリチュアリティは大きく二因子に分かれることを確認した。一つは超越的なものによって人生を意義づける「超越的意義づけ」、もう一つは身近なものとのつながりによって意味づけをする「情緒的つながり」である。そして、前者は自傷傾向の抑制（改善）に関連し、後者は自傷傾向の促進（悪化）に関わることを指摘した（図7-2）。

したがって、スピリチュアリティによって自傷改善を図ることを意図した介入方法は、前者の「超越的意義づけ」のみを活用したものになる。後者の「情緒的つながり」を活用すると、自傷傾向が悪化することも考えられるからである。

それにもかかわらず、これまで、そうしたスピリチュアリティの二面性について十分な検討がなされないまま、いくつかのスピリチュアリティに基づく教育が提案されてきた。また、それらの実践には、死生観教育とスピリチュアリティ教育の混同がみられる。例えば、飯田・吉田（2009）あるいは大石・安川・濁川（2008）は、飯田（1996）の経営学の戦略的優位の発想を応用した独自の死生観や「生きがい論」を用いてスピリチュアリティに基づく教育を説き、その効果を大学の授業において検証しているが、そうした独自の考え方を公教育の場である高校等で行うことには無理がある。また、相良・諸富（2012）は、スピリチュアルな教育として、従来の死生観教育の教材をいくつか取り上げているが、死生観とスピリチュアリティとを混同している様子がみられる。第2章で論じたように死生観教育のマイナスの影響の可能性を考えると、スピリチュアリティと死生観を峻別して教育を行うことが肝要であろう。

したがって、スピリチュアリティに基づいた自殺予防教育を行う場合、死生観教育と峻別する中で、学校現場での実施に適した良識的な内容にし、「超越的意義づけ」に関わるスピリチュアリティのみに基づいて授業をしていく必要がある。さらに、教科の授業の中で介入する場合は、その授業の学習指導要領に基づくものにする必要がある。そして、特定の価値観や見方を指導者の方から提示するのではなく、生徒自身に考えさせる、林（2011）が指摘する「問いとしてのスピリチュアリティ」という形で行うことが学校ではふさわしいのではないか。本章では、そのようなことを意識して、スピリチュアリティに基づく介入研究についても検討する。

表 7-1　対象の授業と生徒数

対象授業	介入方法	生徒数	担当者
現代社会	集団認知行動療法群（介入群 1）	21 名	共同研究者（大学院生）
倫理	死生観教育群（介入群 2）	23 名	筆者
日本史	日本史授業群（統制群）	28 名	筆者

第3節　三つの研究の実施の仕方

1．集団認知行動療法

まず、介入群1として、A県B高等学校定時制現代社会の授業一クラスを対象に集団認知行動療法を行う。それと並行して、介入群2として、倫理の授業一クラスを対象に死生観教育を行う。もう一つ統制群として、日本史の授業一クラスを設定した（表7－1参照）。介入群1の対象となった授業は筆者が教科担当である現代社会の授業である。この授業において、介入の時期だけ、共同研究者である大学院生が、南沢・内田（2011）の開発した集団認知行動療法プログラムによる授業を行った。介入群2の倫理の授業は、本来別の教員が担当であるが、介入の時期だけ、筆者が担当し死生観教育を行った。また、統制群の日本史の授業は、もともと筆者が行っている通常の日本史Aの授業である。

集団認知行動療法に関しては、中学や高校生の年代を対象とした研究は少なく、また、スキーマの変容まで意図したプログラムはほとんどない（南沢・内田2011）。そのような中、小菅・内田（2008）は中学生世代が対象となる児童自立支援施設での集団認知行動療法プログラムの作成を試みた。また、それを改良して南沢・内田（2011）は定時制高校の生徒を対象とした集団認知行動療法のプログラ

表 7-2　集団認知行動療法の授業内容

全体の目標：「つらくなるような考え方を減らして、気持ちを明るくするコツを一緒に学ぼう」	
第 1 回	イヤな気持ちはどこからくるのだろう？
第 2 回	イヤな気持ちをよりイイ気持ちへ変えてみよう！
第 3 回	上手に考えて、イヤな気持ちをスッキリさせよう。　～基礎編～
第 4 回	上手に考えて、イヤな気持ちをスッキリさせよう。　～実践編～
第 5 回	イヤな気持ちにさせる根本原因を考えてみよう。
第 6 回	イヤな気持ちの根本原因を突き止める練習をしよう。
第 7 回	心の中心にある思いこみを見直す練習をしてみよう。
第 8 回	自分のイヤな気持ちの根本原因を突き止めて、心の中心にある思いこみを修正してみよう。
第 9 回	心の中心にある思いこみをいろいろ調べ、それらを修正してみよう。
第 10 回	心の中心にある思いこみを全部修正してしまおう。

ムを作成した。これは、高校生を対象に「つらくなるような考え方」や「イヤな気持ち」などの抑うつ傾向の原因となっている自動思考だけでなく中核信念（スキーマ）まで改善しようとするものである。本研究では、この南沢・内田のプログラムを用いる。このプログラムの内容と実施スケジュールは表7－2の通りである。このプログラムではない。特に、自傷行為の軽減を目的としているプログラムではない。そのため「自傷」という言葉は、尺度の中で用いられるだけで、プログラムでは一切使わない。

2. 死生観教育

死生観教育については、古田（2002）と山下（2008）の死生観教育に関する実践資料集を中心に、筆者のオリジナルなプリントも交えて、全一〇回の死生観教育プログラムを実施した。A県B高校定時制の実態に即したため、独自な部分もあるが、基本的には典型的な死生観教育のプログラムであると考える（表7－3）。

統制群は、通常の日本史の授業受講者である。二つの介入群と同じ時期に事前・事後テストを行った。それ以外は、日本史の授業の進度に沿ったものである。プログラムの時期は、江戸時代、明治期の授業が該当した。ただ、日本史の授業においても、戦乱や歴史上の人物の生き方や死について扱うため、死生観等に全く影響を与えないとはいえないと考える。

三群とも、二〇××年九月中旬に介入を開始し、一二月中旬に介入を終了した。

本研究は、幅広く生徒の精神的健康度や生命尊重意識を高めるために行う授業であるため、用いる尺度も、抑うつおよびそのスキーマや自動思考、身体的精神的健康度を確認する質問紙であった。その中に、第1章で開発した「自傷傾向尺度」も一緒に用いた。具体的な尺度名とその概要は表7－4の通りである。ATQ-R短縮版は、肯定的自動思考（ATQ p）と否定的自動思考（ATQ n）の二つの下位尺度に分けて比較するので、全部で六つの尺度・下位尺度を用い検討することになる。三群とも介入前の事前テストを九月中旬に、さらに、実施直後の一二月上旬に事後テストを行った。その後二ヶ月した経過したあと、フォローアップテストも行ったが、さまざまな事情から、サンプル数が十分そろわなかった。したがって、今回は事前・事後テストの比較のみ行う。三群とも六つの尺度ごとの事前テスト、事後テストの平均の差を「対応のある t 検定」で確認し考察することとした。

倫理的配慮として、本研究は、C大学大学院臨床心理学コースの大学教員の指導の下、行われた。当該教員が調査対象校に来校し綿密に打ち合わせをする中で、校長より介入研究の許可を得た。校長は職員会議においてこの研究の実施と介入によって生徒にもプラスの効果をもたらす可能性があることを伝え、対象校全職員の理解を得た。

生徒には、介入研究に関わるそれぞれの授業の意図を説明し、質問紙への回答については、いつでも中

表 7-3　死生観教育の具体的内容

授業回数	テーマ	内容	参考図書
1	事前テスト 生と死について学ぶ意味	自傷や自殺の現状と命を軽んじる風潮についてメディアやデータを示して伝え、死について学ぶ意味について知る	
2	生命のつながり	自分から自分の両親、そのまた両親と何世代も遡って、自分の祖先の人数を調べる作業	山下 2008 古田 2002
3	死のイメージ	「死」という言葉から、どんなイメージを連想するか、どんな言葉や色を連想するか、作業を行う	
4	平均寿命から死について考えよう	日本の平均寿命の推移、世界の平均寿命を確認するなかで、自分は何歳まで生きたいか、考えさせる	
5	身近な人の死 (死別体験)	デーケンの悲嘆の 12 段階説に触れながら、授業担当者自身の死別体験、生徒の死別体験について考えさせる	デーケン 1996 古田 2002
6	「100 万回生きたねこ」を読む	「100 万回生きたねこ」を素材に、死や生について考える	佐野 1977 山下 2008
7	不老不死の薬を飲みたいか――残された寿命がわずかだったら	不老不死の薬を飲みたいか、そのような薬が発明されたら社会がどうなるか、余命があと 1 年と宣告されたら、どのような気持ちになるか、その 1 年間で何をしたいか、考える。	山下 2008
8	突然身内がいなくなったら	子どもを亡くした親の気持ちを描いた漫画を読んで、身近な人の死について考える	山下 2008
9	もしあなたが自殺したら	自分が自殺したことをあえて想定して、家族の気持ちや苦しみ、その変化について考えさせる	山下 2008
10	闘病記を読む	病気発見から手術、そしてホスピスで亡くなる妻を夫の視点で描いた闘病記を読んで、考える	古田 2002
11	定期試験 事後テスト		

表 7-4　事前・事後テストに使用した尺度

尺度名	略称	概要	参考文献
抑うつスキーマ尺度	DSS	24 項目。高達成志向、他者依存的評価、失敗不安の 3 下位尺度から構成される。得点が高いほど、抑うつスキーマが強い	家接・小玉 1999
ATQ-R 短縮版	ATQ p ATQ n	肯定的自動思考 6 項目（ATQ p）、否定的自動思考 6 項目（ATQ n）、計 12 項目からなる。得点が高いほど、それぞれの自動思考の生起率が高い	坂本・田中・丹野・大野 2004
BDI- II	BDI	ベック抑うつ尺度 - II の日本語版 21 項目（小嶋・古川 2003）。自殺と性欲を尋ねる項目のみ、学校での実施にふさわしい文言に修正してある（中山・内田 2009）。得点が高いほど抑うつの傾向が高い	小嶋・古川 2003 中山・内田 2009
日本版 GHQ-30	GHQ	30 項目。一般的疾患傾向、身体疾患、睡眠障害、社会的活動障害、不安と気分偏重、希死念慮とうつ傾向の 6 下位尺度からなる。自殺について尋ねる 2 項目を、学校での実施にふさわしい文言に改良してある	中川・大坊 1996
自傷傾向尺度	自傷傾向	第 1 章で作成した尺度	佐野・加藤 2013

断できることを口頭で伝え、表紙にもその旨記入した。共同研究者の集団認知行動療法（以下、GCBT）の授業に関しては、筆者および同じ大学院生の協力スタッフが立ち会い、授業の補助をし、個々の生徒に対応した。授業実施後は毎回共同研究者と筆者で授業進行のあり方や生徒の反応等について打ち合わせを行い、個別の生徒への配慮事項を確認した。

3. スピリチュアリティ教育

スピリチュアリティ教育は、GCBTと死生観教育による介入とは別の時期や集団に対して行った。A県B高校の二〇△△年度の倫理の授業とその受講者を対象とした。単位制であるB高校では、倫理の授業は一講座のみであり、いくつかの学年（年齢）が混在して受講している。

二〇△△年度の倫理の受講者は、当初は二一

表 7-5　研究参加生徒の男女比および年齢

年齢	男	女	計
16	0	2	2
17	8	4	12
18	3	2	5
19	1	0	1
合計	12	8	20

名であったが、そのうち二名が年度途中で履修中止となり、最終的に一九名が単位修得した。事前、中途、事後の各テストそれぞれの受験者数は二〇名、一八名、一九名であった。中途、事後テストの欠員分の欠損値は系列平均を代入して、サンプル数が二〇名になるように調整した。事前テスト段階での男女比及び年齢の内訳は表７－５の通りである。

実施したのは二〇△△年四月から翌年二月までであり、倫理の授業の開始から終了まで、一年間のすべての授業が介入の授業ということになる。質問紙の実施時期は、四月初旬の授業開始時に事前、一二月末に中途、二月の授業終了時の事後の各テストを行った。受講者の多くが卒業してしまうため、フォローアップテストは実施できなかった。

このスピリチュアリティに基づく倫理の授業は以下のコンセプトで計画した。

①倫理の授業として、教科書や学習指導要領に基づいて行う。倫理の単元の中に、宗教や哲学に関するものがあるため、授業を通して、神や仏、その他哲学的価値観など超越的でスピリチュアリティ的なものに触れたり考えたりする機会を活用する。

②「問いとしてのスピリチュアリティ」を実践するため、生徒自身が考え

たり記述したりする体験的なワークを設定する。そして、生徒自身に人生の意味について考えさせる。

③スピリチュアリティ二因子のうち、自傷傾向悪化の可能性がある「情緒的つながり」は用いず、自傷抑制効果がある「超越的意義づけ」のみのスピリチュアリティ教育を行う。

④授業実施者（教師）自身が、臨床心理士としてトランスパーソナル心理学の影響を受け、超越的なものによって人生には意味や目的があると考えるスピリチュアリティ的な信念を持っている。授業の中で、そうしたスピリチュアリティ的なものを態度で示していくつもりでいる。これを「態度としてのスピリチュアリティ」と名付けたい。「態度としてのスピリチュアリティ」を行っている場合、自然体になり本音で生徒と交流しながら授業を創造していくのが理想と考える。

こうしたコンセプトからおおよそ表７－６の通りの授業内容と授業展開となった。

スピリチュアリティ教育の研究は、高校倫理の教師（筆者）自身が授業改善や課題解決のためのアクション・リサーチ（小柳 2004）として行った。それは、授業実践者が同時に研究者として、研究手法を用いて、授業を見直し改善していくものである。すなわち、介入研究としての厳密性は低くなるが、一方で、研究と実践の相互促進を図ることができる。このため、統制群を作ったり、ランダム化を行ったりすることはできなかった。表７－７にある尺度を用いて測定をし、介入群一群のみの事前、中途、事後の一要因三水準の対応のある分散分析（一般線形モデル反復測定）を行った。

倫理的配慮として、筆者（研究および授業実施者）はB高校に常勤し、教育相談係および教科担当として、

表 7-6　スピリチュアリティによる介入授業の主な内容

おおよその実施時期	介入単元	学習内容および体験的活動（ワーク）
4 月	倫理の授業のガイダンス	「なんのために生きているのですか」、「人生には生きている意味があると思いますか」、「人間はなんでこの世に生まれ、生きると思いますか」という問いかけに記述して答えるワーク
5 月	青年期の課題	青年期の課題の授業のあと、大人になることのプラス面とマイナス面を考えさせ記述
6 月	古代ギリシアの思想	ソクラテスが人生の根本的な問題について、哲学することを説いたことに関連して、善、愛、幸せ、美について記述させ、それを次の時間にプリントアウトし、お互いの意見を確認した
9 月	ユダヤ教	欧米の一神教や信仰のあり方に関連して、欧米人である ALT を授業に招き、対話の中で、信仰について体験的に学ぶ
10 月	キリスト教	イエスの言葉にある、左のほおを差し出す、敵を愛するなどの行動ができるかどうか、生徒たちに確認して、記述させた
	イスラム教	イスラム教の授業のあと、世界の多くの人たちが神の存在を信じているということを説明し、神がいると考える場合と神はいないと考える場合のそれぞれの人生の意味について考えさせるワークを実施
11 月	仏教	仏教の「空」の思想に触れる中で、般若心経の思想を、現代の若者風にアレンジして訳した「超訳般若心経」を動画やプリントを通じて読み聞かせた
	中国思想 老荘思想 （無為自然）	老荘思想の「無為自然」に関連して、自分の今のありのままの「呼吸」や「心臓の鼓動」に気づくリラクゼーションをし、「呼吸」や「脈拍」が落ち着くことを体験する。今の自分のありのままの気持ちを色鉛筆を使って形で表現するワーク（行木 2003）
12 月	日本の風土と思想	日本の宗教や思想を支える風土に関連して、日本の美しい自然や風土を、癒やし系の音楽を BGM として聴かせながら、大スクリーンに映し出し鑑賞した
	平安仏教　密教	平安仏教の真言密教で曼荼羅について学習したあと、市販のマンダラ塗り絵（正木 2006）を用いた塗り絵作業を行った
	鎌倉新仏教 親鸞の悪人正機	親鸞の悪人正機の思想では、なぜ悪人の方が極楽にいけるか、考えさせる　悪人正機に関連して、自分の悪の部分をみつめ自覚するワーク
1 月	特別授業 命と自傷行為	自傷行為を改善する授業を開発するために、本年度の倫理の授業を行ってきたことを正直に生徒に伝え、自傷行為を理解する授業を行う
	近代哲学	鎌倉新仏教で学んだことの復習として、「南無阿弥陀仏」という称名念仏が、仏への感謝の言葉であるということにちなみ、宿題としてできるだけ多くの人に来週までに「ありがとう」をいい、次週の授業の最初で、それを確認するワーク
2 月	近代哲学	授業内容とは別に、宿題として「ペイ・フォワード」（「恩送り」と訳され、誰かから受けた恩を、直接その人に返すのではなく、別の人に送ることをし、そのことで社会に善意の連鎖が発生することをめざすもの）をして、次の授業の最初に確認するワーク（尾崎 2013）

表 7-7　スピリチュアリティ教育の検証のための尺度

尺度名	内容　活用の仕方
①自傷傾向尺度	第 1 章で作成した自傷傾向尺度 9 項を用いた
②自殺親和状態尺度	大塚・熊野・瀬戸・上里（2001）が作成した中学生用自殺親和状態尺度の下位尺度のうち、「自殺への抵抗力」6 項目、「自殺への親和性」7 項目を用いる
③自尊感情尺度	Rosenberg（1965）を桜井（2000）が日本語訳した 9 項目を用いた
④高校生用スピリチュアリティ尺度	一瀬（2005）の尺度のうち、第 5 章で因子分析して抽出した「超越的意義づけ」に関わる 4 項目、「情緒的つながり」に関わる 5 項目を用いた
⑤死生観尺度	これまでの章で用いている平井他（2000）の死生観尺度 27 項目を、「死への恐怖不安」、「死後の世界観」、「死への関心」、「寿命感」、「人生における目的意識」、「死からの回避」、「解放としての死」の 7 下位尺度に分けて検討する

対象生徒に十分な配慮が行える立場にあった。さらに、倫理の授業受講者は二年生以上であり、ほとんどの生徒が筆者との人間関係を形成した中で、研究が行われた。授業の内容は、倫理の授業の範疇に収まるものであり、「自傷傾向尺度」等の尺度実施に伴う影響のみ倫理的配慮上の問題が懸念された。三回の質問紙実施の際には、生徒に回答を中断したり拒否したりしてもかまわない旨を伝えた。また、尺度実施に伴う影響を、授業中はもとより日常的な学校生活での声かけや観察を通して注意深く確認した。

第4節　集団認知行動療法の効果

表7－8、表7－9の通り、集団認知行動療法（ＧＣＢＴ）群のみでいくつかの尺度で有意差がみられた。死生観教育、スピリチュアリティ教育、さらに統制群（日本史）では、すべての尺度において有意差がみられなかった。

ＧＣＢＴ群では、ＢＤＩ（抑うつ傾向）、ＧＨＱ（精神健康）、自傷傾向の三尺度で事前・事後テスト間の平均点に有意差がみられ、いずれも事後テストの方が低く、改善したことになる。つまり、集団認知行動療法だけ、自傷傾向と抑うつ感、精神的健康度が改善されたのである。

これは偶然ではなく、表7－10にみられるように、集団認知行動療法群と、同時に行った他の二群（死生観群、日本史群）と比べても、有意差の出ている尺度がχ^2検定で統計上有意に多い（$\chi^2(2) = 7.20$，$p<.05$）。

このことから、南沢・内田（2011）のプログラムによって抑うつや心身状態、さらに自傷傾向を短期的に改善する効果があったということになる。学校現場での自傷行為への介入方法が未だに明確でない中、本プログラムの実施に自傷傾向改善の効果がみられたことは重要である。特にこの、南沢・内田（2011）のプログラムは、認知の修正だけでなく、根底にあるスキーマ（中核信念）の修正も目指すところに特徴がある。今回このプログラムによって自傷傾向の改善がみられたのは、認知行動療法一般にみられる認知の修正に効果があったのか、このプログラムのように中核信念の変容まで行うことに効果があったのか、今後、検証を行っていく必要があるであろう。

また、このプログラムは、特に自傷行為の抑制に特化したものではない。そのため、授業中一切自傷行

表 7-8　各群の事前・事後テストの t 検定結果

GCBT 群　$N = 20$

	事前		事後		事前事後の差				
	M	*SD*	*M*	*SD*	*M*	*SD*	*t* 値	*df*	*p*
DSS	64.55	9.23	67.55	13.82	− 3.00	12.83	− 1.05	19	.309 *n.s.*
ATQ p	15.20	4.57	17.10	3.01	− 1.90	5.31	− 1.60	19	.126 *n.s.*
ATQ n	20.00	5.38	18.75	3.08	1.25	4.82	1.16	19	.261 *n.s.*
BDI	22.50	14.17	17.95	14.48	4.55	8.46	2.40	19	.027*
GHQ	14.80	7.35	12.15	8.24	2.65	5.66	2.09	19	.050*
自傷傾向	25.85	6.18	24.45	6.48	1.40	2.87	2.18	19	.042*

*$p < .05$

死生観群　$N = 20$

	事前		事後		事前事後の差				
	M	*SD*	*M*	*SD*	*M*	*SD*	*t* 値	*df*	*p*
DSS	63.80	12.75	64.65	12.71	− 0.85	9.20	− 0.41	19	.684 *n.s.*
ATQ p	17.15	5.22	16.00	6.27	1.15	4.34	1.18	19	.251 *n.s.*
ATQ n	18.75	6.25	18.80	6.40	− 0.05	3.94	− 0.06	19	.955 *n.s.*
BDI	20.25	11.93	20.05	13.59	0.20	7.54	0.12	19	.907 *n.s.*
GHQ	12.00	7.96	11.85	7.95	0.15	0.67	1.00	19	.330 *n.s.*
自傷傾向	25.70	6.98	25.50	7.24	0.20	4.20	0.21	19	.834 *n.s.*

日本史群　$N = 17$

	事前		事後		事前事後の差				
	M	*SD*	*M*	*SD*	*M*	*SD*	*t* 値	*df*	*p*
DSS	67.65	10.88	70.59	12.88	− 2.94	10.50	− 1.16	16	.265 *n.s.*
ATQ p	15.24	5.63	15.12	5.02	0.12	3.62	0.13	16	.895 *n.s.*
ATQ n	20.47	5.09	20.76	5.53	− 0.29	4.97	− 0.24	16	.810 *n.s.*
BDI	26.53	11.80	26.35	14.85	0.18	12.20	0.06	16	.953 *n.s.*
GHQ	15.41	6.48	16.00	8.30	− 0.59	5.03	− 0.48	16	.636 *n.s.*
自傷傾向	26.71	8.51	27.88	8.45	1.18	4.46	− 1.09	16	.293 *n.s.*

表 7-9　スピリチュアリティ教育における尺度ごとの事前中途事後三水準の分散分析

$N = 20$. $df = 2$	平均値				
	事前テスト	中途テスト	事後テスト	F値	p
自傷傾向	21.75	22.89	21.58	.398	.674 *n.s.*
超越的意義づけ	11.45	11.89	12.26	.408	.668 *n.s.*
情緒的つながり	17.15	16.89	16.68	.155	.857 *n.s.*
死への恐怖不安	12.45	12.33	11.95	.073 ※	.887 *n.s.*
死後の世界観	12.85	12.78	12.84	.003	.997 *n.s.*
死への関心	9.75	10.22	8.89	.726	.490 *n.s.*
寿命観	9.60	8.33	7.53	1.961 ※	.167 *n.s.*
人生における目的意識	10.05	10.89	10.47	.408	.668 *n.s.*
死からの回避	10.40	9.47	10.26	.619	.544 *n.s.*
解放としての死	9.70	9.39	8.47	.694	.506 *n.s.*
自殺への抵抗力	14.45	15.44	15.95	.749	.480 *n.s.*
自殺への親和性	20.35	21.00	20.53	.111	.895 n.s.
自尊感情	28.50	29.61	29.11	.188	.829 *n.s.*

※球面性検定が有意であり、Greenhouse-Geisser 法により調整したため、$df<2$

表 7-10　三群の有意差のある尺度と有意差のない尺度

	有意差のある尺度	有意差のない尺度
CGBT 群	3 △	3 ▼
死生観群	0	6
日本史群	0	6

△有意に多い　▼有意に少ない

為という言葉は使わず、自傷・自殺について全く言及しなかった。それでも自傷傾向を抑制する効果が示された。さらに、自傷行為のみならず、同時に抑うつ傾向や心身状態まで改善するので、学校現場で実施しやすい有効な介入プログラムということになるであろう。

さらに、このGCBTプログラムで、抑うつ傾向、心身の健康状態、自傷傾向の三者に同時に効果がみられたことは、抑うつ感および健康状態と自傷行為が相互に関連していることを示唆する。すなわち、自傷行為の改善には、それに伴う抑うつ感や心身の健康状態の改善を図ることが効果的であると考えることができよう。

一方、死生観教育群は、六尺度のいずれも有意差がみられなかった。第2章で、死生観教育が死への防衛を阻害し、自傷傾向を悪化させる可能性を指摘したが、少なくとも、死生観教育によって状態が悪化することも、改善することもないという結論がこの研究からは得られた。

ただ、死生観教育は、「死の準備教育」と称されるように（デーケン 1996）、その目的そのものが、自分の死期を見据えた一生涯にわたる長期的な効果をねらったものであろう。したがって、数ヶ月という短期の事前事後の介入だけで、死生観教育の効果を議論することには、慎重でなければならないだろう。

また、スピリチュアリティ教育に基づく介入においても尺度、下位尺度に一切の有意差を確認できなかった。その理由として、第一に、教科書や学習指導要領に沿って行うため、大胆にスピリチュアリティに特化できなかったこと、第二に、スピリチュアリティといっても一般的な宗教的哲学的内容であったので、表面的で曖昧なまま介入が行われたこと、第三に、スピリチュアリティのうち「超越的意義づけ」のみで授業を行うということに無理があるということである。

改めて表7－6をみても、いくつかの体験的活動（ワーク）を取り入れているものの、それが、スピリチュアリティに関するワークなのかどうか、曖昧である。

筆者は、今回の介入に限らず、毎年の倫理の授業において、ほぼ同様の工夫をしており、ワークや体験的活動を取り入れ、生徒との対話を重視しながら、自ら考えさせる倫理の授業を行ってきた。毎年、生徒の反応はよく、教師も楽しく授業ができていた。卒業生の中には、この倫理の授業の思い出を語る者もおり、印象に残る授業の一つであったと思われる。

そもそも死生観教育、スピリチュアリティ教育はどちらも、長期的な効果こそが期待されるのであって、自傷や自殺傾向を直ちに抑制するということを期待することには無理があるのではないか。そして、繰り返すが、短期的に自傷抑制に効果がないからといって、それらの教育に全く意味がないとはいえず、今後、さらにそれらの教育のあり方を検討していく必要がある。

第5節　まとめ　生徒の個別の悩みを直接扱うこと

本章では、学校における教師の自傷・自殺対応への検討をするため、自傷や自殺抑制の介入研究について検討した。その結果、集団認知行動療法のみ効果があり、死生観教育やスピリチュアリティ教育には、効果はみられなかった。

集団認知行動療法は、もともとメンタルの改善にエビデンスがある方法であり、また、生徒それぞれの個別の悩みや抑うつ感情等に伴う認知やスキーマを扱う直接的な介入プログラムである。生徒たちが自分の実際の悩みをプリントに記述し、「それに関する認知やスキーマを自分自身で確認して、その修正を図る」という手法である。

一方、今回実施した死生観教育とスピリチュアリティ教育のいずれも既存のテキストを用いており、典型的なものであるが、生徒の個別の悩みや問題に直接的に触れずに、ある意味で遠回しに、死やスピリチュアリティについて考察する授業であったかもしれない。例えば、「100万回生きたねこ」、闘病記、神の存在、人生の意味、「恩送り」の実践等は命や人生について考えさせられる素材であるが、個々の生徒の生きた実感的な悩みや問題を無視して、抽象的で高尚な話を展開しているだけのようにもみえる。

このような死生観教育しかできないのは、学校現場で自傷や自殺について直接言及しにくいことも背景にあることは既述した通りである。これは、本研究の問題というよりも一般的に行われる自殺予防教育の問題にも関わってくる。今のままでは、生徒指導提要が提案する自殺予防教育も生徒の悩み等に直に触れず、抽象的な死生観教育等に終始する可能性がある。

むしろ、自傷・自殺の予防という観点からすれば、生徒の正直な自傷・自殺への思い、抑うつ感、生徒たちの抱えるメンタル的な苦悩にきちんと対処する教育や介入の方が効果的なのではないか。その点、南沢・内田（2011）の集団認知行動療法は、自傷・自殺という言葉は使わないにしても、生徒の抱える問題に個別の作業を通じて向き合っているともいえる。つまり、自傷や自殺傾向を改善したいのなら、抽象的な形でアプローチするのではなく、直接本人たちが抱えている個別具体的な自傷・自殺念慮、その背景となっている悩みについて扱い、介入していくことが必要で、死生観やスピリチュアリティの一般論を扱っていても効果が弱いということである。とするならば、自殺予防教育のあり方として、授業実施者が生徒一人一人の抱く悩みや自殺や自傷への思いについて記述させたり、語らせたり、話し合ってみたりすることの方が有効な可能性がある。

それは、よく考えてみれば当然であって、例えば心理士による個別カウンセリングの場で、死にたいと訴えるクライエントに対して、「100万回生きたねこ」の話をしたり、闘病記の話をしたりしても効果が期待できないのと同じである。カウンセリングの場では、そのクライエントの個別の死にたい気持ちについて直接的に対話し考えていくことで、そのクライエントの自殺への思いを改善する可能性が高まるのであって、抽象的な話をしても自殺への思いを弱められる可能性は低い。同じことは、生徒集団への自殺予防教育についても言えるのではないか。

つまり、自傷・自殺を防ぐ教育は、抽象的に一般論としての死や死生観、スピリチュアリティを扱うのではなく、具体的個別的に生徒の個々の悩みや自傷・自殺、死にたい気持ちに向き合っていくことが必要ではないか。学校現場では、自傷・自殺という言葉を出して教育がしづらいということを確認してきたが、もはや、そんなことばかり言っている状況ではない。直接、自傷・自殺という言葉を出して、個別具体的な生徒たちの思いについて語らい考え合っていく教育こそが、有効な自殺予防教育、自傷行為改善教育となっていくものと考える。

第８章　自傷・自殺を防ぐ心の対話のあり方について

第１節　自傷・自殺を防ぐ声かけについて

１．どう生徒の命を守るか

１）コロナ禍における高校の状況

それでは、生徒の自傷・自殺を防ぐ学校教育はどうあるべきか、より具体的に検討したい。特に、チーム支援、チーム学校のようなハード面の話ではなく、そのハード面を土台にした、生徒への具体的対応の仕方やその内容、つまりソフト面の自殺予防教育のあり方について検討する。

二〇二〇年度は新型コロナウイルス感染症（COVID-19）のパンデミックではじまった。四月からいきなり日本全国の学校が休校になり、入学式をはじめとした行事は中止となった。部活動の大会は体育部門も文化部門もすべて消滅した。今まで部活動に青春をかけてきた生徒たち、特に最後の大会にかけていた三年生たちはどれほど絶望したことであろう。

わずか一種類のウイルスの局地的な感染から始まったパンデミックが、これほどの世界規模で生活全体の激変をもたらすことは誰も予想できなかった。今までの当たり前の生活が一切できなくなった。多くの人が衝撃を受け、価値観や人生観が変わってしまったことであろう。

筆者は正にコロナパンデミックが始まった二〇二〇年四月に教育センターというA県の相談機関から通信制高校の現場教頭に赴任した。幸い通信制高校は、パンデミックの影響を一番受けにくい学校であった。もともとの通信制のシステムが、生徒たちが在宅で学習し仕上げたレポートを郵便でやりとりして、単位認定していく制度だからである。登校日（スクーリング）は基本的に二週間に一回程度しかないため、密になる機会も少なかった。他校では、急な休校措置のための学習課題作りに教員たちが追われているのを尻目に、すでに昨年度末までに作成されたレポートを生徒が完成させて提出してきたものを添削・返却して学習を進めていくだけであり、コロナ前の通信制高校の日常風景とほとんど変わらない状況だった。

しかし、他校からは少しずつ生徒の自傷・自殺の話を聴くようになった。日常的な学習活動への影響は少ないとはいえ、社会全体が危機的状況にある中で、通信制の生徒たちがメンタル的にマイナスの影響を受けないとは言い切れない。実際、通信制についても、バイトがなくなった生徒がいたり、恒例の体育大会や文化的催しは縮小ないし中止になっている。通信制の生徒の日常生活も激変しているだろう。また、パンデミックの前であるが、何年か前には生徒の自殺も起きている。生徒の命に関わる状況であるという認識は通信制高校も同じであり、むしろ本来メンタルの不安定な生徒の在籍が多い（平部・小林・藤後・藤本 2016）ので、生徒の自傷・自殺他害問題については、予防的な対応の強化を求められる状況であった。

教育相談を専門とする管理職として、筆者には赴任する学校に教育相談および生徒支援の制度や体制を普及させ、支援の土壌を作っていく役目があった。しかし、通信制高校で、自傷・自殺を防いだり、教師として自殺予防のアプローチをしたくても、生徒は二週間に一回程度のスクーリング時しか登校しない。そのため、生徒の状況の把握や介入がしづらいという問題があった。

2）メンタル不安定な生徒が多い通信制高校

近年、コロナ禍もあり、多様な生き方が模索されているためか通信制高校は注目され、少子化もあいまって全日制定時制が生徒数を減らしている中、通信制は在籍者数を増やしている。特に、私立通信制高校は、全国規模で展開していることから広域通信制と呼ばれ、生徒の受け入れや単位認定、卒業認定を柔軟に行っていることが生徒増の背景にあると思われる。一方で、文部科学省からは、私立通信制が適切に教員配置をしなかったり、単位認定等が適正に行われていない等の問題が指摘されている（文部科学省 2017, 2021, 2023）。

また、通信制高校には、精神疾患や発達障害、不登校経験者、学力不足、貧困等さまざまな問題を抱えた生徒が大勢在籍している（髙野・青木 2022）。さらに、通信制高校に通う生徒の精神的健康度は相対的に低いことが指摘されている（平部他 2016; 平部・小林・藤後・藤本・藤城・北島 2017）。昨今、問題となっているヤングケアラーに該当する生徒も通信制には数多く在籍している（吉田・越村 2022）。

このような通信制においては、本来なら生徒への継続的な心理・福祉的支援が求められる。しかし、一方で、生徒が毎日登校しないため、生徒の抱えている問題の状況を把握しづらく、系統的継続的な支援が行いにくい。こうした支援が届かないまま退学してしまう生徒もいる。

そこで、本章では、コロナパンデミック以降の社会全体の緊急事態の中で、メンタルが不安定な生徒が多い通信制高校の生徒に対してどう対応していくか、通信制ゆえに日常の接触がない中、どのように生徒の心身の安定を図り、生徒の自傷や自殺他害などを防いでいくか、その方法について検討する。

2．地道な方法の重要性

1）通信制高校での支援の課題と方法

通信制高校においては、生徒が毎日登校しないことから、たまにしか会えない生徒をどのように支援していくかが課題である。また、コロナパンデミックが急に始まり、緊急事態宣言が出されたため、丁寧に計画を立てて、実践を行うことも困難であった。また、二〇二〇年度の初めの段階では、人々は、この未知の感染症の感染・伝染の予防だけに必死になり、他のすべてのことを犠牲にして三密を避けることが最優先されていた。そのような中、筆者は、自傷・自殺、メンタルヘルスの専門家的立場から、今後若者の自傷・自殺が増えることを予想していた。そこで、生徒のメンタルを安定させて自傷・自殺予防に効果がありそうな以下の方法を用いることを試みた。

なお、本章の研究は、筆者が教頭として通信制公立高校に赴任してからアクション・リサーチとして始めた。当該高校は、定時制通信制が併設されているものの、校長は一人である。そのため、通信制の管理運営は事実上通信制の教頭である筆者に任せられていた。そこで、教頭として、主に以下の六つの方法で、コロナ禍の生徒の自傷・自殺予防、メンタルの安定に努めることにした。

①生徒が毎日登校しない中、教員の方からは、レポート提出、スクーリング出席など学習の進捗に関わってこまめに連絡をとる（教科担当、学級担任）。

②学習への取り組み、出席状況が悪化している生徒に対しては連絡をとって、学習の継続を奨励し、一つでも多く単位修得できるように励ましていく（教科担当、学級担任）。
③生徒や保護者に連絡したり言葉をかけたりする時、丁寧に思いやりを持って行う（全職員）。
④生徒と校内ですれ違ったり接したりする場面で、できるだけ挨拶だけに留まらず、対話をするようにする（挨拶のあとのもう一言の個別的な話題による声かけ）（全職員）。
⑤必要な生徒には、ＳＣやＳＳＷとの面接や支援につなげる（コーディネーター、生徒指導主任、学級担任等）。
⑥定期的に生徒の支援に特化した情報共有の会議（生徒指導支援会議）を行い、課題予防的、発達支持的なチーム支援、組織支援を行っていく（生徒指導提要）（コーディネーター、管理職）。

総じて、生徒の学校への定着や学習の進捗を促す中で、生徒（保護者）にさまざまな形で声をかけ対話をする機会を増やすことで、生徒と教師との人間関係が深まり、学校が居場所となり、自傷・自殺の前には教師や学校が相談の対象となる可能性を高めるという方法である。

①〜④は、単純化していうと「声かけの奨励」である。生徒を放置せず、あらゆる機会を捉えて、生徒にプラスの声かけをしていくということを、教頭として、さまざまな機会に職員に奨励し、日常的に自らも実践した。

すでに「声かけ」、「言葉かけ」は人間関係の基本、対話の第一歩ということから、その重要性を指摘する論文や著作は珍しくない。しかし、自殺予防のための学校現場における声かけに関する研究はまだ少ない。また、本研究で指摘する「声かけ」とは、具体的には、「挨拶のあとのもう一言の個別的な話題による声かけ」を指し、スクーリングなどで生徒と遭遇した時、挨拶に続いて一言、当該生徒個有の内容について話しかけることである。個別的な話題とは、その生徒に関わる話題、あるいは、その生徒とその教員との関係性に関わる個有の話題である。例えば、生徒が大会に出場し成果を出したこと、芸術の作品が展示してあったこと、行事などで活躍したことはもちろん、レポートをいつもより早く提出した、欠席が少ない、今日は遅刻をしなかった等々、日常の中で気づいたことで、その生徒に関わるプラスの話題であればなんでもよい。

そのためには教師は、日頃から全校生徒の顔と名前の一致、日常的な個々の生徒の活動の確認・観察など、地道な下積み的努力が必要となろう。その一助となるのが、⑤のSC、SSWの支援とそのあとのコンサルテーション（チーム支援会議）における支援情報の共有や、⑥の職員全体の生徒指導支援会議における生徒に関する組織的な情報共有である。これによって、生徒の家庭環境や配慮事項等だけでなく個々のプラスの情報も知ることになり、結果として生徒一人一人を記憶に留めておくきっかけとなる。

生徒と教師との関係性に関わる話題とは「今日はよくすれ違うね」、「誕生日が同じだね」などその生徒と教師との関係に関わるものを指す。

また、生徒や保護者に電話などで連絡した時、用件以外にもう一言肯定的な会話をする。特に、レポートがまだ出ていないとか、単位を落としたとか、生徒に関する悪い連絡をせざるを得ない時は、その生徒のそれ以外のプラスの話題を付け足すのである。「それでも去年よりは単位をがんばって継続している」、「いつも掃除を一緒にやってくれている」などの話題である。

こうした「挨拶のあとのもう一言の個別的な話題による声かけ」が成功したかどうかは、その直後に生徒が笑顔になる、表情が緩む、笑う、ほっとした言動をするなどの様子から判断できる。保護者の場合、電話越しに生徒のプラス面を語ると、「ありがとうございます」と言いほっとした声色になる。

①〜④の声かけの実践はある意味で当たり前の行為であり、また、⑤、⑥は普通に考えられるSC、SSWの活用とチーム支援、チーム学校の発想による生徒支援である。いずれも特別の方法ではないことから、これらにどの程度の自殺予防効果があるかわからない。ただ、結局、高校の教員の立場でできることはこのぐらいしかなく、自殺の予防への特効薬はないのではないか。また、特別の方法を求めるから、日常の地道な取り組みがおろそかになるともいえる。結局、生徒への自傷・自殺予防に限らず相談支援活動というものは、「特別な何か」ではなく、日常的で温かい丁寧な対応や活動の先にしかなく、それを地道にやっていくしかないのではないか。

この考え方は、改訂版生徒指導提要で指摘する、自殺予防教育の土台となる安心安全な学校環境づくりに通じるものである（第7章、図7－1）。

2）自傷・自殺予防の効果をどう測定するか

①〜⑥の対応が、生徒の自傷・自殺をどのくらい防ぐことができるかについて、直接に測定することは、今回できない。コロナ禍において研究計画もままならず、試行錯誤の中、アクション・リサーチとして開始実践したものであるからである。それらの取り組みの効果がどの程度あるかは、生徒、保護者、教職員からの学校評価アンケート、および生徒の学習の取り組みを示す日頃の指標で判断するしかない。

また、「挨拶のあとのもう一言の個別的な話題による声かけ」の効果については、生徒の感想を入手することで確認する。

表 8-1　通信制高校の卒業率等の変化

西暦年度	2013	2014	2015	2016	2017	2018	2019	**2020**	**2021**	**2022**
生徒総数	441	372	342	272	252	244	238	**221**	**208**	**225**
卒業生数	36	29	35	29	31	44	27	**33**	**34**	**38**
卒業数／生徒数 (%)	8.16	7.80	10.23	10.66	12.30	18.03	11.34	**14.93**	**16.35**	**16.89**

表 8-2　通信制高校の 1 年生の単位修得者率の変化

西暦年度	2018	2019	**2020**	**2021**	**2022**
1 年生無単位入学数	33	45	**29**	**33**	**44**
1 年生無単位修得不可者数	10	16	**6**	**7**	**10**
1 年生 1 単位以上修得者数	23	29 名	**23**	**26**	**34**
1 年生単位修得者率	69.70	64.44	**79.31**	**78.79**	**77.27**

3．自傷・自殺予防の効果はあったか

1）卒業率や単位修得者率の上昇

この取り組みを開始したのは二〇二〇年度である。表8－1をみると、二〇二〇年度より、在籍生徒数に対する卒業生の割合が上がっている。それ以前は、一〇％前後で推移していたのが、二〇二〇年度から一五％前後になっている（二〇一八年度は例外）。同様に、表8－2では、二〇二〇年度より新入生の単位修得者率が上がっている。通信制なので、特に新入生が通信制のシステムに慣れない中、レポート未提出、定期試験未受験等で単位を落とし一年を通じて修得単位が〇単位という生徒が大勢出る。そのため、通信制では一単位でも多く単位を取るということを目標にしており、その年度で一単位でも単位を修得したものを単位修得者と呼ぶ。そして、一年生の単位修得者率が二〇一九年度までは六〇％台だったのが、二〇二〇年度から八〇％近くまで上がるようになった。

これらは、自傷・自殺傾向の低下を直接示すもので

はない。しかし、筆者が教頭として赴任しこの実践を始めた二〇二〇年度からの方が卒業率、単位修得者率が改善している。コロナ禍のため、それらの比率が低下してもおかしくない中、低下せず、上昇傾向を示している。

2）声かけに関する生徒の感想

以下は当該通信制高校における教師たちの「挨拶のあとのもう一言の個別的な話題による声かけ」に関する生徒の感想である。もっとも、生徒には、「先生たちへの感想」ということで尋ねたアンケートの一部であるが、声をかけられた印象が強いのか、声かけのことを感想に挙げている生徒が多いのである。

「朝、学校に行くと先生がよく話しかけてくれたので、今日も一日頑張ろうという気持ちになりました！」

「廊下で通りすがった時に声をかけてくれたり、数回しか面と向かって話していないのに名前を覚えていてくださったことが、とても嬉しかったです。」

「私は一人でいることが多かったので困っていた時に話を聞いてくれたことや廊下で声をかけてくれたことが嬉しかったです。」

「玄関で挨拶だけじゃなく他愛もない話もしてくれたのが嬉しかったです。」

「気さくに話しかけてくださったり、〔中略〕さまざまな面で私たち生徒のことをサポートしてくださいました。」

「その他にも、〔中略〕「頑張ってね」と一言声をかけてくれたこともありました。」

「先生のおかげで私たちは多くのことを学び、安心して学校生活を送ることができました。」

教師たちが日頃から生徒の顔と名前を一致させようと努力したり、個々の生徒たちが個別にどのような活躍をしているか把握したり、どのような支援や配慮が必要か情報共有していることを生徒たちは知らない中での感想である。しかし、そうした教師たちの努力の成果が出ているような生徒たちの肯定的感想になっているのではないか。

4．声かけの大切さ

本節第2項で述べた①〜④の声かけは、すべての教師がすべての生徒を対象に行うもので、さまざまな機会に生徒に愛情を持って声をかけるということである。それまでは当該校では、生徒本人の責任に任せるという姿勢が強かったようである。しかし、通信制の教頭に筆者が就任し、教育相談的発想から、丁寧に声をかけることを職員に奨励し、さらに、自ら教師としても授業を担当し、授業の生徒に直接、あるいは電話等によってレポート提出や出席の奨励の声かけをするようにした。せまい通信制の職員室なので、その電話の声は全職員に聞こえる。そして、管理職がやっているのだから、「自分もやらなければ」という発想がいい意味で職員室全体に広がった可能性がある。他の職員も頻繁に電話をかけ、レポート提出の確認や奨励を行うようになっていった。実は、筆者以外にもう一人、ベテランの教員で「生徒がレポートを提出しに来た時は、声をかけるべきである」と主張し実践している職員がいた。その職員は、生徒指導支援会議の場で、度々そのことの重要性を他の教員に説いてくれた。このように、教師による声かけが日常化していった。

また、通信制高校では、今まであまり保護者に連絡することはせず、本人が特定の単位を修得不可、あるいは全科目履修中止になった段階で、事後報告的に郵便等で保護者に連絡をしていた。保護者から、もっと早く連絡がほしかったと言われたこともあったが、通信制の仕組みはそうなっていると伝えて保護者を納得させてきたようである。しかし、本人が単位を落とすことに対して事前に保護者に連絡をしないことが許されない時代となってきている。もちろん通信制だからという理由も通用しない。

そのような中、二〇二〇年度のコロナ禍が全職員の意識を変えた。他校での自傷・自殺の話を耳にしたからである。⑤、⑥の個別支援的対応を必要な生徒に対して行うようになり、SCやSSWのコンサルテーションや支援会議を通じて、生徒の置かれている状況について教職員が意識していった。通信制の生徒は、先行研究にもある通り、精神的健康度が低く、さらに、家庭の状況が虐待的であったりヤングケアラー的な生徒も大勢いることに気づくきっかけとなった。こうして、SC、SSWを活用しながら、生徒の状況の共有をし、全職員で全生徒に丁寧に声をかけていくということを続けたのである。

そうした成果が、卒業率や単位修得者数の上昇につながったのではないか。さらには、生徒の感想から、声かけが生徒のメンタルの安定に結び付いていることもわかる。

その後も近隣の高校で自殺他害が相次ぐ中、二〇二〇〜二〇二二年度の三年間は、当該通信制高校では生徒の自殺は発生しなかった。

5. まとめ　この声かけが今日の生徒の自殺を防ぐ

ここで行った実践は、コロナ禍という緊急事態のまっただ中、生徒の自傷・自殺の可能性を少しでも減らすために取り組んだことである。実践したことは特別なものではなく、簡単に言えば、生徒の個々の状況を把握した上で、さまざまな機会を通じて生徒に「声かけ」をするというものであった。例えば、コロナ禍の健康観察における声かけ、校内で会った時、電話で話した時の声かけである。いずれも地道で当たり前のことで、特別なことではない。しかし、その日に声をかけ、一言二言の会話で笑顔になった生徒は、少なくともその日は自殺をしないと信じるようにした。たった一言の声かけが、その日の自傷・自殺を防ぐのである。日々のその積み重ねで、生徒の自傷・自殺を予防していく、というものである。

そして、その声かけが続く中で、生徒に信頼され、生徒が死にたいと思った時に、一言その前に相談する相手として思い浮かぶような大人の一人に教職員の誰かがなればいいのである。この実践はそのような思いや願いからなされたものである。

ただ、これは通信制高校だけの特殊な実践であろうか。そうではない。通常のどの校種、どの学校においても、「挨拶のあとのもう一言の個別的な話題による声かけ」という実践は必要かつ有効であると考える。そうすることで、校種を越えて、教師は児童生徒たちに生きた声かけができる。そして、自殺予防の第一歩はこうした地道な声かけから始まるという点では、普通高校、定時制通信制はもちろん、小中高のすべての学校に共通ではないか。繰り返すが、教員や学校が自傷・自殺予防としてやれることや、本人がなにも言わないで自殺してしまうのを防ぐことに、特別な方法などないということである。

では、コロナ禍が終わればそのような実践は不要なのか。コロナ禍において、日常的価値観が大きく崩れるという体験を世界中の人々がした。そのような危機的状況で行って意味のあることは、続く日常においても行っていくことが必要であろう。めったに起きない危機に備えて準備することが、学校組織とその成員を成長させるからである。コロナ禍が終了したとしても、第二のパンデミック、あるいは、全く別の戦乱や災害等の危機に備えて、日頃から準備しておくことで、日常的な学校教育、相談支援活動がより充実していくと考える。

第2節　自傷・自殺予防としての深さと広がりのある対話

1. 声かけのあとどうするか

前節では、声かけによる自傷・自殺予防の重要性について追究した。声かけには、自傷・自殺を予防する効果があると予想できる結果が出た。しかし、声かけはあくまで第一歩であり、声かけのあと、継続的にどう生徒を支援していくかという問題が残る。

また、すべての生徒に声をかけられるわけではない。学校を休みがちな生徒、連絡がとりにくい生徒ほどメンタル不安定の確率が高いにもかかわらず、声かけをしにくい。そして、声をかけたい生徒ほど登校や学習取り組み状況が悪くなるという負の循環が通信制では起きるのである。では、生徒の自傷・自殺の予防として、他に何か方法はないか。あるいは、声かけのあとどのように支援をしたらいいかについて、本節で考察する。

声かけをきっかけにして生徒との対話が続いていくことがある。特に、教師と生徒双方に時間と心の余裕がある時には、声かけだけで終わらずに、対話になっていくことは珍しいことではない。短くて五分程度、長ければ一時間程度の対話になることもある。そのような時こそ、生徒の抱える自殺念慮や自傷問題、さらにその他の悩みを根本的に改善していく有効な機会となる。偶然に成立した教育相談（カウンセリング）である。

そうなった時にどのように対話をしたらよいであろうか。生徒のメンタルを安定させ、自殺予防、自傷改善に結びつく対話のあり方について考える。

対話の話題には深さのレベルがある。近年 Bateman & Fonagy（2004）らが精神分析の流れからメンタライゼーション、メンタライジングというセラピーの手法を編み出し、自殺関連行動を起こしやすい境界性パーソナリティ障害（以下、ＢＰＤ）などのクライエントの改善にエビデンスのある効果を上げていることは序章で述べた。メンタライジングとは、人の行動の背後にある心理（思考、感情、欲望、意図、希望、意味など）を考え推察することであるが、自他の心理へのメンタライジング力を高めることが、メンタルの安定につながることが指摘されている（上地 2015）。ＢＰＤの患者は、自分や他人の心理を推察する能力が低い。そのため、人の言動に大きく感情を動かされ、不安定になる。結果、自他に対して極端な価値上げや価値下げを行う。そうしたＢＰＤ患者に対して、自分へのメンタライジングや周囲へのメンタライジング力を高める介入をすることで、症状が改善するというものである。

このメンタライジングについては、日本においても上地（2015）や崔（2016）によって紹介されているが、上地は、カウンセリングにおいてメンタライジングをしていくためには、まず客観的状況を知らなければならないと述べている。さらに上地は、メンタライジング的なセラピーでは、従来のカウンセリングよりも双方向的な対話になることを指摘している。また崔は、メンタライジングの技法の一つとしてミラーリングという概念を解説している。これは、大人や支援者がメンタライジングの苦手な支援対象者に代わって、本人の心を推察して代弁して言語化することである。相手の心を鏡のように映し返すのでミラーリングという。ミラーリングを繰り返しされているＢＰＤ患者は、自分で、自分の気持ちを理解していく力がついていく。

これらの指摘を踏まえると、声かけのあとの対話は、教師と生徒が相互に自他の心を考えるメンタライジングを行っていくことが有効と言えるのではないか。そして、もし生徒が自分の心をうまく表現できなければ、教師が推察して代弁するミラーリングを行えばよい。

さらに、近年は、トラウマ療法が重要視されてきている。生死に関わるような単回性のトラウマ以外に、複雑性ＰＴＳＤといって、虐待、いじめ、ＤＶなどで日常的に繰り返し心身を傷つけられることもトラウマになるということが認識されつつある。となると、多くの人がトラウマを負っていることになる。このトラウマは身体に記憶されることから、トラウマセラピーでは、身体感覚を大切にする。例えば、代表的なトラウマ療法であるＥＭＤＲ（※）をはじめ、トラウマが根底にある現在の悩みに対して、その悩みに付随する身体感覚を確認し、意識させながらセラピーを進める。

このようなメンタライジングによる思考や感情の重視、トラウマケアの理論からの身体感覚の重視という発想に基づいた対話のあり方が想定できる。以下は、メンタライジングやトラウマセラピーの理論から筆者が考えた、自傷・自殺を予防しメンタルの安定を促す対話のあり方である。

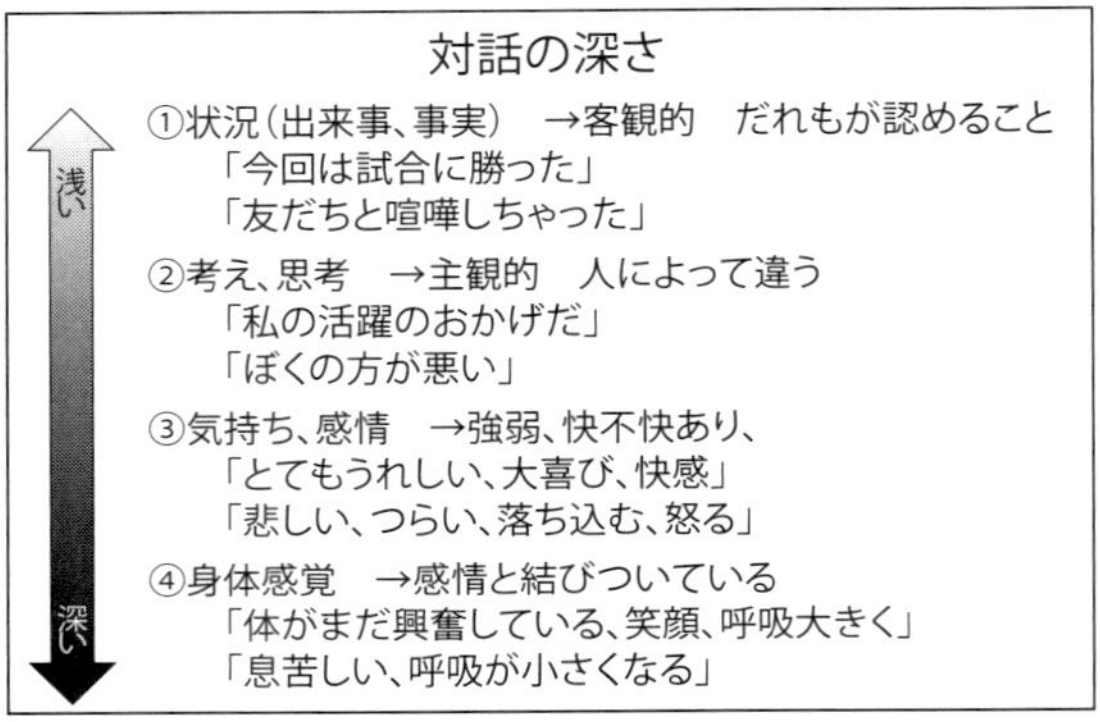

図8-1　対話の深さ

2．深さと広がりのある対話の実践

まず、対話には深さのレベルがある。

一番表層的な対話は客観的事実や状況についての対話である。もっとも、客観的状況を知ることは相手の心を知る手がかりになるので、軽視してはいけない。このような状況的事実の対話も大事である。

その次に深い対話のレベルとして考えられるのが、思考のレベルである。思考のレベルでは、客観的状況に比べて本人の主観が入り込むが、その分、自分の思いを確認したり整理したりすることにつながり、深い会話となる。相談支援の場では、本人の主観的な思い（主観的真実）が尊重されるべきである。さらに深いレベルが、その話題に関わる感情レベルの対話といえる。思考と感情の違いは、感情にはプラスのものとマイナスのものがあり、さらに強弱があることである。そして、感情には身体的反応が伴うので、さらにより深いレベルはその身体感覚についての対話となる。このように、対話のレベルは、「状況（事実）→思考→感情→身体感覚」の四段階で深くなっていく（図8－1）。

対話の広がり

①相手の思考、感情、身体の話
（生徒、クライエント）

②自分の思考、感情、身体の話
（教師、カウンセラー）

③第三者の思考、感情、身体の話
（友だち、家族、他の先生）

図8-2　対話の広がり

さらに、対話においては、話題になる人物は、相手（生徒）だけでなく、自分（教師）、第三者（友人、家族、他の教員等々）の三つが考えられ、相手（生徒）だけでなく、自分（教師）の思いや第三者の気持ちにまでその話題を広げていくことができる。つまり対話には「状況、思考、感情、身体感覚」の深さのレベルと、「相手、自分、第三者」の広がりのレベルがあるといえる（図8－2）。

これを具体的な例で説明する。

例えば、ある生徒が、友だちと喧嘩してしまったという話をしてきた時、事実（状況）レベルの対話は、「どこで喧嘩したか」、「口喧嘩か、殴ったり蹴ったりする喧嘩か」、「喧嘩のきっかけはなにか」という会話になる。これは客観的事実なので、誰が語ってもだいたい同じ内容になるはずである。続いて、思考についての対話とは、その出来事へのそれぞれの主観的思いであり、人によって考えが違う場合がある。例えば「あいつが悪い」（生徒（相手）の思い）、「あなたは悪くない」（教師（自分）の思い）「喧嘩の相手はおれが悪いと言っている」（第三者の思いを推測する相手の思い）という自他の主観が混ざる思考レベルの対話である。客観的に言ったらその喧嘩の責任がどちらにあるかは不明であるが、自分や相手の主観的思考が入る。主観の語らいになる分、心理的深さが増すと考えられる。さらにより深いのは、「喧嘩になってつらい」、「悲しい」、「喧嘩相手は怒っていた」、「先生は心配だ」など感情レベルの対話である。そして、その生徒が泣いたり、落ち込んだ表情をしたりしていることを話題にして「泣いたみたいだね」、「表情がつらそうだ」などと教員が話しかけることが、感情に伴う身体レベルの対話であり、いっそう深さが増す。

さらに別の具体的会話事例で検討しよう。

ある生徒が、飼い犬が昨日死んだという話を休み時間にしてきた。先ほどの喧嘩の事例といい、他愛もない話である。しかし、その他愛のない話こそ、生徒との貴重な対話の機会と捉えなければならない。教師として、その話に付き合い、「何歳ぐらいの犬か」、「その犬の名前はなにか」等の客観的事実の対話を投げかける。生徒は、「ラッキー」という名前の柴犬の雑種であること、一四年間生きたこと、自分が小さい頃から一緒に育ってきたというような話をする。当然、そのような一緒に育ってきた犬なら、死んで悲しいに違いないので、次は感情レベルの問いかけをする。「ラッキーが死んじゃって悲しいよね」と本人の感情について話題にする。本人は、「悲しくて泣いちゃった」というようなことを言う。そこで、教師は「家族はどうだった、泣いた？」という質問をする。これは第三者の思考感情身体についての話題である。生徒は「母親も泣いていた」などと答える。それを聞いて、教師自身も共感して「そうか、そんな話を聞くと先生も悲しくなっちゃった」という自分自身の感情の話をする。

すでに「泣いた」という感情に伴う身体レベルの対話になっているが、この教師は、さらに「大丈夫？

悲しすぎて、昨日は眠れなかったとかない？　ちゃんと食欲がある？」と本人の身体レベルの話にまで深めていく。

一緒に育ってきた飼い犬が死んで悲しい気持ちの生徒は、教師との一連の対話を通じて、教師に自分の悲しみがわかってもらえたと感じるであろう。さらに、自分の悲しいという感情や身体まで尊重してくれたと、その生徒は意識的にせよ無意識的にせよ感じるであろう。そして、この会話をきっかけにその生徒はペットロスから立ち直り、その教師を信頼し、生徒と教師の間に深い人間関係が成立することが予想できる。

このように対話には状況、思考、感情、身体の深さのレベルと相手、自分、第三者の広がりのレベルがあることを述べた。そして、その対話の深さと広がりを生み出すのは、教師の共感的な質問であることに気づくだろうか。

会話事例でみたように、学校におけるさりげない日常的な話題の中で、思考や感情、身体レベルでの対話が行われることで、児童生徒は自他の気持ちや体を尊重し大切にする人間に育っていくであろう。

3．心の対話をする学校風土の形成

ところで、このペットが死んだことに関する教師と生徒の会話の時間はどの程度だと想定できるか。おそらく、五分程度であろう。では、この生徒と教師の信頼関係はどのくらい続くだろう。その後この教師と生徒が何も会話しなかったとしても、数ヶ月単位、場合によっては一生続くかもしれない。わずか五分の心の対話が、一生の信頼関係を生むのである。そして、この生徒がもし、その後なにか大きな悩みを抱え、自傷・自殺他害をしようかどうか悩んだ時、相談相手となる大人としてこの教師のことを思い浮かべる可能性が高まるのである。

学校において、この教師が行ったような生徒への声かけ、生徒との対話を重視する風土があれば、他の教師も同じように深さと広がりのある対話、自他の心理、思考や感情、身体感覚を大切にする対話を行っていくことになる。そうすると、生徒たちは自分の心や体を大切にされている感覚を抱くようになり、自分自身の気持ちや考え、身体を大切にする人間に育っていくであろう。そのような心の対話を大切にする学校風土を作り上げていくことが有効ではないか。

ところが、現状の学校では、教師が日々多忙すぎて、生徒とゆったりと対話をする機会を瞬間瞬間で逃しているし、逃していることにも気づいていない。あるいは、そもそもそうした対話がいかに大切かをわかっていない教師も多い。

もし、多くの教師が日常的にこのような感情や身体感覚のレベルで生徒との対話を行うようになれば、生徒たちは自分の感情や身体を大切にするようになり、自尊感情も高まり、自殺や自傷をしなくなることが予想できる。

ところで、このような思考、感情、身体への対話は、日常の会話以外の授業でも行える。現在実施されている学習指導要領では「主体的・対話的で深い学び」を行っていくことがうたわれている。どの教科科目においても、生徒自らが思考判断表現したり、主体的に学習に取り組むことが求められる。そのためには、教師の「問い」が大切であろう（文部科学省 2018）。その「問い」として、授業のテーマや教材に関わる思考だけでなく、感情、場合によっては身体感覚まで尋ねるという方法が考えられる。

例えば、社会科、あるいは、公民科の授業において、一方で食べ物が余って無駄に捨てている先進国の写真を見せ、もう一方で飢餓に苦しむ発展途上国の写真を対比させて、生徒に感想を尋ねるのである。その時に、その写真から、飽食と飢餓に関わる事実関係以外に、生徒に気持ちを尋ねてみる。「この写真を見て、どんな気持ちになるか」などである。あるいは、自身もこのようなフードロスにつながる行動をしていないか尋ね、その気持ちを意識させるという方法もある。授業においては、身体感覚まで尋ねることはしにくいかもしれないが、それでも、生徒が飽食と飢餓の対比写真をみて、「なんか気分が悪い」と答えたら、「気分の悪さは体のどこで感じる？」というような質問をしてもいいのではないか。そうすると生徒は「胸がむかむかする」というように答えるかもしれない。

このように「主体的・対話的で深い学び」が求められていることで、授業において「深さと広がりのある対話」がむしろ可能かつ必要になってきているといえる。そして、このような授業を行うことで、児童生徒に自他の心を尊重する力が培われ、教科目標の実現だけでなく、結果としてメンタライジング力が高まり、それが自殺予防につながる可能性がある。つまり、日頃からメンタライジング（深さと広がりのある対話）を意識して授業を行うことが、長い目でみると有効なのである。

また、コロナ禍の中、生徒の健康チェックを行うようになっていたが、その際、生徒の体調が悪い場合、その体調の悪さを言葉でいたわることが効果的であった。さらに、コロナ療養期間を終えて復帰した生徒に後遺症の有無を尋ねたりいたわったりする声かけが、生徒の身体を大切にする姿勢を育んでいく。このような身体や体調をいたわる会話の有効性は、むしろコロナ禍において得られた知見といえる。コロナ禍も終焉しつつあるが、コロナ禍で行ってきた児童生徒の体調をいたわる対話をこれからも続けていくことが、自傷・自殺予防という観点からも必要ではないか。

4．感情表出を許さないことの弊害

しかし、従来の日本の学校はそのような生徒の心や体を大切にする教育とは反対のことをしてきたとはいえないか。

子どもが感情を出して泣いていたら、「泣くんじゃない」と叱ったり、「我慢しなさい」と言ったり、逆に喜んでいたら、「調子に乗るんじゃない」と注意したり、子どもの感情表出を否定する教育がなされてきた。あるいは、生徒が怪我をした時も、弱音を吐かず我慢することの方を奨励してきた。それは、根性を鍛える、我慢強さを身に付ける、甘えをなくすという間違った信念の下、なされてきたものである。

弁償法的行動療法を編み出したLinehan（1993）は、境界性パーソナリティ障害になる生育環境として、虐待的家庭環境以外に「完全な家庭」という表現で感情表出を許さない家族の問題について言及している。それと同様に、これまでの日本の中学、高校は秩序を重んじ、「完全な学校」を目指して生徒に規律を守らせることを優先して、感情表出を許さなかったのではないか。さらに身体についても、素直に痛みやつらさを訴えることは良しとせず、我慢することを教えてきた。

そのような教育は結果として、児童生徒が自分の心、すなわち感情を表出することを悪いことと考えるようになり、自分の体の状態に目を背けるようになり、さらには、自分の考えや気持ち、すなわち自らの心理について考えなくなるだけでなく、感情そのものに気づかなくなる。さらに、身体の痛みなどを我慢させる教育は、自分の身体感覚に気づかなくなったり、身体感覚を否定するようになったりする。その結果、自分の心身を大切に思えなくなり、さらに他人の心理も考えられない人間になっていく。

「完全な学校」といわれるような学校は、いわゆる進学校やスポーツ強豪校に多いことが予想できる。進学やスポーツの実績を優先するあまり、感情表出を抑制するような学校風土が形成される可能性が高いであろう。さらに、そのような学校風土では、生徒と教師の関係性や信頼関係が成立しにくい。そして、生徒が自殺を意識した時、相談したくなるような身近な大人が思い浮かばず、誰にも言わないまま自殺する可能性も高まる。

5．対話と葛藤

ここまで、深さと広がりのある対話を奨励し、その効果を指摘してきた。しかし、一方で、こうした心の対話は葛藤を伴うものであることを指摘したい。対話とは葛藤である。ある話題について、深さと広がりのある対話をしようとすると、自他の感情を大切にするやりとりになってプラスになることもあれば、時として自他のマイナスな感情に触れる場合もある。特に、相談支援の文脈では生徒と深さや広がりのある対話をすることで洞察が深まり、悩みが解決する場合もあれば、かえって、その悩みの深さに圧倒されたり、解決方法が見つからず、対話が行ったり来たりするようになる場合もある。

ところで、対話が行ったり来たりするということは、決して悪いことではない。対話とは本来葛藤を伴うものだからである。対話とは二人の人間がそれぞれの心理（思考、感情）をもとに交流することであるが、人間の心理そのものが本来、葛藤的なものだからである。

オープンダイアローグの原則の一つに「不確実性に耐える」ことがうたわれている（Seikkula & Arnkil 2014）。

対話とは本来不確実なもので、それを承知で対話を続けることに意味があるとオープンダイアローグの発想では考える。

深さと広がりのある対話（心の対話）が葛藤的になっていく場合、大人がその葛藤的な対話に付き合うことで、すぐに答えや結論が出ない状況に耐えるモデルになり、生徒に葛藤に耐える力を付けることができる。ネガティブ・ケイパビリティという概念もある（帚木 2017）。ネガティブな状態に耐え続ける能力のあることや、実際に耐え続けることが、結果的に人生にプラスに働くというものである。生徒の相談支援をしていると簡単に解決しない問題が語られることも多い。それでも、教師がその生徒とある程度、深さと広がりのある対話を続け、葛藤やつらさを共有することで、生徒にも葛藤やネガティブな状況に耐える力が付いてくるし、そのような状況を共有した場合、生徒がその教師を信頼して、一緒に考えてもらうことで安心するようになるだろう。

ただ、こうした生徒との深さと広がりのある対話も無制限に行っていいわけではない。時間的枠組みを設けるべきである。それはカウンセリングと同じである。おおよそで一時間以内に終わらせるのがよいし、それ以上対話をしてもあまり効果はない。教師も生徒も疲弊してくるからである。ではどうやって対話を終わったらいいか。対話を終わらせるコツとして、当面の結論や解決法を生徒に伝えるのである。深さと広がりのある対話をするための大事な原則に、その対話において、すぐに結論や解決法を言わないということがある。結論や解決法を言われると、どんなにそれが正しくても、生徒は気持ちをわかってもらえたとか、教師との人間関係が深まったという思いを抱かない。さらに、解決法を言った時点で、深さと広がりのある対話が止まってしまい、メンタライジングが阻害される。

相手、自分、第三者の思考、感情を探り一緒に考えていく作業（メンタライジング）をしばらくしたあとで、一時間ぐらい経ったら、何らかの結論を出して終わらせるのである。例えば、「とりあえず○○をやってみるしかない」とか「先生も一緒に考えるから、今日はこのくらいにしよう」とか言って話を終わらせた方がよい。一時間も話していれば、生徒もとりあえずの結論を受け入れて対話は終了するものである。

対話が一時間に及び、その段階で何らかの結論や方向性が出たらそれでよいが、一方で結論が出ないまま終わってもよい。一時間ぐらい話していれば、結論が出なくても教師との対話内容をヒントに生徒自身が考えるようになるからである。また、一時間教師が付き合い、自分自身の心理含めていろいろ考えてもらったことそのものが愛情や信頼関係の根拠になるので、結論が出なくても、十分意味のある対話といえるのである。

6．寄り添いながらの沈黙

対話とはとても大切だが、それは葛藤を伴うものであることを説明した。そして、時には、葛藤の結果、相手が沈黙してしまう場合もある。あるいは、生徒の方に何か悩みがあるのに、その理由については全く話してくれないということもある。その場合、教師は対話が大事だと思っているから、生徒への話しかけ方を変えてみたりして工夫をするが、その生徒は少しも対話に乗ってこない。それでも、教師は生徒のそばに居続け、しばらく寄り添いながら様子を見守る。そして、また話しかけてみるが、相変わらずその生徒は反応しない。次第に、教師の方も無理に話しかけずに、寄り添い見守るようになっていく。

このような場合でも、教師が葛藤しながら、その生徒をなんとかしたいという思いだけは本人に伝わる。教師が生徒の様子を察してあえて話しかけなくなっていることにも気づくだろう。

このような場合でも、沈黙に寄り添うという大切な非言語的対話をしているといえる。教師は一生懸命生徒の心をメンタライジングし続けているからである。生徒が沈黙しながらも教師のそばにいるという行動の背後にある気持ちについて考えめぐらし、推察しているのである。

本書では、対話の重要性を強調しているが、寄り添いながらお互い沈黙するという非言語的対話も対話であることに変わりはない。

同様のことは、職員室や保健室等にいる特定の教師のところに生徒が訪ねてきても、そばにいるだけで、特に話をしないというような場面にもいえる。最初教師は話しかけるが、生徒の反応が悪い時、教師は沈黙に寄り添うという非言語的対話をしかければよいのである。それでも時々言語的対話に移行しようとするが、そのまま生徒は言葉を発しない。しかし、これも大切なコミュニケーションのあり方であり、生徒は教師を居場所と考えているということになる。

それを、生徒が話さないからといって、保健室や職員室から追い出したり、教師の方から離れていってしまったとしたら、この対話は成立しないことになる。お互い黙って一緒に居るということも大切な居場所づくりであり、広い意味での対話なのである。

7. まとめ　心の対話が自殺を予防する

コロナ禍以後、筆者の近辺で、生徒の自殺がみられた学校は、進学校や校則の厳しい学校、あるいは、発達障害の生徒が数多く在籍する学校という傾向であった。特に、発達障害の生徒はコミュニケーションが苦手であり、教師が話しかけても反応が悪いことが多く、教師との対話があまりなされない。あるいは、発達障害の生徒は、話しかけられるのを嫌がっていると教師側が誤解している場合もある。ある発達障害の生徒は、学校には登校していたが、日常的に誰も話し相手がおらず対話がなされないため、教師との信頼関係も十分築けていなかったようである。そのためもあってか、誰にも相談することなく突然自殺した。

教師は、そのような発達障害の生徒にも対話をしかけてみることである。反応は弱くても対話ができないことはないのである。かれらが反応しなければ、そばで寄り添って待つ。たまに、反応する時もある。そのようにしていれば、少しずつ深さと広がりのある対話ができるようになり、その生徒の成長を促し、その後かれらが悩んだ時、自傷・自殺をしてしまうようなことを予防することができるかもしれない。

さらに、自傷・自殺予防以前の問題として、日々の営みの中で発達障害の生徒に話しかけることそのものが、日常的なソーシャルスキルトレーニングにもなるのである。

コロナ禍においては、発達障害の子こそ日常の激変に驚き、戸惑いを感じているかもしれないことに十分配慮すべきであり、話しかけづらい、対話が苦手そうだということを言い訳にせず、教師はきちんとかれらと対話をしていくことが必要である。

※ＥＭＤＲとは、セラピストの指の動きに応じて目を左右に振る等することで脳内の情報処理を活性化させ、トラウマ等の問題を改善する技法である。「眼球運動による脱感作および再処理」の略。

第３節　教師が行う自殺相談への対応

１．これまでの自殺相談対応に関する著作、研究の課題

では、実際に自殺の相談をされた時、あるいは、児童生徒が教師の前で「死にたい」等という言葉を口にした時、教師がどのように対応するかについて検討したい。

藤原・高橋（2005）、末木（2020, 2023）、高橋（2022a）は、他者から自殺を打ち明けられた時の対応の原則を整理しているが、それらをまとめるとおおよそ表８－３となる。また、Shea（1999）は、自殺念慮を探る質問では、自殺に関わる言葉をはっきりと使って質問すること、率直な質問は患者を安心させる機能があること、オーバーな表現を用いて患者に自殺念慮の話をしやすくすること、などの心構えやテクニックを示している。

表８－３にまとめた対応だけでも、学校現場での対応に十分な示唆を与えるであろう。

末木（2020, 2023）は、自殺潜在能力（※）、所属感の減弱（※※）、負担感の知覚（※※※）という三つの要因が重なった時に最も自殺の危険性が高まるとし、特に自殺を打ち明けられた人の共感的対応が、所属感回復のためにも重要だとする。

これらは、医療、心理臨床、地域、ゲートキーパー（高橋 2022a; 福島 2013; 羽藤 2023）、その他身近な人等、学校以外の場での自殺念慮への対応を説いたものである。

学校での自殺対応に関しては、政府の出した自殺総合対策大綱や生徒指導提要に基づいて生徒集団に対

表 8-3　自殺したいと打ち明けられた時の対応

・その人だから打ち明けたことを理解する（あなたは信頼されている）。
・自殺の手段を確認し遠ざける。
・生と死の間で揺れ動いている（関わり次第で自殺念慮が弱まる）。
・時間をかけて訴えに傾聴し、共感する。
・沈黙を共有してよい（無理して話させないでいい）。
・話を逸らさない。
・安易な激励をしない。
・批判したり叱りつけたりしない。
・世間一般の価値観や解決法を押しつけない。
・質問を連発しない。
・状況の話と感情の話のバランスをとる（感情的になっていたら状況を訊く）。
・悩みを理解しようとする態度を伝える。
・十分に話を聴いたうえで、他の選択肢を示す。
・不確実性に耐えながら関わり続ける。
・最終的には専門家の治療や助けを求める。
・逆転移（感情的に巻き込まれていくこと）に注意する。
・最初は一人で関わっても、本人の了解を得てチームで対応する。

藤原・高橋（2005）、末木（2020, 2023）、髙橋（2022a）に基づいて筆者がまとめる

して自殺予防教育や「ＳＯＳの出し方教育」が行うことが提唱されている。また、ＴＡＬＫの原則に基づいて、生徒同士で自殺の意図に気づいたり対応したりする教育実践もある（清水 2010−12）。

それらの教育は、自殺を考えている生徒が気持ちや悩みを発信できるようになることを意図した自殺予防教育であり、出されたＳＯＳを受け取る側も生徒同士が想定されているものが多い。しかし、松本（2023）は、虐待等で人間不信等になり対人関係スキルがない子どもが、学校でのＳＯＳの出し方教育によって、ＳＯＳを出せるようになることは困難だと述べている。髙橋（2022b）は、生徒へのＳＯＳの出し方教育が進まない要因の一つに、現状の学校や教師が生徒のＳＯＳを受け止める態勢になっていないことを指摘している。

学校における自殺予防対応の教師向けの書籍も刊行されている（髙橋 2023）が、傾聴等の基礎的な内容に終始していて、学校での教師の自殺予防対応を具体的に説く内容となっていない。つまり、現状では、学校における自殺予防や、教師が生徒のＳＯＳを受け止める方法を適切に説く著作・研究が少ないのである。

一部の教師が生徒のＳＯＳを受け止めきれないという実情は確かにあるが、一方で、真剣に生徒の自殺問題に向き合おうとする教師も大勢いる。筆者は教師と心理士の視点を兼ね備え、日々学校現場で生徒の自殺を防ぐために、あるいは実際に死にたいと言っている生徒に数多く対応してきた。そこで本節では、先行研究を参考にしつつ、筆者の経験を生かして、学校現場において教師の立場で自殺相談に対応する際の、具体的方法について述べる。

2. 生徒の「死にたい」を自殺念慮スペクトラムとして捉える

コロナ禍もあって、生徒の多くが自傷行為をしたり自殺念慮を抱いたり、「死にたい」という言葉をもらすようになり、教師たちはその対応に苦慮している。それは本当に自殺の意志を示しているものなのか、それとも、死という言葉を使って自分の悩みの深刻さを伝えようとしているだけなのか、判別が難しい。そのような中、多くの教師が、生徒の自殺のリスクを判定し、自殺を未然に防止する貴重な役割を担おうとしているのである。そして、どの教師も、昨日まで自分と関わってきた生徒が自殺をしてしまうことだけはなんとしてでも避けたい。

現状の学校や教師が、生徒の自殺を受け止める態勢となっていないことが指摘されているが、今日チーム支援、チーム学校が推奨され、SC、SSWも配置されるようになり、教師一人が自殺の相談を抱えることなく、組織として対応できるような状況になっている。さらに、自殺や自傷その他心理的問題、精神疾患を抱えた生徒を、医療機関や福祉機関に任せっきりにするのではなく、学校もその連携の一翼を担い、生徒の精神的諸問題を改善することが求められる時代である。

学校現場は、医療や福祉にも関わらないようなさまざまな精神的環境的課題を抱えた子どもたちを早期発見できるセーフティネットの役割を果たしている。どの機関よりも早く児童生徒の自殺念慮に気づき、早期対応することが可能な場である。

一方、学校における自殺対応の難しいところは、生徒の発する死にたい気持ちや自殺念慮は、グラデーションをなしているということである。いわば「自殺念慮スペクトラム」と呼ぶべき問題である。本当に自殺を決意している場合から、ただ「死にたい」という言葉で自分の苦しさを表現しているだけの場合まで幅がある。そして、どの生徒も、そのスペクトラムの中を瞬間瞬間揺れ動いている。死にたい気持ちが強まる時と弱まる時がある。あるいは、ある生徒の「死にたい」発言は、別の生徒の「死にたい」発言とは、スペクトラム上の異なる位置にある可能性が高い。そのような中、教師は目の前の「死にたい」と言っている生徒が「自殺念慮スペクトラム」のどの位置にいるのか、判別に苦慮している。

次項では、そのような「自殺念慮スペクトラム」を踏まえつつ、生徒がスペクトラムのどの位置にいても適用できる教師の自殺念慮対応、自殺相談対応の方法論について具体的に述べていく。

3．生徒の自殺相談への教師の対応の仕方

まず、学校がそれ以外の専門家やゲートキーパー等と相違するのは、児童生徒が毎日登校し、滞在する時間が長いということである。医療や相談機関の場合、一週間から数週間に一回の面会頻度であり、ゲートキーパー等は偶然性に左右される。一方で学校は、日常的に教職員が児童生徒と接している時間が長い。さらに、他の場所は、主に一人で対応するのに対して、学校は同時に複数の教職員の目が働いているので、児童生徒の異変や心身の不調にいち早く気づき、すぐ対応することができる。これらの点から、本来、学校は、自殺防止にとって優位性を持っているはずである。

学校の教職員は、その優位性を生かしながら、具体的には次のように対応する。

1）自殺の相談をしやすい前提を作る

本書ではここまで、声かけのあとのもう一言、あるいは、深さと広がりのある対話の有効性について説明してきた。そのようなことを教師個人、あるいは学校の複数の教員たちが行うことで、生徒との関係

性ができ居場所ができる。そして、その生徒が本当に死のうかどうか迷った時に、その前に一度あの先生に話をしてみようかと思う存在に一人でも多くの教師がなることが望ましい。そして、自殺をしようかどうか迷っている生徒は、そうした信頼できる先生に連絡をしたり、突然校内でその先生のところに現れたりする。こうして自殺相談が始まるのである。

また、前述のような心の対話などを実践していない学校風土であっても、日常でみかける特定の教師の人柄に惹かれたり、授業などを通じての教師と生徒の関係性が深まることで、自殺を考えている生徒がその教師に自殺の相談をしてくる場合も想定できる。

2）生徒の自殺念慮に俊敏に気づき、率直に話題にする

まず、注意しなければならないのは、自殺の相談をしてくる生徒は「ぼく自殺したくて悩んでます」、「私死にたいと思っています」とはっきりとは絶対言ってこないことである。ある日ある時、その教師に近づいてきてずっと黙っているとか、とりとめのない話を始めたりする。あるいは、なんとなく「もう疲れちゃった」、「どうでもよくなった」などの曖昧で投げやりな言葉を吐く。また、「学校に来たくなくなった」など、自殺とは関係ない問題を話し始めたりする。さらには、長い時間いろいろ雑談をしたあとで、別れ際に、ふっと自死をほのめかすようなことを言う。あるいは、突然泣き出すこともある。教師側もそれらの生徒の様子から、自殺の相談とは気づかなかったり、戸惑ったりするかもしれない。

あるいは、提出物やノート、プリントの隅に「死にたい」、「つらい」等と書く形で訴える生徒もいる。その場合も、教師は放置せずその生徒を呼び出すか、近寄って声をかける必要があるだろう。

コロナ禍を経た今日の教師は、自殺や希死念慮の可能性が、例外なくすべての生徒にあると考えていな

ければならない。そして、本人の言動から、「この生徒には死にたいという気持ちがあるのではないか」、「自殺念慮があるのではないか」ということに俊敏に気づく必要がある。そして、その生徒が自死を考えていると疑われたら、躊躇せず、「もしかして死にたいとか考えているんじゃない？」あるいは「そんなことなら自殺したくなるということはない」等、率直に自殺のことを話題にするのである。その際、自殺を話題にすることでかえって自殺を助長することはないということを再度確認したい。他の章で記述したが、ＴＡＬＫの原則等によれば、率直に自死についての心配を伝えたり、話し合う姿勢が自殺予防には有効なのである。教師が自ら堂々と自殺について話題にすることで、むしろ、この教師には自殺の悩みを話しても大丈夫だとその生徒が安心感を抱くということは Shea (1999) が医師と患者の関係で指摘している通りであろう。

仮に、当該生徒が全く自殺など考えていなかったとしても、それほど問題にならない。「落ち込んでいる感じにみえたから、心配しちゃったよ」、『死にたい』なんて言うものだから、自殺を考えていると思っちゃったよ」と教師がうまく言うことで、冗談のようにしてしまえばいいのである。その生徒は、その教師がそれほど心配してくれたということについては悪い気はしないのではないか。ただし、その場合も安心しきってはいけない。表面的に自殺など考えていないとごまかしているだけで、実際はやはり自殺念慮があるという可能性はある。したがって、そのような生徒への見守りは続けるべきである。

以上は生徒の方から自殺の相談をしてきた場合であるが、日頃から、生徒たちの心身の調子や悩みの状況について教師集団で確認し合うような学校風土ができていれば、生徒の方から相談してこなくても、生徒がいつもと違う表情をしていることに教師の誰かが俊敏に気づき声かけをしたり、欠席した生徒に連絡をとったりする中で、本人の自殺念慮に気づくという場合もあるかもしれない。そして、その場合の対応もここに書かれたものと基本的に同じになるであろう。

3）話を逸らしたり叱ったりするのは教師の抵抗と怖れ

教師自身が、自殺という話題を怖れ、無意識的に拒否してしまう傾向があることに自覚的でいるべきである。でも、その傾向自体は当然である。自殺の相談は、重いしつらいし、受け止めきれないと思ってしまうことは無理もない。だから、その生徒が自殺をほのめかしても、無意識の抵抗によって気づけないということがあるであろう。

あるいは、生徒が自殺という言葉を出しても、教師の心理的抵抗から、「なにを大げさに言っているの」、「そんなことを言っちゃだめだよ」、「考えすぎだよ」、「自殺なんて言葉、簡単に使うものではない」というように茶化したり、軽く叱ったりして、自殺の話題には乗らないという対応をしてしまうかもしれない。そのように、せっかく生徒が自殺の話をしているのに、意識的にせよ、無意識的にせよ、拒否してしまうということが起こりうる。

また、その生徒が自殺をほのめかしたり語ったりした時、「自殺なんか考えるな」、「絶対自殺はだめ」と頭ごなしに否定してしまおうとすることもあるかもしれないが、それも間違った対応であり、教師自身の自殺という話題への怖れや抵抗から来ている可能性が高い。

そして、そのような対応をされた生徒は、さらに傷つき、わかってもらえないと孤独感を抱き、本当に自殺してしまう可能性が高まるのである。

4）自殺への思いを否定せず苦しみを理解

自殺を意識している生徒は、その背景に自殺したいほどの大きな悩みがある。また、その大きな悩みの最後の解決法として自殺に希望を見出している場合もある。したがって、大切なのは自殺の背景にある悩みそのものを解決していくことであり、むやみに自殺をしたい気持ちを否定することは、かれらの最後の希望を否定してしまう怖れもある。さらに、自殺について説教をすることはよくないが、「死ねるものなら死んでみろ」と逆説的な言い方などは論外である。そのような言い方をして、本当に自殺されて後悔している支援者についてて話をきいたことがある。まずは、自殺者の自殺したいほどつらいという状況をわかってあげることが大切である。

この点は自傷行為についても同様である。自傷行為を見て頭ごなしに叱る大人がいるが、自傷行為をする生徒も背景に深刻な悩みや成育歴があるのである。まず、自傷行為の背景となっている問題について対話し解決するように働きかけることが大切である。

5）生徒は自殺を迷う中、その教師を選んだ

先行研究が示している通り、自殺の相談をしてくる生徒は、決して自殺を決意してしまっているわけではない。迷っており躊躇しているのである。意志決定しているのなら、誰にも言わない方が自殺を決行しやすい。だから、本当に自殺してしまう人は実際誰にも言わないで死んでいく場合が多い。

自殺の相談は誰にでもするわけではない。自分にとって信頼できる大人にしているはずである。つまり、自殺の相談をされた教師は、その生徒から信頼できる大人として選ばれているのである。ある意味その生徒にとって、最後のあるいは唯一のかろうじて信頼できる人なのである。だから、自殺を相談された

教師はそのことを自覚し、真摯かつ丁寧に話を聴くべきであろう。

6）自殺の背景にある本人の悩み、課題について話していく

こうして教師と生徒の間にはっきりと自殺の話題が出て、当該生徒に自殺念慮があるとわかったところで、次に話すことは、その自殺の背景となる、悩みやつらさについてである。教師側はそれらを丁寧に尋ねる必要がある。「自殺したいほど何かつらいことがあるのだね」というように。

ただ、自殺念慮については語っても、その背景の悩みについて語るのを躊躇する生徒も想定できる。その場合は、無理に中身を問わず、「無理して言わなくていいけど、何かそれほどつらいことがあることはわかった」とか「今は何かわからないけど、一緒に考えるよ」などと伝える。自殺を考えるほどなのだから、主観的に相当つらい何かがあるのである。

さらに、「自殺念慮スペクトラム」というように、自殺に対する思いはグラデーションを成していることを既述した。そのことと関連するが、自殺に関する悩みや課題について実は二種類ある。一つは、自殺念慮の背景にある根本的な悩み、課題である。例えば、家庭環境が劣悪だとか、貧困家庭であるとか、ネグレクトを受けてきたとか、いじめ被害にあったとかいうトラウマレベルの問題である。もう一つは、直近のきっかけである。自殺相談をする生徒もいつも自殺念慮を抱いているわけではなく、何か直近の失敗や困難な出来事が発生したことをきっかけに自殺念慮が強くなるということがある。

この直近のきっかけは、日常的な失敗や嫌なことであり、教師が客観的に聞いて、それだけでは自殺するほどのことではないという印象を抱くかもしれない。例えば、親に怒られた、宿題を忘れた、電車に乗り遅れた、スマホが壊れた、彼氏と喧嘩した等である。これらは単独では自殺念慮に至るほどではない出

来事であるが、かれらには、根本的課題が背景にあるため、ちょっとしたことで根本のトラウマレベルの問題が刺激されて、極端に落ち込み自殺念慮レベルになるのである。

生徒の自殺相談においては、この直近のきっかけだけを話す場合がある。その時、教師は、その程度のことで自殺を考えるのかと疑問を抱くだろう。しかし、その場合、必ず奥にもっと根本的な問題が潜んでいるので、「その程度のことで……」というような反応はせず、「そういうことで死にたいほど落ち込んでしまうんだね」等と言い、真摯に共感的に応答した方がよい。

するとその生徒は、わかってもらえたということで、さらに根本的な理由を話し出すかもしれない。あるいは、この段階でまだ根本的な問題まで話すことができないのは、その生徒が、自分の悩みや課題を自覚したり、うまく言語化できる状況まで至っていない可能性がある。

もし、その生徒がさらに自殺の根本的な背景となる悩みや課題を語ったら、それを丁寧に聴く。「無知の姿勢」で、質問したり状況をもっと知るために詳しく聴く。自然な共感が出てきたら共感する。

そして、大切なことは、すぐに解決方法や正論を言わないことである。そもそも自殺したいほどの悩みなのだから、すぐに解決できるような悩みではない可能性が高い。また、生徒が、このような自殺レベルの悩みについて語るのは、解決してほしいからではなく、そのつらさをわかってもらいたいのである。だから、すぐ解決法を言ってしまうと、生徒はむしろその教師がわかってくれないとか、自分の悩みを軽く考えていると思ってしまうかもしれない。このように、自殺の背景にある悩みには、「すぐには解決できないかもしれないけど、一緒に考えていくから」というような返答しかできないであろう。

正論もよくない。ここで言う正論とは「命を大切にしろ」とか「つらい時のあとは良いことが絶対起こる」とか「死ぬほどの気持ちでがんばれば乗り越えられる」などである。これらがよくないのは一般論的すぎて、生徒個人の気持ちに寄り添っておらず、本人は理解してもらっていないと感じるからである。そして、正論すぎて反論ができない。正論を言われることで、本人が本当の思いをしゃべらなくなってしまう可能性がある。

また、その生徒が、自殺の根本的な背景にある困難を話したとしても、教師側は、自殺に思い至るほどの悩みとして感じられない場合もある。それは、その生徒が、まだ根本的な問題の心の整理に至る途上で、十分言語化ができていないから、説得力が弱いのかもしれない。あるいは、抱えている根本課題を大人として聴いて、死にたいレベルだとは思えない問題の場合もあるであろう。しかし、その場合でも、少なくとも生徒本人は死にたいほど落ち込んでいるし、なにかその問題を自殺レベルで考えざるを得ない状況にあること、その背景にトラウマなどがあるのかと推測して、その生徒の自殺したいほどの主観的な苦しみを理解してあげるのである。

近年、複雑性ＰＴＳＤの概念がICD–11で認められたり、トラウマインフォームド・ケアの視点で対応することが対人援助職（教師も当然含む）に求められている（野坂 2019）。さらにコロナ禍で世界中の人々の多くがトラウマを受けたと考えれば、すべての生徒がトラウマを抱えている可能性があり、すべての生徒が自殺を考えてもおかしくない時代なのである。トラウマが背景にある場合、通常なら考えられないようなちょっとした問題であっても、生徒が本気で自殺を考えるということも十分あり得る。

7）医療等を勧める前にすること

こうして、自殺の原因や背景までが語られた。しかし、解決法はすぐ見つからない。次に相談された教師が言うことは、「私はあなたに死んでほしくない」という言葉である。なぜなら、自殺の相談をされた教師は生徒から選ばれている、信頼されている。その信頼されている教師から「あなたに死んでほしくない」と言われることは、自殺の抑止に必ずなる。少なくとも自殺の実行を、数ヶ月先、数年先に延ばすことができる。ただ、「死んではだめ」ではなく、「私は死んでほしくない」と私メッセージ（Iメッセージ）で伝えることが重要である。

一方で避けた方がいい対応は、相談された直後に「医者を受診しよう」とか「カウンセリングを受けてみよう」とその生徒に提案することである。医療等の専門機関にすぐつなげることについては、それまで専門家の多くが強調していたが、最近末木（2023）は筆者と同様、所属感を得るためにも、自殺を打ち明けられた人が優先的に対応することの重要性を指摘するようになった。医療やカウンセリングは自殺を考える生徒にはいずれ必要となることは間違いない。ただ、医療等を勧める言葉を発するタイミングは、その教師が生徒の自殺に関する悩みを十分に聴き取り、さらに「私はあなたに死んでほしくない」と伝えたあとである。せっかく目の前の教師に自殺相談をしている生徒がいきなり医者やカウンセリングを勧められたら、その教師が自分を受け止めてくれないと思い、見捨てられ感を抱いてしまう可能性も高い。

ただ、私は死んでほしくない、と伝えたり、生徒の自殺の背後にある悩みについて一緒に考えたあとなら、医者やカウンセラーを勧めることも必要となってくる。しかしそれは、後述するように当該生徒への対応がチーム支援に移行してからでよい。そして、実際に医療受診等をする場合も、最初に相談された教師がいっしょに対応していくことができれば理想的であろう。

8）危険度の確認

死んでほしくないと伝えたあと、次にすることは自殺を実行してしまう危険度の確認である。これは末木（2020）の言う、自殺潜在能力の確認にあたる。自殺について、いつ死のうとしているか、死ぬ場所等を考えているか、死ぬ手段はなにか、自殺のための道具などが準備されているか、などについて質問してみるのである。例えば、「自殺の日とか決めているの？」などの尋ね方である。

それについて、具体的に語られるほど、自殺をしてしまう危険度が高いということになる。「誕生日までに死ぬ」、「あのビルから飛び降りる」、「ロープを買った」などの具体的語りがある場合、本当に自殺について考えており、自殺を実行してしまう危険度が高いと判断すべきである（Shea 1999）。反対に、もし、自死について具体的に考えていないような感じであったら、すぐに自殺する可能性は低いと判断できる。しかし、教師が自殺の可能性が低いと判断していることに気づかれたり、本人に伝えたりしてはいけない。自傷や自殺について、教師や支援者が、重く受け止めていることが生徒に伝わった方がいい。軽く受けとめたと思われると、生徒はわかってもらうために言動をエスカレートさせていく可能性がある。

あと、生徒が日常的にちょっとした悩みで「死にたい」と言った時、それは自殺を意図したものなのか、それとも悩みの一表現にすぎないのかも、自殺に関して具体的なことを考えているどうかを尋ねることで峻別できる。もし、生徒が具体的な日時、場所、方法等を語るなら自殺の危険度が高いと考えて、後述のチーム支援を直ちに開始する。

9）期間限定の死なない約束をする

どんなに当該生徒に自殺の怖れがあるとしても、ここまでのやり方で話を聴いたなら、その直後にすぐ死を選ぶという可能性は低くなる。また、一方で、どんなにすぐ死ぬ可能性があっても、ずっとその生徒を見張っているわけにはいかない。その場合、相談を受けた教師は、「いついつまでに死なないで」という約束をするのである。例えば、「次にまた話す機会を作るから、その時までは死なないで」等の約束である。「死なない約束には意味がない」という意見もある（松本 2021）が、それは医療機関や福祉機関での話ではないか。医療や相談機関は、次にいつ患者が受診するか、あるいは、本当に受診するか不確定なところがある。また、次の受診や来談までは期間が空く。その点、学校は原則、生徒が毎日登校するところであり生徒の状況を把握しやすい。次に話をする時まで死なない約束をした教師は、次の日からその生徒の登校状況や顔色等をみて、様子を判断する。場合によっては、自殺相談の翌日のフォローアップの対話を直接本人に行うこともできる。万一、当該生徒が欠席したり、登校状況が悪くなったら、すぐに新たな介入もできる。

あるいは、「本当に死にたくなったら連絡をほしい」と言って、何らかの連絡方法（ホットライン）を「開通」しておくことも考えられる。近年、教師と生徒の個人的な連絡先の交換やＳＮＳでのやりとりが教育委員会等から禁止されているが、公的なオンライン連絡機能はＩＣＴ教育の進展によって逆に整備されているはずである。それを用いて、すぐに連絡をとれる準備をしておく。

次に会う時まで死なないこと、あるいは、本当に死にたくなったら連絡をくれること、そのような約束をして、その生徒が頷けば、少なくとも、その次の機会までには自殺をしない、あるいは、事前に連絡をしてくる可能性が高まる。

松本（2021）と同様、羽藤（2023）もまた、死なない約束は効果がないと述べているが、その場合無期限の死なない約束だから効果がないのであって、期間を限定すれば、少なくともその間は自殺をしない可能性が高い。そして、学校ではその生徒の様子を毎日確認したり声かけしたりできるので、期間限定の死なない約束も一定の意味を持つと考える。

そしてここまで、その自殺の相談を受けた教師が前述のように適切に対応できていたのなら、生徒の自殺念慮や自殺への意志は弱まっているはずであり、当面の危機は回避された可能性が高い。それは、その相談を受けた教師自身がその生徒の反応をみて気づくであろう。当初よりも表情が緩んだ、明るくなった、教師とその生徒との関係が深まった等と感じられたら、その初期対応は成功したということになる。生徒の自殺念慮が弱まったか、表面的なやりとりで終わっているかは、生徒の非言語的反応を感じ取ることで、だいたいわかるはずである。しかし、決して油断してはいけない。

10）チーム支援への移行

ここまでで、その教師は、その生徒から自殺とその背景の悩みという重たい相談をされ、さらには、死なない約束をしたり、本当に死にたくなったら連絡をする約束をしている。当然その教師のメンタルは不安定になり、一人で抱えきれない状況になるだろう。そこで、直ちにチーム支援に移行するのである。

自殺の相談は一人で抱えず、必ず誰かに報告、連絡、相談するということが必要である。その生徒が自分の自殺念慮について誰にも言わないことを懇願してきても、自傷・自殺、他害は法律的にも守秘義務を越えるので、相談を受けた教師自身、そしてその生徒自身を守るためにも、必ず誰かに相談する。さらに言うと、その教師が誰か他の教職員に相談をすることについて、できれば生徒本人に了解を得た方がよい。「この問題は非常に重大な問題だから、先生一人だけではなく、△△先生に相談していい？」というようにである。それでも、本人がそれを拒否する場合もあり、その時は、教師はその生徒の前では、誰にも言わないと約束せざるを得ないだろう。

しかし、生徒に言われた通り、本当に誰にも言わないまま、その後、生徒が自殺や未遂を起こした場合、その教師の責任が問われる。遺書やインターネット上に、○○先生に相談したと書かれる場合もあり得る。だから、その教師は、生徒からの相談が終了したあと、できるだけ速やかに他の教職員に相談すべきである。もし、学校に組織的なチーム支援体制ができているなら、定められたルートに沿って学年主任、コーディネーター、管理職などに報告する。そのように組織が整っているならば、守秘義務も徹底されているはずである。ただ、生徒と誰にも言わない約束をしている場合は、そのこともしっかりと報告する。

もし、学校に十分な支援体制が整っていないならば、信頼できる同僚や上司にまず相談してみる。そして、その場合は必ず、「生徒から誰にも言わないように言われている」ということを確認し念を押す。万が一他の教職員に伝わったということがその生徒に知れたら、せっかく築いた信頼関係が失われ、一挙に自殺の危険度が高まる。十分な注意が必要である。

そして、相談された教師以外あと二人以上のチームを速やかにつくることが有効である。必要に応じて、相談を受けた教師は、ＳＣ、ＳＳＷなどにコンサルテーションを受けること、また、チーム支援会議を開くことも必要であろう。

次に会う時まで死なない約束が数日間は有効だと思われるので、その間に直ちにチーム支援体制をつくり、自殺の背景となっている悩みや問題をどう解決改善するか、役割分担して生徒本人や本人を取り巻く環境にどのように対応していくか、確認する。

11）保護者への連絡は慎重に丁寧に

保護者への連絡については、虐待が背景にある場合があるので、慎重を要する。保護者に連絡した結果、本人の状態が悪化することも考えられるからである。一方で、保護者に連絡しないまま、本人が自殺や自殺未遂をした場合、保護者から学校や教員の責任を問われる事態にもなりかねない。

まず本人に、保護者は知っているか、保護者にこの問題を伝えていいか尋ねる。そこで本人が了解したら、保護者に連絡をとる。そして、保護者に連絡をする前には上司に報告しておく方がよい。連絡する教師は、保護者をねぎらいながら、保護者の心配にも共感し、学校としてもできる限りのことをすると約束する。

保護者と連絡をとることはいくつかの点でよいことがある。まず、学校以外に家庭での安否確認や見守りができることである。次に、本人の自殺したいほどの悩みの問題が保護者や家族の問題と関係している場合、多少でも柔軟な親ならその改善のきっかけになるということである。

ところが、本人が、保護者に伝えることを嫌がる場合もある。その場合、どうして保護者に伝えることが嫌なのかを確認する。あるいは、どこまで、どのような言い方でなら伝えていいかという方法で確認してもよい。どうしても嫌がる場合は、チームに相談しながらも保護者に伝えないという判断を選ぶ場合もある。本人が保護者に伝えてほしくないと言っているのに伝えることによって、本人は裏切られたと感じ、自殺の可能性が高まってしまうことに留意する必要がある。

また、生徒に保護者に伝える可否を尋ねる中で、家庭の虐待的状況がうかがえることもある。基本的に自殺念慮を抱く生徒は、虐待的家庭環境にあることも多いので、慎重に家庭の状況を確認すべきである。そして、虐待的環境が本人から語られたり、推察できたりした場合は、保護者に連絡することは控えるべきである。その代わり、虐待の通告義務が法的に直ちに発生する。虐待的環境でかつ本人が自殺を考えているということであれば、児童相談所レベルの案件であり、速やかに近隣の児童相談所に通告をした方がよい。あるいは、市町村の子育支援課等の家庭児童相談員に通告するという手もある。このような判断がチーム支援の中で行われるべきであり、コーディネーターがチーム支援を主導していくであろう。そうして、校内だけでなく、他機関との連携によってこの案件に対処していくようになるのである。虐待の通告は、疑わしい段階で通告していい［すべき］のであって学校側は虐待が真実かどうか、確認する必要も責任もない。速やかに通告すべきである。そしてその場合、保護者への連絡を怠ったことにはならない。

自傷行為の場合の保護者への連絡も、これに準ずる形となる。自傷行為と自殺は別であるが、虐待的状況が考えられる場合は同様に、保護者に伝えない方がよい。かえって虐待的状況が悪化する可能性があるからである。

いずれにせよ、自傷・自殺、他害問題の相談は、生徒と信頼関係のある教師が丁寧に受け止めて聴き、その後は一人で抱えず、信頼できる同僚や上司に相談し、チームで対応することが必要である。

※自殺の方法へのアクセスのしやすさ　※※孤独を感じること　※※※他人に迷惑をかけている感覚

第4節　まとめ　自殺問題に備えることで教師も学校も成長する

以上、学校における教師の自殺相談の対応の仕方について考察した。コロナ禍を経た今日、どの生徒がいつ自殺してもおかしくない状況にあると考えて、すべての教師が自殺への相談対応ができるようにしておいた方がよいであろう。その場合も必ずチームで対応するのである。

学校単位で考えれば、自殺などめったに起きないかもしれない。しかし、自校の生徒が自殺するという危機のために体制を整備し、準備をしておくことは無意味なことではない。めったに起きない危機に備えて準備をすることが組織を成長させ、日常の相談支援体制を整え、教職員の意識や力量を高めるからである。生徒の自殺問題という危機にしっかり向き合うことで、学校組織および一人一人の教師を成長させていくことが必要である。

そうすることにより、教師も学校も、生徒の発するＳＯＳや自殺念慮を受け止める力量を高めていくことができるであろう。そして、その力量は、それ以外の教育相談的、生徒支援的問題への対応の力量も高め、教師や学校の確かな対人援助力や教育力の向上へとつながるはずである。

なぜなら、自殺への対応ほど、デリケートで難しい案件はないからである。生徒の自殺問題へしっかり対応できる力量を学校組織や教師が身に付けていくなら、それ以外の不登校等の相談支援的問題への対応の力量も高まってくるはずである。

終章　誰ひとり死なせない学校づくり

序節　防げなかったA子の自殺

突然、A子の叔母から私の携帯に電話がかかってきた。その叔母はいきなり「先生、いろいろありがとうね」と言った。私はどういうことだろうと思った。A子は確かその時期精神科病院に入院しているはずであった。そして、自分はA子のような自傷や自殺念慮がある若者を相談支援する方法を学ぶために故郷を離れ臨床心理学の大学院に在籍して研修している最中であった。折しも臨床心理実習で近隣の精神科病院で毎日実習しながら、夜は修士論文を執筆するという忙しい日々が続いていた。

叔母は続けた「A子が昨日死んだの」。そんなはずはないと私は思った。A子は入院しているのだから。ところが、病室で自殺したとのことである。看護師の話だと、その前日A子はすごく穏やかで落ち着いていてまさかそんなことになるとは思わなかった。ところが、翌朝起きて来ないから、確認しにいくと、ある方法で自殺していたという。信じられなかった。病院に入院していても自殺ができてしまうのかと思った。

叔母は「A子に対して本当にいろいろやっていただいて、先生には感謝している」となぜか穏やかに語った。私は動揺しながら、言葉が出なかった。いや、感謝されても、結局A子の命を救うことができなかったではないか。そして、忙しさにかまけて、最近はA子への連絡を怠っていたことが悔やまれた。

A子は私が定時制高校で最初に担任したクラスの元生徒だった。でも定時制高校の生活もうまくいかず学習も捗らず、A子は「(先生にばかり頼るのは止めて)先生から卒業してがんばる」と言って、高校を退学した。退学してからも、A子とは電話やメール、あるいは直接会ってやりとりをしていた。いつも自傷行為をしたり、オーバードーズをしたり自殺念慮がある子だった。死にたい、消えてなくなりたいとばかり言っていた。だから、心配で時々連絡を取り合っていたのだ。

動揺していたため、自分がその時叔母になにを言ったか覚えていないが、叔母は「先生、しょうがないよ」という感じで逆に慰められたことは覚えている。さらに、それがA子の運命だったというような割り切った感じで叔母は語った。電話は事態の重大さに比べてあっさり終わった。

そのあと私は呆然としていた。身近な人が自殺すると関係者は自責の念に駆られるものである。もっと連絡をとればよかった。最後にA子とやりとりしたメールを探し出した。ちょうど一ヶ月前だった。自分が一ヶ月もA子と連絡をとらなかったことに気づき後悔したが後の祭りだった。もし、実習とかなければ、研修で故郷を離れていなければ、もっとA子と連絡をとったはずであった。そうすればA子は死ななかったかもしれない。

最後のメールのやりとり次のようなものであった。

筆者:○○先生にちゃんと文句を言ったかな?病院や医者をやめるのではなく、きちんと医者に思っているいることをぶつけていく方がいいよ。怒りをぶつけて。

A子：○○先生とは仲直りしたよ。明日外来、(薬を)一ヶ月分出してもらえる。体調は変わりないよ。
たまに悩みがあるけど、なんとか大丈夫　だから心配しないでね。おやすみ。

A子は支援者に対してよく反発をしていた。境界性パーソナリティ障害の人が行う価値下げである。私もA子から反発を受けた時もあったが、そんなことに動じていては、境界性パーソナリティに対応できない。A子は、この時期は、特に通院している主治医に反発していた。医者に反発して病院を変えるとか言っていたので、その時にA子をなだめるためメールを送り、それに対して、A子が返信したのが最後のやりとりだった。まさか、これが最後のメールになるとは思わなかった。医師とは仲直りしたと書いてあるし、当面は落ち着いていそうなメールであったのだから。

その後A子は入院したと聞いていたので、安心していた。閉鎖病棟なので携帯も使えないし、どっちみち連絡はとれなかったはずだと自分にいい訳をしていた。

自殺の前日穏やかだったのは、自殺を覚悟した人は、かえって気持ちが落ち着き、その直前に穏やかな心境になるということなのではないか。A子はそういう心境だったのだろうか。

こうして支援をしていれば、いつかA子も立ち直る。そして、A子の結婚式に呼ばれるのが、私の夢であった。A子と関わり始めて以来、ずっと抱いていた思いだった。A子は、自分が本格的に心理臨床を学ぶことや自傷行為について研究をするきっかけとなった生徒であった。在学中や退学してからも思い入れを持って関わった生徒の一人だった。

思い入れも強く、時に巻き込まれながら、適度な枠や距離感を保つということを、正に勉強させられた生徒だった。自傷や自殺、トラウマを受けた人たちを支援していくためには、それらの人たちの根の深い対人葛藤に巻き込まれていくことを覚悟しなければならない。親への恨みを転移され、そして、支援者も本人たちに逆転移していく。時には感情的になり、支援者も悩み、苦しみ、葛藤する。しかし、その支援者の悩み苦しみこそが、本人たちが感じている悩み苦しみなのだ。

A子の両親はA子が生まれてすぐ離婚し、姉は母親に引き取られ健全に育ち無事に高校を卒業した。A子は父親に引き取られたが、育児放棄され、結局父方祖母に育てられた。なぜ同じ姉妹なのにこうも運命が分かれるのか。電話をかけてきたのは、A子を育ててくれた父方の叔母つまり父親の姉妹である。

A子の遺骨は結局は母方に引き取られ、母方のお墓に入ることになった。私は、故郷に帰った時母親と連絡をとり、弔問に言った。仏壇にはA子の笑顔の写真が飾ってあった。もうこのA子とは会話ができない。田舎なので、お墓も家の敷地内にあるのでお墓参りもした。無念でありつらかった。

A子には心の奥にいつも満たされなさや焦燥感があり、いつでもどこでもどんな時でも落ち着かない感じ、安心できない感じがしていた。なにか、心に安全基地がない、安心できる居場所がない感じなのだ。
あの時は、生徒の中にA子のような心境の子、自殺念慮が常にあり、自己否定の強い子がそんなに多くいるとは思えなかった。A子のことは特殊なケースだと思っていた。でも、それから一〇年以上経ち、今やそのような若者はいくらでもいる。コロナ禍を含めて時代がそうさせているのであろうか。自分のベースは死ぬことであると考えている若者、死ぬことが自分らしいことだと感じている若者、死ぬことを想定することが自分にとっての唯一の心の支えだという若者もいる。

それらの若者をA子と同じように自殺させてはいけない。A子の自殺以降、私は決意を新たにして、研究や実践にのめりこんでいった。

A子が自殺した時、私は修士論文を仕上げるのに精一杯で、その後自分が博士課程に進学し、その数年後、博士論文を完成させるとは予想すらしていなかった。しかし、A子の自殺を防げなかった悔しさも、大きな原動力となって私を突き動かし、博士論文として結実したのかもしれない。

既述したが、本書は博士論文が基になっている。エビデンスに基づいて考察しなければならないため、煩瑣な統計分析や質的分析もたくさん含まれており、読みにくい箇所もあったと思う。

そこで終章では、若者の自傷・自殺に対応する方法論を直接に求めている教師や支援者たちの助けとなるように、本書のポイントをまとめる。

第1節　学校での自傷・自殺予防対応

日頃から自傷行為をし、自殺念慮も強かったA子が、本当に自殺を遂げてしまった、筆者の失敗談、自殺を防げなかった体験の話をした。このように自傷している生徒が自殺を遂げてしまう可能性は決して低くない。A子のような生徒をこれ以上出さないようにしたい。自傷行為をする段階はまだ本人が生きているのでなんとか支援ができる。でも、自殺をしてしまったら、もうどのような支援も届かないのだから。

そこで、本章では、仮に本書のこれまでのところを読まなくても、本書で提示する学校での自傷・自殺対応や予防の仕方がわかるように本書全体を要約して述べる。

●序章

まず、序章で、バブル崩壊以後構造改革などの中で、生活基盤が不安定化し自殺者が増大し、若者の自傷行為の日常化が起こっていることを述べた。さらに、コロナ禍になって若者の自傷・自殺、他害が増えてきたことを指摘した。このような中、自傷や自殺問題を専門機関に任せるだけでなく、自傷・自殺の防止改善において、中学校や高校等の教職員が果たす役割が重要になっていることについて述べ、その一方で、学校の一般教員が自傷・自殺にどう対応していくかについての研究が少なく方法がわかっていないことを指摘した。

●第1章

続く、第1章では、このような自傷行為の日常化が起きている状況では、学校でも自傷行為の状況をアンケートなどで確認して自傷対応をしていく必要性を説いた。しかし、一方で、学校現場で生徒の自傷行為を調べる適切なアンケート（質問紙）が存在しないことを指摘した。

そのため筆者が「自傷傾向尺度」を独自に開発した。この自傷傾向尺度を用いて、生徒たちの自傷行為の状況や自傷傾向を学校において確認し予防や改善の対策を行っていってほしい。

仮に、本尺度を用いなくても、自傷に関する調査を実施することをきっかけにして、生徒や学校の自傷問題を改善したり支援したりすることが今日必要であること、自傷や自殺念慮について実態調査することをタブー視している時代ではないことを指摘した。

●第2章

第2章では、自傷行為を改善する方法として、死生観、スピリチュアリティに注目し、それらの関係について考察した。当初は、死生観やスピリチュアリティを用いた教育で自傷問題を予防改善できると考えたが、結果は逆であった。

自傷経験者や自傷傾向の高い人は、死を解放と捉えるなど死への肯定的関心が高い。反対に自傷未経験者や自傷傾向の低い人は、死を恐れ死について考えることを回避する傾向がみられた。これは、自傷をしない人は、適切に死を恐れていることを示している。死を適切に恐れることは普通に生きていく時に必要なことであり、むしろ健康的なことではないか。それを筆者は「死への健全な防衛」と呼んだ。そして、いたずらに死を意識させるより、死の問題について触れない方が、生徒のメンタル上の健康を保つことができることになる。そして、これまで行われてきた死生観教育は、生徒たちの死への健全な防衛を阻害し自傷傾向を高める可能性を指摘した。

また、スピリチュアリティとは人生を意義づけることと定義できるが、その意義づけには二種類ある。一つは「超越的意義づけ」といって、神などの超越的な存在によって人生を意義づけるもの、もう一つは「情緒的つながり」といって、身近なものとのつながりによって人生を意義づけるものである。そのうち、前者は、自傷傾向を改善するが、後者は自傷傾向を悪化させることを指摘した。自傷者が、情緒的つながりを保とうとすると、自傷者同士で悪い影響を与え合う可能性が高いということである。

したがって、死生観教育もスピリチュアリティ教育も自傷傾向の改善のためには慎重に行わなければならないことを指摘した。

●第3章

第3章では、世界保健機関（WHO）が主張した生物（身体）・心理（精神）・社会・スピリチュアリティの四つの次元から、自傷傾向を考察した。そして、自傷行為への改善のアプローチとして、自分の身体への肯定感や規則正しい生活の維持など、身体的健康の側面から改善する可能性があることを指摘し、心理的アプローチより教師が学校現場で取り組みやすいものであることを述べた。

さらに、自傷者が、情緒的豊かさ、自分一人でがんばって将来を展望したり主張したりする心性を持っていることを指摘した。自傷者は「がんばり屋さん」の傾向があるのだ。それらは自傷者の長所であるが、一方で、それがマイナスに働くと、メンタル不安定になった時に、誰にも頼らず自傷行為によってメンタルの安定を図ろうとすることにつながるのである。

したがって、自傷者を支援する場合、それらの長所を肯定的に見つめ、自傷行為ではなく、違う方法で、その長所を生かしていく視点が重要であることを指摘した。

●第4章

第4章では、自傷当事者からの自傷行為のきっかけや背景についてインタビューした記録を整理した。その結果、自傷行為をする生徒が家庭、学校、その他あらゆる場所に居場所がない「絶対的居場所欠損状態」に置かれること、その結果、自分の身体や自傷行為のみが居場所となるような「自傷行為の居場所化」という状況に陥っていることを述べ、そうした言葉（概念やカテゴリー）で捉えることで、自傷者のつらく厳しい状況を共感的に理解することが可能となることを指摘した。

その上で、自傷者の立ち直りのきっかけとして、「改善キーパーソンの継続的な関わり」が重要であることを指摘した。それは、教師、カウンセラー、友人、恋人等がキーパーソンとして長期的に適度に関わり続けることであり、自傷者の居場所となっていくことである。

●第5章

第5章では、自傷者にインタビューをすると積極的に自傷経験やその背景について語り、その結果、メンタルが安定するという現象がみられ、それについて分析した。日頃のカウンセリングと違って、インタビューは、面接者が自傷行為について教えてもらう立場となりへりくだり、自分の自傷経験の話が研究を通じて他の自傷者を助け、人に役立つことにつながる。また無批判に自傷行為について聴いてもらえる体験となり、自傷やその背景となっている問題について心の整理をもたらす可能性を指摘し、セラピーに生かす方法を探った。

このように、支援者が、へりくだり、無知の姿勢を取り、率直に語り合うことが自殺念慮や自傷行為の改善につながるのである。このように本書で一貫している一つの主張は、自傷や自殺についての話をタブー視せず、きちんと本音で語り合い対話をするということである。

自傷・自殺の話をすることで、寝た子を起こしたり、助長したりすることはない。むしろ自傷や自殺を考えている生徒たちと自傷やその背景となっている問題について率直に共感的に語ることが重要なのである。

●第6章

第6章では、教師の自傷者への対応の現状と課題を分析した。教師の対応が、「危機介入」、「相談対話」、「指導説諭」、「連携見守り」の四つに分かれること、これらの四つの役割は相互に矛盾していることを指摘した。しかし、現状では、四つの自傷対応すべてを積極的に行う教師と、いずれの対応にも消極的な教師に教師集団が学校単位でも教師全体でも二分されていることがわかった。

そこで、四つの対応を教師の四つの役割分担として捉えなおし、学校組織として連携してチームで組織的に対応していくことの必要性を指摘した。

●第7章

さらに、第7章では、自殺総合対策大綱や生徒指導提要において自殺予防教育が推奨される中、学校における自傷・自殺予防改善の授業のあり方について追究した。第2章でも考察した死生観やスピリチュアリティによる教育に、実際効果があるか実践研究を行ったが、結果として、効果がないことが確認された。それらと比較して行った、集団認知行動療法だけが自傷傾向の改善に効果があった。

そして、それは、死生観教育やスピリチュアリティ教育の内容が、闘病記、妊娠出産、大自然への畏怖、宗教など一般的な話となり表面的になっているからではないかと考えた。その点、集団認知行動療法は、集団的とはいえ、その生徒の個別の悩みや問題を扱う作業が伴うので効果があるのではないか。すなわち、一般論ではなく、直接生徒の悩みや自傷・自殺について考えたり、率直に話題にしたりすることの方が、自傷・自殺の改善予防にとって有効であることを指摘した。

つまり、自傷・自殺予防改善にとって一般的な話は効果がなく、個別的な自傷・自殺、およびその背景となっている問題を語り合うことが必要なのである。

●第8章

第8章では、コロナ禍の中、若者の自殺が増えており、学校において、自殺を予防するための方法として、「声かけ」、特に「挨拶のあとのもう一言の個別的な話題による声かけ」の重要性を指摘した。こうした声かけの工夫によって、自傷・自殺を思い留まらせたり、生徒との人間関係を作ったりすることができることを示した。それらの声かけによって、その日一日の生徒の自殺を予防する可能性があること、教師たちができることはそのくらいしかなく、しかし、そうした日々の地道な生徒対応がとても重要であることを指摘した。

さらには、自他の心や体を大切にする対話である「深さと広がりのある対話」の重要性について指摘した。深さとは「状況↓思考↓感情↓身体感覚」と話を深めていくこと、広がりとは「相手、自分、第三者」と話を広げていくことである。教師が生徒とこうした「深さと広がりのある対話」を行い、授業においても対話を心掛けることによって、自分や他人の心や体を思いやり大切にする学校風土を作り上げていくことが重要である。

そして、そのようなことをしていると、実際に生徒から教師が自殺についての相談を受ける可能性が高まるが、自殺相談をされた時の対応方法についても考察した。学校は生徒と毎日会える点で医療や相談機関と異なる長所を持つこと、生徒が簡単に「死にたい」という言葉を口にするようになった今日、教師の自殺相談における判断や対応は重要であることを指摘した。

そして、具体的には、生徒の自殺念慮に俊敏に気づくこと、自殺について率直に話題にして話し合うこと、さらに、自殺の相談をされた教師はその生徒に選ばれているのであり、専門機関受診を勧める前に「私はあなたに死んでほしくない」とはっきり伝えること、自殺念慮の背景にある悩みについてすぐに結論を言わずに一緒に考え葛藤すること、次に会うまで自殺をしないという約束をし、その間にチーム支援の体制づくりをすること、保護者への連絡は親の虐待の可能性に留意しながら慎重に行うこと、保護者と連絡する場合、ねぎらいながら協力関係を作ることを提示した。

●補論

なお、自傷・自殺衝動は、他害や殺人衝動と関連することが指摘できる可能性があり、補論ではそれについて触れている。本書で、「自傷・自殺、他害」と表現することがあるのは、補論に書かれたことが念頭にあるからである。

以上、本書について端的にまとめたが、詳細について知りたい場合は、各章に戻って確認していただきたい。

第2節　コロナ禍が終わってから本当の支援が始まる

学校現場は、蔓延している自傷行為、さらには増加傾向にある自殺の介入が行える貴重な場である。近年、「トラウマインフォームド・ケア」の視点から、誰もがトラウマを持っているという前提で医療や教育現場で対応することが必要とされている。さらに、コロナ禍は世界中のすべての人に衝撃を与えたので、今や、どの生徒もトラウマを持ち、自傷・自殺、他害の可能性があるという前提で教師も対応しなければならなくなっている。

コロナ禍においてトラウマを被ったのは教師自身も同様である。学校現場での感染予防対応に忙殺され、身近にコロナで亡くなる人がいたり、自分もコロナになったり、日常が崩壊したりと、教師自身もトラウマを背負ったと考えてよい。もともと教員採用試験の倍率が下がり、教師不足になっていること、それに比例して多忙化が起きており、保護者や社会からの視線が厳しいこと等からすでに教師も深く傷ついている可能性がある。それに追い打ちをかけたのがコロナ禍だったということに、教師は自覚的であるべきであろう。

その上で、自傷・自殺対策を教師がすることを本書は推奨している。そんなことまで教師はしなければならないのかという意見もあるかもしれない。だが、それは、教師自身を守るためである。誤解があるが、教育相談や生徒支援の方法を知ることで、教師の授業や学級経営の力量が向上し、効率よく要領よく教育活動を行えるようになる。そして、適切な生徒対応、保護者対応が行えるようになり、教師自身の多忙感、負担感も減るはずである。

これは自傷・自殺対応についても同様である。今日教師でいる限り、日常接している生徒が突然、「死にたい」と相談してくる可能性がある。生徒の「死にたい」思いに適切に対応することでその生徒を守ると同時に、それは教師自身も守ることになる。

日頃関わっていた生徒に突然自殺されたり、殺人事件を起こされたりしたら、教師たちはそれだけで疲弊し、日常的な学校教育がボロボロになり、他の生徒にも悪影響を与える。それは、当然、危機介入レベルであるが、そうした突然の自殺や他害を予防するのが、本書で述べている教師がするべき自傷・自殺対策なのである。

それでも、自傷・自殺、他害事件は稀にしか起きないことである。その稀にしか起きない危機に備えて体制作りをすること、準備することで、組織が成長し、その組織の構成メンバーである教師が成長していくのである。

二〇二〇年から始まったコロナパンデミックは終焉しつつあり、感染症の五類に分類された。コロナ禍も落ち着き、自傷・自殺も減るのではないかという意見もあるかもしれない。しかし、危機の真っ最中は、みんな危機に対応することに必死で、ある意味最悪の状況にはならない。むしろ、ようやく危機も去った、落ち着きつつあるという頃から、それまで我慢してきた子どもたちが、限界を超えて心理行動面で不安定になっていくということは、最近頻発している災害被災地でもよく起こることである（清水・柳田・井出・田中 2012）。

序章の図０－１でも示したが、コロナ禍の前から小中高校生の自殺は上昇傾向にあるのである。コロナ禍が過ぎたあとも若者の自傷・自殺数は現状維持か増加する可能性すらある。コロナ禍の最中は、感染予防対応に忙しく、生徒と対話したり、相談に乗ったり、教育相談体制を整えたりする余裕はなかったかもしれないが、コロナ禍が終わった今こそ、本格的に自傷・自殺対応、生徒支援をする時なのである。世界経済、世界情勢が不安定な中、いつまた別の危機が日本や世界全体を襲うかわからない。その時にも最も被害を受けるのは子どもたち、若者たちである。次の危機に備えて準備をしておく必要があるのではないか。

さらに、学校における自傷・自殺対応は、命に関わる一番究極的な問題である。自傷・自殺対応に関して指摘できる相談支援の原則は、他の児童生徒の諸問題（いじめ、不登校、学業不振、発達障害対応、保護者対応等々）の教育相談的、生徒指導的課題についても同時に指摘できるものである。本書で自傷・自殺対応の方法として主張した、チームで対応すること、個別的な声かけの重要性、深さと広がりのある対話、生徒の主観的な思い（主観的真実）を尊重すること、率直に尋ね対話していくこと、無知の姿勢、すぐに解決法を言わず対話を続けること、葛藤に耐えること、生徒の健全防衛を尊重すること、課題を抱える生徒への肯定的目線、キーパーソンの継続的支援、すべての生徒がトラウマを抱えている想定等々は、自傷・自殺問題に限らず、あらゆる教育相談、生徒指導支援の場において有効な原理原則となるであろう。

つまり、本書に書かれた自傷・自殺対応の原理原則を理解し実践する教師は、他の教育相談や学校課題に対する対応への力量も高めることができるといえるのである。

第3節　学校における自傷・自殺対策、一二箇条

本書で主張する学校における自傷・自殺対応を、一二箇条にまとめて整理する。

①すべての生徒がトラウマを負っているため、どの生徒でも自傷・自殺、他害の可能性があることに十分留意すること。自傷行為が日常化し小中高校生の自殺数がコロナ前から増加傾向だったこと、今回のコロナ禍はそれに追い打ちをかけたということを意識すること。

②生徒の自殺は、学校の生徒支援の中で最も重篤な問題であり、緊急事態、危機介入レベルの問題である。それに備えて、教師個人としても、学校組織としても準備しておくことは、他の生徒支援、さらには学校教育全体の体制を整備することにつながり、教師自身や学校組織が成長することであること。

③すでにチーム学校、チーム支援がうたわれており、教師は自傷・自殺問題を一人で抱えず、チームや組織で対応すること。SC、SSWと連携して予防対応し、また教師も危機介入的に対応する役割、自傷の傷を隠すなどの指導をする役割、個別相談に乗る役割、見守る役割など役割分担をしながら対応する体制を作ること。

④自傷・自殺予防のために、日頃の声かけが大切であること。特に、挨拶のあとのもう一言の個別的な話題による声かけが有効であること。それがその日の生徒の自傷・自殺を防ぎ、生徒と教師の人間関係を深めること。コロナ禍等の危機の中、やるべきことはそうした地道なことであること。

⑤教師と生徒が自他の心と体を尊重する、深さと広がりのある対話をしていくこと。そのためには心や

体の状態を話題にしたり、自分や相手や第三者の心や体について対話をすること。そのことで、生徒が自他の心と体を大切にするようになること。そして、自他の心と体を尊重する学校風土を作ること。

⑥生徒の自殺念慮に俊敏に気づくこと、少しでも疑わしければ、率直に自殺のことについて話題にすること。そのことで、生徒は安心してその教師に自殺の相談ができること。その際、叱ったり、批判したりせず、生徒が自殺したいほどの苦しい悩みを抱えていることを理解すること。その悩みも簡単に解決できる悩みではないと思われるので、一緒に考える姿勢を示すこと。医療やカウンセリングをその生徒に勧める前に、その教師が「あなたに死んでほしくない」と伝えること。そして、次に話をするまでに死なない約束や、連絡をとる約束をすること。翌日からその生徒の状況を観察し、必要なら話しかけること。

⑦生徒から自殺念慮のことを誰にも言わないことを求められても、その生徒と教師自身を守るためにチーム支援に移行するか、信頼できる同僚に相談すること。その場合、できるだけ当該生徒の了解を得ようとすること。また、保護者への連絡は本人に必ず確認すること。チームで判断して保護者に連絡するか否か決めること。保護者の協力が得られるならそれがよいが、虐待の疑いがあるなら、通告し外部機関と連携すること。

⑧自殺予防教育においては、個別の悩みを率直に具体的に扱う認知行動療法などを応用すること。抽象的な話ではなく、生徒一人一人の死にたい気持ちについて話題にするなど、具体的に率直に語り合うような教育が有効であること。死生観教育やスピリチュアリティ教育は、生徒の健全な死への防衛意

識を損ない、自傷傾向を悪化させる可能性があるので、慎重に行うこと。

⑨自傷・自殺予防改善においては、心理的アプローチ以外に身体的な健康面を促進するアプローチも有効であり、生徒の身体の健康を促進するさまざまな活動を学校教育で行うこと。また深さと広がりのある対話の中で、生徒の心身をいたわるようにしていくことが有効であること。

⑩自傷者は、自傷行為を居場所とせざるを得ない絶望的体験を学校や家庭でしていることを理解すること。一人の改善キーパーソンが長期的に関わることが、自傷改善に有効であること。その改善キーパーソンをチームで支えることが必要であること。

⑪自傷者と自傷について、話をする時にへりくだって教えてもらう姿勢で、無批判に聴くことで、自傷者が初めて自傷やその背景となっている問題について語り、心の整理ができる可能性があること。自殺予防でもそうだが、個々の生徒の悩みに添って、自傷や自殺について率直に語り合うことの方がそれらを改善できる可能性があること。

⑫自傷者は、一人でがんばろうとする心性や情緒的な豊かさを長所として持っており、自傷者を肯定的に尊重し認めていくことこそ大切であること。

最後に、右記一二箇条の原則は、自傷・自殺問題以外の他の教育相談的課題や学校教育問題への対応においても有効であることを再度確認して、筆を擱きたい。

補論──他害問題に寄せて

本書は、高校生や若者の自傷・自殺問題に対応する方法について論じたものである。ただ、筆者は、本当は本書の副題に、「自傷・自殺、他害予防」と「他害」という言葉を入れたかった。しかし、議論が拡散するのを恐れてあえて削除した。なぜ入れたかったかは、自傷・自殺と他害（殺人）は密接に関係していると、コロナ禍の中、最近の事件をみて思い知ったからである。

本文でも触れたが、生きることが上手でない子、あるいは、特性のある子や発達障害的な子が、困難を前にして悩めない、言語化できない状態にあり、自分のメンタルを整理コントロールできなくなる。そして、人生に対して投げやりになり自殺したくなるのだが、その一部に、他人や社会への恨みを自殺願望と同時に抱くようなタイプがいる。すると、拡大自殺といって、他人を殺して自分も自殺する、あるいは、死刑になる形で自分を死に追いやろうとする（片田 2017; 出口 2022）。そのような意図を持った殺人事件や未遂事件をたまにみかける。

命を軽視する発想が、自分に向かうのが自傷・自殺であり、他人に向かうのが他害である。自殺もつらいが、後者の拡大自殺は関係ない人まで巻き込まれるのでもっとつらいものとなる。

この話だとまるで自殺する人はそのまま殺人を犯す可能性があると言っているように聞こえるが、そういうことではない。これまで残念ながら自殺を遂げてしまった人、自殺未遂の人がすべて他殺の可能性があったということではない。自殺を考えている、その一部の人にそのような殺人にまで至ってしまう独特の要素があるのだと思う。ただ、自殺する人も他殺の人も、自他の命を大切にしないという点ではなにか根底に共通するものがあるのではないか。

最近ある地方紙において、衝動的に殺人を犯した男子（元高校生）についての裁判の傍聴記録の記事が連載された。コロナ禍のまっただ中、その男子高校生が同じ学校の女子生徒に失恋しLINEをブロックされた数日後、その女子生徒の家に侵入し両親を刃物で殺害し家に放火した。女子生徒は間一髪で逃げることができたが、両親は殺され、犯人と出くわした妹は傷を負い自宅は全焼した。その男子生徒は学校では生徒会長でその直前まで学校を全く休まず皆勤だったという（山梨日日新聞 2023a,2023b）。そして、学校で事件の直前にあった学園祭の中心メンバーとして活躍していたようである（山梨日日新聞 2021）。その生徒は、引きこもりでも不登校でもなく、生徒会長であり、ちょうど学園祭の時期で生徒会長としても活躍した直後である。教師と接する機会も多かったであろう。だったら、なぜ失恋したショックを教員や大人に相談しなかったのだろう。少なくとも、殺人事件を起こしたいほど悩んでいるなら、その衝動を教師など大人の誰かに少しでも伝えていたら事件は防げたのではないか。

しかし、彼は誰にもそのことを悩みとして話さず、突然その衝動的大事件を起こした。公判での検察、弁護側両方から、さまざまな質問をされても当の犯人の男子生徒は全く答えずほとんど無言を貫いているとのことである（山梨日日新聞 2023c）。その記者は、彼が言葉を発しないことに疑問を呈しており、犯人の口から何も語られないまま結審してしまうこと懸念している。

筆者は、これは犯人の男子が、黙秘したり意図的に答えないのではなく、答えられないのだと思う。答えるためには言語化が必要であるし、自分の犯した事件について内省する力が必要だが、彼にはそもそもその言語力や内省力がない。だからこそ、衝動的に事件を起こしてしまったのである。そして、なぜ事件を起こしたかが、自分でもよくわからず未だに言語化できていない状態が続いていると思われる。だから、公判での質問に答えられないのである。

このことからも、言葉にすることが、どれほど大事かがわかるであろう。本書では、声かけ、心の対話、率直に話し合うことなどなど言葉にすることの重要性を力説してきたが、言葉にすれば、自傷・自殺、他害等を起こそうとする気持ちを整理でき、弱めることができるのである。

LINEをブロックされ失恋に気づいてショックを受けた時、あるいは、殺人衝動が起きた時、学園祭の準備で関わっている教員に話してみようという発想は、彼にはなかったのであろうか。ただ、コロナ禍のため、学校全体で三密を避けることが優先され、教師–生徒間も対話不足であったのではないか。学園祭の準備も短時間で行い、会話をする暇もなかったのかもしれない。ここにもコロナ禍の悪影響がある。もしかして、コロナ禍でなかったらこの事件は起きなかったかもしれない。

筆者は、殺人衝動も、本書に書かれている自殺防止と全く同じ方法で防ぐことができると考える。ただ、自傷・自殺については、人に話したり相談をしたりすることは社会的に許されているが、殺人衝動を語ることや相談することはまだ社会が許容していないかもしれない。しかし、一九九七年の神戸連続児童殺傷事件の酒鬼薔薇聖斗、二〇一四年の佐世保女子高生殺害事件、同年の名古屋女子大学生殺人事件の女子高生、女子大生といった犯人たちのように、殺人衝動や殺人願望をもともと持っている若者も存在している。あるいは今回のように拡大自殺的に殺人衝動を抱く若者もいる。自殺念慮があり、自分が死ぬか周囲に他害を及ぼそうか揺れている若者は、実は他にもいることを知っている。それらの殺人衝動もきちんと相談支援できる態勢が学校単位や各自治体レベルで作られたら、それらの事件をもう少し未然に防ぐことができるのではないか。

生徒たちに挨拶のあとのもう一言の個別的な話題による声かけをし、深さと広がりのある対話を日常的にすることで、殺人衝動を相談してくる子がいるかもしれない。殺人願望の相談を受けたとしても、その大人は自殺念慮相談と全く同様に聴くのである。先回りして「もしかして、その人を殺したいと思ってしまわない？」と口にし、かれらの持つ殺人衝動を意識下に置いて一緒に考える。そして、自分にはそのような話をしても大丈夫だよという姿勢を見せるのである。他害衝動の相談についても、本書で述べた自殺念慮への対応と全く同様の対応をすることによって、その生徒は他害への衝動をコントロールする力を身につけることができるであろう。

本書にこのような補論を書いたのは、前記のような事件が身近で起きたからであり、その犯人に限らず、自殺願望と他害衝動を同時に持っている若者に相談対応した経験があるからである。そして、それらが、筆者が本書で述べた方法で予防対応できた事件だと考えてのことである。

ただ、この補論で述べた殺人衝動を持つ子どもへの対応については、学校や相談機関も準備がまだできておらず、時期尚早といえるかもしれない。

おわりに

本書の基になった博士論文に関わる研究の執筆については、多くの方々にお世話になった。特に、本書は「自傷行為」を中心としたものであり、一教師の立場でこのようなデリケートな問題を研究していくには、本当に多くの人々の協力や支えが必要だった。

なによりも、調査や介入研究の対象として快く研究に協力してくれた、高校現場の教職員の先生方、生徒たち、そして、自傷行為当事者たちに感謝申し上げたい。本研究は高校現場をフィールドとして、実践と研究を積み重ねていったものであるが、現場の先生方や自傷行為当事者たちの率直な意見や告白、応援の言葉等によって、研究そのものも、筆者自身も支えられてきた。

また、一部共同研究を行った南沢かほりさんにも御礼を述べたい。共同研究者として一緒に研究と実践をした時にもお世話になった上、その数年後に何度も電話をかけ、唯一介入研究の効果が出ている集団認知行動療法やそのデータについて問い合わせた折、丁寧に対応していただいた。

さらに、博士課程に一緒に入学して、博士共同院生室で、お互いを励まし合った仲間たちにも感謝申し上げる。誰かが貼った「Never Give Up」の言葉を見て何度自分を奮い立たせたことだろう。

所属大学院の指導教員はじめ諸先生方にも、当然ながら心から感謝申し上げる。まず、大学院修士課程のゼミの指導教員であった内田一成先生には、大学院入学前からお世話になった。入試前の大学院説明会の折にも現職教員である私に丁寧に対応してくれた。入学後もゼミの指導教員として自傷行為を研究テーマにすること、スピリチュアリティにまで幅を広めて追究していくことを後押ししてくれた。博士課程進学を勧めてくれたのも内田先生である。残念ながら、内田先生は、筆者の研究や論文の執筆が遅々としているうちに、ご実家の施設を運営するため退職された。

続いて、指導教員となった加藤哲文先生からは、ゼミ中途加入の筆者に対して温かい指導激励を頂いた。同時期に博士課程に進学した大学院生たちが博士論文やその基礎となる投稿論文を完成させていく中、筆者は論文の採択までたどり着けず、何度挫折したりあきらめようとしたかわからなかった。そのような中、繰り返し加藤先生の研究室を訪問させていただき、先生から論文内容や研究の方向性について的確な助言を頂くとともに、投稿先の学会に関して示唆を与えられ、なおかつ激励も頂いた。一方で、論文の内容については、筆者自身に任せていただいたため、執筆もしやすかった。こうして徐々に投稿論文の査読結果に手応えを感じるようになり、雑誌に採択されるようになった、博士論文提出までたどり着けたのも加藤先生のご指導あってこそだと考える。

そのほか大学院の先生方には、副指導教員として、あるいは臨床心理学コースの教員としてご指導とご心配、励ましの言葉を頂いた。

博士課程に入学したのが二〇〇九年四月、博士論文提出が二〇一六年六月と、博士論文の完成に七年半という時間がかかった。

一般的に博士論文は、出版するかインターネット上で公開するということだったが、出版のことは全く念頭になく、兵庫教育大学図書館の電子資料として公開に至った。毎月その博士論文のダウンロード回数がメールによって筆者に報告されるのだが、結構な数がダウンロードされている様子であった。学校での自傷行為の問題に関心を持つ人が多くなっている証拠だった。と同時に、悪い意味で自傷行為の社会的広まりを示すことでもあった。もはや、自傷行為は、定時制だけでなく、どの学校の生徒にも関わってくる問題となっていた。

そして、二〇二〇年度にコロナ禍がやってきた。案の定自殺者が増えていった。自分の博士論文のテーマである自傷行為の問題は、そのまま自殺防止に役立つことはわかっていたので、その内容をもっと広く公開する必要性を感じるようになっていた。そして、博士論文を出版することを春風社に持ちかけたところ、好意的な返事を頂いた。

出版にあたっては、春風社の永瀬千尋さん、下野歩さんに大変お世話になった。書籍化するにはもう少し加筆が必要だという助言に従い、本書の三分の一は改めて書き下ろしたものである。まず、コロナ禍の中、高校現場管理職として生徒の命を守りながら、教育実践した内容を整理し文章化した。その結果、博士論文の段階では気づかなかった自傷・自殺予防に関する新たな知見も得ることができた。

さらに、日本学術振興会の科研費に申請することになり、申請書の執筆や本文の加筆についても同社にお世話になった。おかげで採択に至り、本書は令和六年度科学研究費助成事業「学術図書」（課題番号：24HP5132）の助成金を得て刊行される。

また、私自身は、公立学校教員を退職し、本書の内容を含めた知見をより広く伝えるために、現在は、私立大学の教職課程専任教員となり、養護教諭を目指す学生たちに、本書に記載された自傷・自殺対応や教育相談、生徒指導のあり方等についての講義を担当している。

コロナ禍を経験する中で、子どもたちの命を守ることが重要な課題になっていることに養護教諭を目指す学生たちも気づいており、本書に記載された自傷・自殺対応の授業内容を熱心に聴いている。本書の刊行を待ち望んでくれている学生もいる。

本書が、若者の自傷・自殺にかかわる教師や支援者、家族が教育的支援を考える一助となり、ひいては当事者たちが立ち直るきっかけに結びつくことを願ってやまない。

二〇二四年七月

佐野　和規

初出一覧

佐野和規・加藤哲文（2013）青年期の自傷行為とスピリチュアリティ・死生観との関係について――定時制高校在籍者を対象とする分析――学校メンタルヘルス、16（2）第2章該当（加筆修正）

佐野和規（2015）青年期における自傷行為の開始・維持・改善と「居場所」との関係――教員の支援方法に関わる質的分析――応用教育心理学研究、32（1）第4章該当（加筆修正）

佐野和規・加藤哲文（2016）高校生の自傷行為への教師の対応傾向について　学校メンタルヘルス、19（2）第6章該当佐野和規（2017）　学校教育における自傷行為への心理的対応方法に関する研究　兵庫教育大学 博士（学校教育学）甲第二六九号　序章、第3章、第7章、終章該当（加筆修正）
佐野和規（2020）　高校生を対象とした自傷傾向尺度の作成と検討　教育実践学論集、21　第1章該当（加筆修正）

序章　佐野和規（2017）　博士論文　加筆修正
1章　佐野和規（2020）　加筆修正
2章　佐野和規・加藤哲文（2013）　加筆修正
3章　佐野和規（2017）　博士論文　加筆修正
4章　佐野和規（2015）　加筆修正
5章　新規執筆　佐野和規（2015）のデータを基に新たに分析
6章　佐野和規・加藤哲文（2016）　加筆修正
7章　佐野和規（2017）　博士論文　加筆修正
8章　新規執筆　新規実践研究
終章　佐野和規（2017）　博士論文　大幅加筆修正
補論　新規執筆

引用文献

（アルファベット順）

赤澤正人（2009）若年者の自殺関連行動と死生観に関する研究　日本死の臨床研究会　平成21年度研究助成報告書

Allen, J. G., Fonagy, P., & Bateman, A. W.（2008）*Mentalizing in clinical practice*. Washington, D. C.: American Psychiatric Publishing.（アレン、J. G.・フォナギー、P.・ベイトマン、A. W.／狩野力八郎（監修）・上地雄一郎・林創・大澤多美子・鈴木康之・狩野力八郎（訳）（2014）メンタライジングの理論と臨床――精神分析・愛着理論・発達精神病理学の統合　北大路書房）

新井素子（2021）自傷行為の複数の過程――青年期にある大学生の語りの分析　発達心理学研究、32（3）、124-133.

新井素子（2022）自傷行為の悪化に伴う行為者の内的過程――青年期にある行為者の語りの質的分析から　臨床心理学、22（4）、499-507.

安藤治・湯浅泰雄（2007）スピリチュアリティの心理学――心の時代の学問を求めて　せせらぎ出版

Balint, M.（1968）*The basic fault: Therapeutic aspects of regression*. London: Tavistock Publications.（バリント、M／中井久夫（訳）（1978）治療論からみた退行――基底欠損の精神分析　金剛出版）

Bateman, A., & Fonagy, P.（2004）*Psychotherapy for borderline personality disorder: Mentalization-based treatment*. Oxford

University Press, U. S. A.（ベイトマン、A.・フォナギー、P.／狩野力八郎・白波瀬丈一郎（訳）（2008）メンタライゼーションと境界パーソナリティ障害——MBTが拓く精神分析的精神療法の新たな展開　岩崎学術出版社）

Bateman, A. W. & Fonagy, P. (2006) *Mentalization-based treatment for borderline personality disorder: A practical guide.* Oxford University Press.（ベイトマン、A.・フォナギー、P.／池田暁史（監訳）東京メンタライゼーション研究会（訳）（2019）メンタライゼーション実践ガイド——境界性パーソナリティ障害へのアプローチ　岩崎学術出版社）

Beck, A. T., Steer, R. A., & Brown, G. K. (1996) *Manual for the Beck depression inventory-second edition.* Psychological Corp.（ベック、A. T.、・ステア、R. A.、・ブラウン、G. K.／小嶋雅代・古川壽亮訳（2003）日本版BDI-II——ベック抑うつ質問票：手引　日本文化科学社

ベッカー、K.・弓山達也（2009）いのち・教育・スピリチュアリティ　大正大学出版会

Briere, J., & Gil, E. (1998) Self-mutilation in clinical and general population samples: Prevalence, correlates, and junctions. *American Journal of Orthopsychiatry,* 68(4), 609-620.

Charmaz, K. (2006) *Constructing grounded theory: A practical guide through qualitative analysis.* California: Sage Publication Ltd.（シャーマズ、K.／抱井尚子・末田清子（監訳）（2008）グラウンデッド・セオリーの構築——社会構成主義からの挑戦　ナカニシヤ出版）

崔炯仁（2016）メンタライゼーションでガイドする外傷的育ちの克服——「心を見わたす心」と「自他境界の感覚」をはぐくむアプローチ　星和書店

出口保行（2022）　犯罪心理学者が教える子どもを呪う言葉・救う言葉　ＳＢクリエイティブ
デーケン、アルフォンス（1996）　死とどう向き合うか　日本放送出版協会
デーケン、アルフォンス（2003）　よく生きよく笑いよき死と出会う　新潮社
傳田健三（2018）　なぜ子どもは自殺するのか――その実態とエビデンスに基づく予防戦略　新興医学出版社
土居正人・三宅俊治・園田順一（2013）　自傷行為尺度作成の試みとその検討　心身医学、53（12）、1112-1119.
海老根理絵（2008）　死生観に関する研究の概観と展望　東京大学大学院教育学研究科紀要、48、193-202.
Engel, G. L.（1977）　The need for a new medical model: A challenge for biomedicine. *Science*, 196（4286）, 129-136.
Favazza, A.（1996）　*Bodies under siege: self-mutilation and body modification in culture and psychiatry (second edition)*. Baltimore: Johns Hopkins University Press.（ファヴァッツァ、A. R.／松本俊彦他（監訳）・門本泉・井筒節・宮島美穂・小林桜児・今村扶美・勝又陽太郎・安藤俊太郎・和田直樹（訳）（2009）　自傷の文化精神医学――包囲された身体　金剛出版）
藤原俊通・高橋祥友（2005）　自殺予防カウンセリング　駿河台出版社
古田晴彦（2002）　「生と死の教育」の実践――兵庫・生と死を考える会のカリキュラムを中心に　清水書院
藤井美和・李政元・田崎美弥子・松田正己・中根允文（2005）　日本人のスピリチュアリティの表すもの――WHOQOL のスピリチュアリティ予備調査から　日本社会精神医学会雑誌、14（1）、3-17.

フジテレビ（2024）「ライフ」ホームページ　https://www.fujitv.co.jp/b_hp/life/（2024年6月12日取得）

福島喜代子（2013）自殺危機にある人への初期介入の実際――自殺予防の「ゲートキーパー」のスキルと養成　明石書店

福田俊一・増井昌美（2011）克服できるリストカット症候群　星和書店

濱田祥子・村瀬聡美・大高一則（2009）高校生の自傷行為の特徴――行為ごとの経験率と自傷行為前後の感情に着目して　児童青年精神医学とその近接領域、50（5）、504-516.

花川ゆう子（2020）感情を癒す実践メソッド――あなたのカウンセリングがみるみる変わる！　金剛出版

原田克巳・滝脇裕哉（2014）居場所概念の再構成と居場所尺度の作成　金沢大学人間社会学域学校教育学類紀要、6、119-134.

林貴啓（2011）問いとしてのスピリチュアリティ――「宗教なき時代」に生死を語る　京都大学学術出版会

Hawton, K., Rodham, K., & Evans, E. (2006) *By their own young hand: deliberate self-harm and suicidal ideas in adolescents.* Jessica Kingsley Publishers.（ホートン、K.・ロドハム、K.・エヴァンス、E.／松本俊彦・河西千秋（監訳）（2008）自傷と自殺――思春期における予防と介入の手引き　金剛出版）

羽藤邦利（2023）自殺防止の手引き――誰もが自殺防止の強力な命の門番（ゲートキーパー）になるために　金剛出版

平部正樹・小林寛子・藤後悦子・藤本昌樹（2016）通信制高等学校における生徒の精神健康　東京未来大学研究紀要、9、167-178.

平部正樹・小林寛子・藤後悦子・藤本昌樹・藤城有美子・北島正人（2017）入学状況から見た通信制高等学校生徒の精神健康　東京未来大学研究紀要、10、135-144.

平井啓・坂口幸弘・安部幸志・森川優子・柏木哲夫（2000）死生観に関する研究——死生観尺度の構成と信頼性・妥当性の検証　死の臨床、23（1）、71-76.

帚木蓬生（2017）ネガティブ・ケイパビリティ——答えの出ない事態に耐える力　朝日新聞出版

Huband, N. & Tantam, D.（2004）Repeated self-wounding: women's recollection of pathways to cutting and of the value of different interventions. *Psychology and Psychotherapy: Theory, Research and Practice*, 77, 413-428.

International Society for the Study of Self-Injury（2024）https://www.itriples.org/（2024年8月14日取得）

一瀬英史（2005）暴力予防教育のための暴力意識尺度と高校生用スピリチュアリティ尺度の作成（兵庫教育大学大学院修士論文未刊行）

家接哲次・小玉正博（1999）新しい抑うつスキーマ尺度の作成の試み　健康心理学研究、12（2）、37-46.

飯田史彦（1996）〝生まれ変わりの科学〟が人生を変える　ＰＨＰ研究所

飯田史彦・吉田武男（2009）スピリチュアリティ教育のすすめ——「生きる意味」を問い「つながり感」を構築する本質的教育とは　ＰＨＰ研究所

飯島有哉・桂川泰典（2019）自傷行為からの回復過程における自傷行為に対する評価の変容プロセス　日本認知・行動療法学会大会プログラム・抄録集、45（0）、431-432.

石本雄真（2009）居場所概念の普及およびその研究と課題　神戸大学大学院人間発達環境学研究科研究紀要、3（1）、93-100.

Jacobs, D., Walsh, B. W., McDade, M., & Pigeon, S.（2009）*Signs of self-injury: act to prevent self-injury high school implementation guide and resources.* Screening for Mental Health, Inc and The Bridge of Central MA.（ジェイコブ、D.・ウォルシュ、B. W.・マックデイド、M.・ピジョン、S.／松本俊彦（監訳）（2010）学校における自傷予防――『自傷のサイン』プログラム実施マニュアル　金剛出版）

柿内真紀・大谷直史・太田美幸（2010）現代における定時制高校の役割　鳥取大学生涯教育総合センター研究紀要、6、1-25.

片田珠美（2017）拡大自殺――大量殺人・自爆テロ・無理心中　ＫＡＤＯＫＡＷＡ

角丸歩（2004）大学生における自傷行為の臨床心理学的考察 臨床教育心理学研究、30（1）、89-105.

鎌田東二（2015）講座スピリチュアル学第5巻 スピリチュアリティと教育　ビイング・ネット・プレス

上地雄一郎（2015）メンタライジング・アプローチ入門――愛着理論を生かす心理療法　北大路書房

川島大輔・荘島幸子・川野健治（2011）生徒の自傷・自殺への教師の対応困難感についての探索的検討 自殺予防と危機介入、31（1）、51-57.

木下康仁（2007）ライブ講義M-GTA 実践的質的研究法 修正版グラウンデッド・セオリー・アプローチのすべて　弘文堂

北山修（1993）自分と居場所　岩崎学術出版社

金愛慶（2006）日本の若者におけるピアッシング行為に関する一考察――自傷行為との関連性を中心に　白梅学園大学・短期大学紀要、42、13-28.

金愛慶（2009）小・中・高校における自傷行為への対応上の問題・限界・要望　名古屋学院大学論集（社会

科学篇）、45（3）、83-90.

金愛慶・土川洋子・金子尚弘・若本純子（2008）小・中・高校における児童生徒の自傷行為への対応（Ⅰ）名古屋学院大学論集（人文・自然科学篇）、44（2）、65-76.

Kool, N., van Meijel, B. & and Bosman, N. (2009) Behavioral change in patients with severe self-injurious behavior: a patient's perspective. *Archives of Psychiatric Nursing*, 23(1), 25-31.

國分康孝（監修）・片野智治（編）・加勇田修士・國分久子・岡田弘・吉田隆江（1999）エンカウンターで学級が変わる 高等学校編 図書文化社

小菅康・内田一成（2008）児童自立支援施設に在籍する生徒への集団認知行動療法の臨床効果（上越教育大学大学院修士論文未刊行）

講談社（2024）講談社漫画賞 過去の受賞者一覧 講談社ホームページ https://www.kodansha.co.jp/award/description/61167.html（2024年6月15日取得）

厚生労働省（2009）うつ病の認知療法・認知行動療法 治療者用マニュアル 平成21年度厚生労働省こころの健康科学研究事業「精神療法の実施方法と有効性に関する研究」https://www.mhlw.go.jp/bunya/shougaihoken/kokoro/dl/01.pdf（2024年6月15日取得）

小柳和喜雄（2004）教師の成長と教員養成におけるアクション・リサーチの潜在力に関する研究 奈良教育大学教育学部附属教育実践総合センター研究紀要、13、83-92.

窪寺俊之（2000）スピリチュアルケア入門 三輪書店

窪寺俊之（2004）スピリチュアルケア学序説 三輪書店

熊田亘・1997年度埼玉県立志木高校3年生「倫理」選択者（1998）高校生と学ぶ死――「死の授業」の1年間　清水書院
Lacey, J. H., & Evans, C. D.（1986）The impulsivist: a multi-impulsive personality disorder. *British Journal of Addiction*, 81(5), 641-649.
Linehan, M. M.（1993）*Cognitive-behavioral treatment of borderline personality disorder.* New York: The Guilford Press.（リネハン、M. M.／大野裕（監訳）（2007）境界性パーソナリティ障害の弁証法的行動療法――DBTによるBPDの治療　誠信書房）
正木晃（2006）カラーリング・マンダラ　春秋社
松本俊彦（2008）自傷行為の理解と対応　現代のエスプリ（子どもの自殺予防）、488、55-67.
松本俊彦（2009）自傷行為の理解と援助――「故意に自分の健康を害する」若者たち　日本評論社
松本俊彦（2011）アディクションとしての自傷――「故意に自分の健康を害する」行動の精神病理　星和書店
松本俊彦（2015）自分を傷つけずにはいられない――自傷から回復するためのヒント　講談社
松本俊彦（2021）「死にたい」に現場で向き合う――自殺予防の最前線　日本評論社
松本俊彦（2023）なぜ子どもの自殺が増えているのか？　月刊生徒指導、53（12）、12-15.
松本俊彦・今村扶美（2006）青年期における『故意に自分の健康を害する』行為に関する研究――中学校・高等学校・矯正施設における自傷行為の実態とその心理学的特徴　財団法人明治安田こころの健康財団　研究助成論文集、42、37-50.

松本俊彦・今村扶美・勝又陽太郎（2009）資料　児童・生徒の自傷行為に対応する養護教諭が抱える困難について――養護教諭研修会におけるアンケート調査から　精神医学、51（8）、791-799.
松本俊彦・山口亜希子（2006）展望　自傷の概念とその研究の焦点　精神医学、48（5）、468-479.
松岡靖子（2012a）自傷行為を呈した生徒への常勤型スクールカウンセラーの対応――即時性と連携体制　カウンセリング研究、45（1）、51-61.
松岡靖子（2012b）常勤型スクールカウンセラーによる枠組み作りの工夫　名古屋大学大学院教育発達科学研究科紀要（心理発達科学）、59、61-70.
目黒達哉（2007）自傷行為を呈した生徒の学校と家族へのコミュニティ心理学的援助――スクールカウンセラーの役割について　コミュニティ心理学研究、10（2）、213-224.
Menninger, K. A.（1938）*Man against himself.* New York: Harcourt Brace and Company.
Miller, A. L., Rathus, J. H., & Linehan, M. M.（2007）*Dialectical behavior therapy with suicidal adolescents.* New York: The Guilford Press.（ミラー、A. L.・レイサス、J. H.・リネハン、M. M.／高橋祥友（訳）（2008）弁証法的行動療法――思春期患者のための自殺予防マニュアル　金剛出版）
南沢かほり・内田一成（2011）高校生の抑うつ予防に関する集団認知行動療法的介入プログラムの臨床効果――定時制高校に通う生徒を対象として（上越教育大学大学院修士論文未刊行）
文部科学省（2009）心のノート改訂版　小学校3・4年　小学校5・6年　中学校　https://doutoku.mext.go.jp/html/basic.html#mextdoc（2024年6月16日取得）
文部科学省（2017）高等学校通信教育の質の確保・向上方策について（審議のまとめ）　https://www.mext.go.jp/

component/b_menu/shingi/toushin/_icsFiles/afieldfile/2017/08/07/1388794_1.pdf（2024年6月16日取得）
文部科学省（2018）高等学校学習指導要領（平成三〇年七月）解説 https://www.mext.go.jp/content/20220802-mxt_kyoiku02-100002620_03.pdf（2024年10月6日取得）
文部科学省（2021）通信制高等学校の質の確保・向上に関する調査研究協力者会議（審議まとめ） https://www.mext.go.jp/content/20210312-mxt_koukou01-000013355_01.pdf（2024年6月16日取得）
文部科学省（2022）生徒指導提要（改訂版） https://www.mext.go.jp/content/20230220-mxt_jidou01-000024699-201-1.pdf（2023年8月27日取得）
文部科学省（2023）高等学校通信教育の質の確保・向上のためのガイドライン https://www.mext.go.jp/content/000235322.pdf（2024年8月12日取得）
森田真季（2007）死生観とアイデンティティ、ストレッサー、コーピングとの関連——大学生を対象に 心理臨床学研究、25（5）、505-515.
諸富祥彦（2001）トランスパーソナル心理療法入門 日本評論社
諸富祥彦・藤見幸雄（2003）トランスパーソナル心理療法 現代のエスプリ、435.
内閣府（2015）平成26年度我が国における自殺の概要及び自殺対策の実施状況
中川泰彬・大坊郁夫（1996）日本版ＧＨＱ 精神健康調査票手引 日本文化科学社
中村雅彦・長瀬雅子（2004）看護師と看護学生のスピリチュアリティ構成概念に関する研究 トランスパーソナル心理学／精神医学、5（1）、45-51.
中野武房・日野宜千・森川澄男（2002）学校でのピア・サポートのすべて——理論・実践例・運営・ト

レーニング　ほんの森出版学校
中山恵理・内田一成（2009）子どもから成人まで適用可能な抑うつ表情認知尺度の開発可能性について　上越教育大学心理教育相談研究、8（1）、35-42.
行木順子（2003）自他を大切にする心を育むプログラムの開発　学校教育相談研究、13
南条あや（2004）卒業式まで死にません――女子高生南条あやの日記　新潮社
日本ホリスティック教育協会（2005）ホリスティック教育入門（復刻・増補版）せせらぎ出版
西園昌久・安岡誉（1979）手首自傷症候群　臨床精神医学、8、1309-1315.
Nixon, M. K., & Heath, N. L.（2008）*Self-Injury in youth: the essential guide to assessment and intervention.* New York & London: Routledge.
野口裕二（2002）物語としてのケア――ナラティヴ・アプローチの世界へ　医学書院
野坂祐子（2019）トラウマインフォームドケア――〝問題行動〟を捉えなおす援助の視点　日本評論社
小楠範子（2004）スピリチュアリティの概念の検討　臨床死生学、9、1-8.
岡田斉（2005）自傷行為に関する質問紙作成の試みⅢ――刃物による自傷行為に着目して　文教大学人間科学部人間科学研究、27、39-50.
岡田斉（2008）コラム　自傷行為の現状と要因――アンケート調査より　臨床心理学、8（4）、481
大石和男・安川通雄・濁川孝志（2008）死生観に関する教育による生きがい感の向上　トランスパーソナル心理学／精神医学、8（1）、44-50.
大宮美智枝・落合優（2003）高等学校における「いのちの教育」の研究・第一報　横浜国立大学教育人間

科学部紀要、1、教育科学、5、117-136.
大谷直史・柿内真紀（2011）定時制高校における生徒像の変容と生徒指導方針　鳥取大学教育研究論集、1、3-9
大塚明子・熊野宏昭・瀬戸正弘・上里一郎（2001）中学生の自殺親和状態尺度作成の試み　カウンセリング研究、34（1）、21-30.
尾崎真奈美（2004）教育現場におけるスピリチュアル・ヘルス　トランスパーソナル心理学　精神医学、5（1）、8-14.
尾崎真奈美（2005）健康概念からみたスピリチュアリティー　トランスパーソナル学研究、7、25-35.
尾崎真奈美（2013）「与える喜びの心理学」——ポジティブ心理学第二世代（研究発表論文）国際生命情報科学会誌、31（1）、61-66.
尾崎真奈美・石川勇一・松本孚（2005）相模女子大生のスピリチュアリティー特徴と「スピリチュアル教育」マニュアル作成の試み　相模女子大学紀要、A、人文・社会系、68、31-46.
Rosenberg, M. (1965) *Society and the adolescent self-image.* Princeton: Princeton University Press.
Rosenthal, R. J., Rinzler, C., Wallsh, R., & Klausner, E. (1972) Wrist-cutting syndrome: the meaning of a gesture. *American Journal of Psychiatry,* 128(11), 1363-1368.
相良賢治・諸富祥彦（2012）中学校「スピリチュアルな価値観」を育てる道徳授業——子どもの「内なる力」を呼び覚ます　明治図書出版
西條剛央（2007）ライブ講義・質的研究とは何か（SCQRM ベーシック編——研究の着想からデータ収集、

分析、モデル構築まで　新曜社
斎藤環（2015）オープンダイアローグとは何か　医学書院
坂口由佳（2013）自傷行為をする生徒たちに対して学校はどのような対応をしているのか——自傷行為経験者のブログから　教育心理学研究、61（3）、290-310.
坂口由佳（2015）自傷行為に対する教職員の対応の実態と背景の把握——中学校・高等学校における質問紙調査から　学校メンタルヘルス、18（1）、30-39.
坂口由佳（2021）自傷行為への学校での対応——援助者と当事者の語りから考える　新曜社
坂本真士・田中江里子・丹野義彦・大野裕（2004）Beck の抑うつモデルの検討——DASとATQを用いて　日本大学心理学研究、25（1）、14-23.
阪中順子（2015）学校現場から発信する　子どもの自殺予防ガイドブック——いのちの危機と向き合って　金剛出版
佐久間浩美（2011）自傷行為を繰り返し自殺企図のある生徒に対する学校生活適応プログラムの実践と検討——事例を通して学校における支援体制及び養護教諭の役割を考える　日本健康相談活動学会誌、6（1）、89-106.
桜井茂男（2000）ローゼンバーグ自尊感情尺度日本語版の検討　筑波大学発達臨床心理学研究、12、65-71.
佐野和規（2015）青年期における自傷行為の開始・維持・改善と「居場所」との関係——教員の支援方法に関わる質的分析　応用教育心理学研究、32（1）、43-59.
佐野和規（2022）早期発見の前提としての広範な定義、全件組織的対応の共通理解　今井五郎・嶋崎政男・渡部邦雄（編）　学校教育相談の理論・実践事例集 いじめの解明　第Ⅲ部　事例編　早期発見のための校内体制――各教師の役割　第一法規

佐野和規・加藤哲文（2013）　青年期の自傷行為とスピリチュアリティ・死生観との関係について――定時制高校在籍者を対象とする分析　学校メンタルヘルス、16（2）、140-151.

佐野洋子（1977）　100万回生きたねこ　講談社

Sansone, R. A., Wiederman, M. W., & Sansone, L. A.（1998）　The self-harm inventory （SHI）: development of a scale for identifying self-destructive behaviors and borderline personality disorder. *Journal of Clinical Psychology*, 54(7), 973-983.

佐藤郁哉（2008）　質的データ分析法――原理・方法・実践　新曜社

Seikkula, J., & Arnkil, T. E.（2014）　*Open dialogues and anticipations: respecting otherness in the present moment.* National Institute for Health and Welfare（セイックラ、J.・アンキル、T. E.／斎藤環（監訳）（2019）　開かれた対話と未来――今この瞬間に他者を思いやる　医学書院）

Selbey, E. A., Beder, T. W., Gordon, K. H., Nock, M. K., & Joiner Jr, T. E.（2012）　Non-suicidal self-injury（NSSI）disorder: a preliminary study. *Personality Disorders: Theory, Research, and Treatment*, 3(2), 167-175.

Shapiro, S.（2008）　Addressing self-injury in the school setting. *Journal of School Nursing*, 24(3), 124-130.

Shea, S. C.（1999）　*The practical art of suicide assessment: a guide for mental health professionals and substance abuse counselors.* John Wiley & Sons Inc.（シア、S. C.／松本俊彦（監訳）・鈴木剛子・近藤正臣・富田拓郎訳（2012）自殺リスクの理解と対応――「死にたい」気持にどう向き合うか　金剛出版）

清水惠子（2010-12）青少年を対象とした自殺予防教育の推進に関する研究　山梨県立大学地域研究交流センター研究報告書
清水將之・柳田邦男・井出浩・田中究（2012）災害と子どものこころ　集英社
下山晴彦（2005）連続講座 アセスメントのすすめ方（5）どのような枠組みに基づいてアセスメントをするのか——生物−心理−社会モデルを活用する　臨床心理学、5（5）（通号29）、692-698.
末木新（2020）自殺学入門——幸せな生と死とは何か　金剛出版
末木新（2023）「死にたい」と言われたら——自殺の心理学　筑摩書房
すえのぶけいこ（2002-2009）ライフ　第1〜20巻　講談社
相馬誠一・伊藤美奈子（編著）（2020）子どもたちに〃いのちと死〃の授業を——学校で行う包括的自殺予防プログラム　学事出版
髙橋聡美（2022a）地域でできる自殺予防——基礎からわかるゲートキーパーの役割　日本医学出版
髙橋聡美（2022b）大人は子どもの「助けて」を受け止められているか？——「ＳＯＳの出し方教育」の中で見えてきたこと　こころの科学、226、10-14.
髙橋聡美（2023）改訂版　教師にできる自殺予防——子どものＳＯＳを見逃さない　教育開発研究所
高橋祥友（2022）自殺の危険——臨床的評価と危機介入　第4版　金剛出版
髙野成一・青木真理（2022）通信制高等学校における教育相談の取組み　福島大学人間発達文化学類附属学校臨床支援センター紀要、6、49-58.
竹森元彦（1999）心の発達における居場所の役割　鳴門教育大学研究紀要（教育科学編）、14、127-136.

田中志帆（2012）定時制高校での教育相談、スクールカウンセリングにおける今日的課題　青山學院女子短期大學紀要、66、79-92.
田村節子・石隈利紀（2017）石隈・田村式援助シートによる子ども参加型チーム援助――インフォームドコンセントを超えて　図書文化社
丹下智香子（1995a）死生観の展開　名古屋大學教育學部紀要（教育心理学科）、42、149-156.
丹下智香子（1995b）青年期における死生観と心理的発達（平成６年度教育心理学専攻修士学位論文概要）　名古屋大學教育學部紀要（教育心理学科）、42、219-220.
丹下智香子（1999）青年期における死に対する態度尺度の構成および妥当性・信頼性の検討　心理学研究、70（4）、327-332.
谷口奈青理（1994）青年期女子における自己破壊傾向と母子関係について　京都大学教育学部紀要、40、277-288.
田崎美弥子・松田正己・中根允文（2001）スピリチュアリティに関する質的調査の試み 日本医事新報、4036、24-32.
田崎美弥子・松田正己・中根允文（2002）フロントライン2002　健康概念 日本人にとって〝スピリチュアル〟とは何か――ＷＨＯ質的調査から考える　看護学雑誌、66（2）、172-176.
得丸定子（2008）「いのち教育」をひもとく――日本と世界　現代図書
豊田秀樹（2007）共分散構造分析　Amos編――構造方程式モデリング　東京図書
Turner, V. J.（2002）*Secret scars: uncovering and understanding the addiction of self-injury.* Hazelden Foundation.（ター

ナー、V. J. ／小国綾子（訳）松本俊彦（監修）（2009）　自傷からの回復――隠された傷と向き合うとき　みすず書房）
Wagner, J. A.（2008）　Self-injury, sexual self-concept, and spiritual development: insights, interaction and implications for college-aged females. *Dissertation Abstracts International: Section B: The Sciences and Engineering*, 69(2-B), 1350.
若山隆（2001）　こころとからだの在るところ――私たちの居場所の問題　現代と文化（日本福祉大学研究紀要）、105、67-82.
Walsh, B. W.（2006）　*Treating self-injury: a practical guide.* The Guilford Press.（ウォルシュ、B. W. ／松本俊彦・山口亜希子・小林桜児（訳）（2007）　自傷行為治療ガイド　金剛出版）
Walsh, B. W., & Rosen, P. M.（1988）　*Self-mutilation: theory, research, and treatment.* The Guilford Press.（ウォルシュ、B. W.・ローゼン、P. M. ／松本俊彦・山口亜希子（訳）（2005）　自傷行為――実証的研究と治療指針　金剛出版）
Washburn, J. J., Potthoff, L. M., Juzwin, K. R., & Styer, D. M.（2015）　Assessing DSM-5 nonsuicidal self-injury disorder in a clinical sample. *Psychological Assessment*, 27(1), 31–41.
Wasserman, D., Hoven, C. W., Wasserman, C., Wall, M., Eisenberg, R., Hadlaczky, G., Kelleher, I., Sarchiapone, M., Apter, A., Balazs, J., Bobes, J., Brunner, R., Corcoran, P., Cosman, D., Guillemin, F., Haring, C., Iosue, M., Kaess, M., Kahn, ...& Carli, V.（2015）　School-based suicide prevention programmes: the SEYLE cluster-randomised, controlled trial. *Lancet* , 385(9977), 1536-1544.
渡辺弥生・小林朋子（2013）　10代を育てるソーシャルスキル教育――感情の理解やコントロールに焦点を

当てて（改訂版） 北樹出版

Wells, A. & Axe, J. B.（2013） A Three-tiered approach for addressing nonsuicidal self-injury in the classroom. *Beyond Behavior*, 22(2), 35-43.

Wilber, K.（1995） *Sex, ecology, spirituality: the spirit of evolution*, Shambhala Publications.（ウィルバー、K. ／松永太郎（訳）（1998） 進化の構造1、2 春秋社）

Wilcox, H. C., Kellam, S. G., Brown, C. H., Poduska, J. M., Ialongo, N. S., Wang, W., & Anthony, J. C.（2008） The impact of two universal randomized first- and second-grade classroom interventions on young adult suicide ideation and attempts. *Drug Alcohol Depend*, 95(Suppl 1), S60-73.

Winnicott, D. W.（1965） *The maturational processes and the facilitating environment: studies in the theory of emotional development.* International Universities Press.（ウィニコット、D. W. ／牛島定信訳（1977） 情緒発達の精神分析理論――自我の芽ばえと母なるもの 岩崎学術出版社）

山口亜希子・松本俊彦（2005） 女子高校生における自傷行為――喫煙・飲酒、ピアス、過食傾向との関係 精神医学、47（5）、515-522.

山口亜希子・松本俊彦（2006） 女子大学生における自傷行為と過食行動の関連 精神医学、48（6）、659-667.

山口亜希子・松本俊彦・近藤智津恵・小田原俊成・竹内直樹・小阪憲司・澤田元（2004） 大学生における自傷行為の経験率――自記式質問票による調査 精神医学、46（5）、473-479.

山口豊・中村結美花・窪田辰政・橋本佐由理・松本俊彦・宗像恒次（2014） 自傷行為と心理特性との関連

についての予備研究　東京情報大学研究論集、17（2）、13-20.
山本紀子（2006）〝消えたい〟症候群　リストカットとオーバードーズ——生への処方箋を考える　教育史料出版会
山梨日日新聞（2021）10月12日号
山梨日日新聞（2023a）10月26日号　論説「深まる理不尽「なぜ」解明を」
山梨日日新聞（2023b）11月3日号
山梨日日新聞（2023c）12月12日号
山岡俊英（2002）大学生の居場所とセルフエスティームに関する一研究　佛教大学教育学部学会紀要、1、137-167.
山下文夫（2008）生と死の教育——「いのち」の体験授業　解放出版社
安福純子・平松和枝・出水典子・佐藤典子（2010）青年期の自傷に関する考察——保健室における養護教諭の対応　大阪教育大学紀要　第Ⅳ部門　教育科学、58（2）、173-184.
安岡誉（1997）自傷・自殺と人格障害　成田善弘（編）現代のエスプリ別冊　人格障害　至文堂
吉田美穂・越村康英（2022）ヤングケアラーと子どもの貧困——青森県の定時制・通信制高校生調査を踏まえて　弘前大学教育学部紀要、128、113-122.
吉川悟・赤津玲子・伊東秀章（2019）システムズアプローチによるスクールカウンセリング——システム論からみた学校臨床（第2版）金剛出版

索引

（五十音順）

【た】

【ち】

【ひ】

【ふ】

【へ】

【ほ】

資料1　高校生《こうこうせい》の生命観《せいめいかん》に関《かん》するアンケート

これは、高校生《こうこうせい》のみなさんが、命《いのち》や自分《じぶん》自身《じしん》についてどのように考《かんが》えているか調《しら》べるためのアンケートです。以下《いか》の質問《しつもん》について、「すごくそう思《おも》う（すごくあてはまる）」から「まったくそう思《おも》わない（まったくあてはまらない）」までの間《あいだ》で、自分《じぶん》にあてはまるところの数字《すうじ》に1つだけ○をつけて回答《かいとう》してください（例《れい》を参考《さんこう》にしてください）。また、飛《と》ばさず、全部《ぜんぶ》の質問《しつもん》に必《かなら》ず回答《かいとう》してください。

		すごくそう思う（すごくあてはまる）	そう思う（あてはまる）	どちらでもない	そう思わない（あてはまらない）	まったくそう思わない（まったくあてはまらない）
例	アイスクリームが好《す》きである	5	④	3	2	1
1	スポーツをするのが好《す》きである。　ここから回答してください	5	4	3	2	1
2	まじめによく努力《どりょく》する方《ほう》である。	5	4	3	2	1
3	携帯《けいたい》かパソコンでネットをよくやっている。	5	4	3	2	1
4	食 事《しょくじ》は決《き》まった時間《じかん》にとる。	5	4	3	2	1
5	自分《じぶん》の感情《かんじょう》や気持《きも》ちを、素直《すなお》に表現《ひょうげん》できますか。	5	4	3	2	1
6	願《ねが》い事《ごと》を叶《かな》えたい時《とき》や感謝《かんしゃ》したいときに「祈《いの》る」ことがある。	5	4	3	2	1
7	自分《じぶん》の死《し》について考《かんが》えることがよくある。	5	4	3	2	1
8	がんばってとりくめるものがある。	5	4	3	2	1
9	身体《からだ》の痛《いた》みの方が、心《こころ》の痛《いた》みよりましである。	5	4	3	2	1
10	私 一人《わたしひとり》で感動《かんどう》するよりも、友達《ともだち》と同《おな》じ感動《かんどう》を味《あじ》わいたい。	5	4	3	2	1
11	私《わたし》は人生《じんせい》にはっきりとした使命《しめい》と目的《もくてき》を見出《みいだ》している。	5	4	3	2	1
12	自分《じぶん》の健康 状 態《けんこうじょうたい》に満足《まんぞく》していますか。	5	4	3	2	1
13	私《わたし》は死《し》を非常《ひじょう》に恐《おそ》れている。	5	4	3	2	1
14	学校《がっこう》で受《う》けている授業《じゅぎょう》はよく理解《りかい》できる。	5	4	3	2	1
15	自分《じぶん》が生《う》まれてきたのは、単《たん》なる偶然《ぐうぜん》ではなく、意味《いみ》や使命《しめい》があるからだと思《おも》う。	5	4	3	2	1
16	危険《きけん》なことをわざとやりたくなる。	5	4	3	2	1
17	人《ひと》は死後《しご》、また生《う》まれ変《か》わると思《おも》う。	5	4	3	2	1
18	ある点《てん》で人《ひと》よりすぐれていると思《おも》う。	5	4	3	2	1
19	生活《せいかつ》のリズムをくずさないように睡眠時間《すいみんじかん》に気《き》をつけている。	5	4	3	2	1
20	自分《じぶん》はかけがえのない大切《たいせつ》な存在《そんざい》だと思《おも》う。	5	4	3	2	1
21	家族《かぞく》や友人《ゆうじん》と死《し》についてよく話《はな》す。	5	4	3	2	1
22	流 行《りゅうこう》に合《あ》わせて趣味《しゅみ》を変《か》えるのも楽《たの》しいものだ。	5	4	3	2	1
23	自分《じぶん》の今《いま》の体《からだ》に満足《まんぞく》している。	5	4	3	2	1
24	現在《げんざい》、自分《じぶん》を傷《きず》つけることをしている。	5	4	3	2	1
25	いつも自分《じぶん》の意見《いけん》をもつようにしている。	5	4	3	2	1

次《つぎ》のページにつづきます。がんばって。

		すごくそう思う（すごくあてはまる）	そう思う（あてはまる）	どちらでもない	そう思わない（あてはまらない）	まったくそう思わない（まったくあてはまらない）
26	単《たん》なる偶然《ぐうぜん》とは言《い》えない、びっくりするような偶然《ぐうぜん》に出会《であ》ったことがある。	5	4	3	2	1
27	自分《じぶん》の体《からだ》が傷《きず》つかないように注意《ちゅうい》している。	5	4	3	2	1
28	私《わたし》は死《し》をこの人生《じんせい》の重荷《おもに》からの解放《かいほう》と思《おも》っている。	5	4	3	2	1
29	ゆっくり休息《きゅうそく》しリラックスできる時間《じかん》や空間《くうかん》がある。	5	4	3	2	1
30	学校生活《がっこうせいかつ》では充実感《じゅうじつかん》や満足感《まんぞくかん》を覚《おぼ》えることがある。	5	4	3	2	1
31	世《よ》の中《なか》には「霊《れい》」や「たたり」があると思《おも》う。	5	4	3	2	1
32	私《わたし》の健康《けんこう》は、私自身《わたしじしん》で気《き》をつける。	5	4	3	2	1
33	どんなことをしても死《し》を考《かんが》えることを避《さ》けたい。	5	4	3	2	1
34	日頃《ひごろ》からあなたの実力《じつりょく》を評価《ひょうか》し、認《みと》めてくれる人《ひと》がいる。	5	4	3	2	1
35	私《わたし》は、目《め》に見《み》えない大《おお》きな力《ちから》で支《ささ》えられている。	5	4	3	2	1
36	自分《じぶん》なりの価値観《かちかん》を持《も》っている方《ほう》である。	5	4	3	2	1
37	死《し》は恐《おそ》ろしいのであまり考《かんが》えないようにしている。	5	4	3	2	1
38	この世《よ》の中《なか》に、自分《じぶん》を必要《ひつよう》としている何《なに》かがあると思《おも》う。	5	4	3	2	1
39	自分《じぶん》はもうどうなってもかまわない、という気持《きも》ちになる。	5	4	3	2	1
40	未来《みらい》は明《あか》るい。	5	4	3	2	1
41	自《みずか》らを傷《きず》つけるのは格好悪《かっこうわる》い	5	4	3	2	1
42	科学的《かがくてき》に証明《しょうめい》されないことは、信《しん》じない方《ほう》である。	5	4	3	2	1
43	死《し》ぬことがこわい。	5	4	3	2	1
44	私《わたし》は人生《じんせい》の意義《いぎ》、目的《もくてき》、使命《しめい》を見出《みいだ》す能力《のうりょく》が十分《じゅうぶん》にある。	5	4	3	2	1
45	学校内《がっこうない》に自分《じぶん》の本音《ほんね》や悩《なや》みを話《はな》せる友人《ゆうじん》がいる。	5	4	3	2	1
46	何《なん》でも人《ひと》に負《ま》けるのはいやです。	5	4	3	2	1
47	体《からだ》のどこかが痛《いた》むようなことはほとんどない。	5	4	3	2	1
48	生《い》きることは価値《かち》があると感《かん》じている。	5	4	3	2	1
49	死後《しご》の世界《せかい》はあると思《おも》う。	5	4	3	2	1
50	星空《ほしぞら》、日《ひ》の出《で》や夕日《ゆうひ》、山《やま》や海《うみ》といった自然《しぜん》の風景《ふうけい》に感動《かんどう》する。	5	4	3	2	1
51	身近《みぢか》な人《ひと》の死《し》をよく考《かんが》える。	5	4	3	2	1
52	お寺《てら》、神社《じんじゃ》、教会《きょうかい》などから安心感《あんしんかん》を得《え》ることができる。	5	4	3	2	1
53	神秘的《しんぴてき》なことはあまり関心《かんしん》がない。	5	4	3	2	1
54	私《わたし》は死《し》についての考《かんが》えが思《おも》い浮《う》かんでくると、いつもそれをはねのけようとする。	5	4	3	2	1
55	リストカットに関《かん》するドラマやマンガ、本《ほん》をみたことがある。	5	4	3	2	1

次《つぎ》のページにつづきます。がんばって。

		すごくそう思う（すごくあてはまる）	そう思う（あてはまる）	どちらでもない	そう思わない（あてはまらない）	まったくそう思わない（まったくあてはまらない）
56	クラス内《ない》に別々《べつべつ》のグループなど無《な》く、みんな一《ひと》つのグループだったら良《よ》いと思《おも》う。	5	4	3	2	1
57	学校内《がっこうない》で私《わたし》を認《みと》めてくれる先生《せんせい》がいる。	5	4	3	2	1
58	死《し》は魂《たましい》の解放《かいほう》をもたらしてくれる。	5	4	3	2	1
59	科学《かがく》が進歩《しんぽ》すれば面倒《めんどう》でやっかいなことはなくなり、豊《ゆた》かな社会《しゃかい》になる。	5	4	3	2	1
60	自分《じぶん》が死《し》ぬことを考《かんが》えると、不安《ふあん》になる。	5	4	3	2	1
61	自分《じぶん》の体《からだ》を傷《きず》つける人《ひと》の気持《きも》ちが理解《りかい》できない。	5	4	3	2	1
62	「死《し》とは何《なん》だろう」とよく考《かんが》える。	5	4	3	2	1
63	年《ねん》に一度《いちど》くらいお墓参《はかまい》りをする。	5	4	3	2	1
64	それぞれの命《いのち》というものは、全《すべ》て一《ひと》つの命《いのち》としてつながっていると思《おも》う。	5	4	3	2	1
65	寿命《じゅみょう》は最初《さいしょ》から決《き》まっていると思《おも》う。	5	4	3	2	1
66	私《わたし》は、どんなに腹《はら》が立《た》っても、誰《だれ》かをたたくようなことはしない。	5	4	3	2	1
67	日頃《ひごろ》、よく笑《わら》う。	5	4	3	2	1
68	私《わたし》は、死《し》とはこの世《よ》の苦《くる》しみから解放《かいほう》されることだと思《おも》っている。	5	4	3	2	1
69	リストカットなどの体《からだ》を傷《きず》つけることをしたことがある。	5	4	3	2	1
70	死《し》は恐《おそ》ろしいものだと思《おも》う。	5	4	3	2	1
71	調子《ちょうし》が悪《わる》くなると薬《くすり》に頼《たよ》ってしまいがちだ。	5	4	3	2	1
72	死《し》んでも魂《たましい》は残《のこ》ると思《おも》う。	5	4	3	2	1
73	人《ひと》の生死《せいし》は目《め》に見《み》えない力《ちから》（運命《うんめい》、神《かみ》など）によって決《き》められている。	5	4	3	2	1
74	私《わたし》の人生《じんせい》について考《かんが》えると、今《いま》ここにこうして生《い》きている理由《りゆう》がはっきりとしている。	5	4	3	2	1
75	私《わたし》は、自分《じぶん》の進路《しんろ》のことを真剣《しんけん》に考《かんが》えている。	5	4	3	2	1
76	私《わたし》は死《し》について考《かんが》えることを避《さ》けている。	5	4	3	2	1
77	人《ひと》の寿命《じゅみょう》はあらかじめ「決《き》められている」と思《おも》う。	5	4	3	2	1
78	死《し》は痛《いた》みと苦《くる》しみからの解放《かいほう》である。	5	4	3	2	1
79	周囲《しゅうい》の人々《ひとびと》によって自分《じぶん》が支《ささ》えられていると感《かん》じる。	5	4	3	2	1
80	あなたの家族《かぞく》は、普段《ふだん》からあなたの気持《きも》ちをよく理解《りかい》してくれる。	5	4	3	2	1
81	赤《あか》ちゃんをみると「かわいいな」と思《おも》いますか。	5	4	3	2	1
82	私《わたし》には、将来《しょうらい》の目標《もくひょう》がある。	5	4	3	2	1

やりのこしや、とばしたところがないか見《み》なおしてください。ご協力《きょうりょく》ありがとうございました。

資料２　教師の自傷生徒への対応に関する質問紙調査

質問1	担任している生徒の腕にリストカット（自傷行為）の傷跡があるのをみつけた場合、担任としてのあなたはどのように対応したり行動したりしますか（現在担任でない方も、自分が担任だった場合を想定してお考えください）。ご自身の対応の仕方として、各問ごとの、「必ずそうする（強くそう思う）5」から「決してそうしない（決してそう思わない）1」までの中で、当てはまる数字に○を１つお付けください。（なお、自傷行為への対応にはいろんな説があり、正しい対応というものはありません。正しい対応ができるかどうかを判断するためのアンケートではありませんので、思うとおりにお答えください。）

		必ずそうする（強くそう思う）	そうする（そう思う）	どちらともいえない	そうしない（そう思わない）	決してそうしない（決してそう思わない）
1	本人を刺激しないためにあえて話しかけず、そっとしておく。	5	4	3	2	1
2	学年主任等に報告した方がいいと考える。	5	4	3	2	1
3	スクールカウンセラーがいれば、担任として相談してみる。	5	4	3	2	1
4	本人に医者への受診を勧める。	5	4	3	2	1
5	管理職への報告を考える。	5	4	3	2	1
6	本人を呼んで、どうしてなのか事情をたずねる。	5	4	3	2	1
7	周りの生徒にそれとなく本人の様子をたずねる。	5	4	3	2	1
8	保護者への連絡をした方がいい。	5	4	3	2	1
9	自傷以外の他の話題で本人に話しかける。	5	4	3	2	1
10	生徒指導会議や学年会議等の指導に関する会議の場で報告して対応について協議する。	5	4	3	2	1
11	とりあえず周囲の先生に相談してみる。	5	4	3	2	1
12	本人に対してやめるように説諭する。	5	4	3	2	1
13	自傷をする前に話しを聞いて、自傷を未然に防いだ方がいい。	5	4	3	2	1
14	担任としてその生徒の相談にのることも必要だ。	5	4	3	2	1
15	入院させて最悪の事態を未然に防ぐことも必要である。	5	4	3	2	1
16	職員が協力して支援できる体制をつくる。	5	4	3	2	1
17	養護教諭にもそれとなく相談してみる。	5	4	3	2	1
18	一教師が安易に係わっていくことは危険ですらあると考える。	5	4	3	2	1
19	精神科医療での対応が必要だと思う。	5	4	3	2	1
20	本人を厳しく叱ってやめさせる指導も必要である。	5	4	3	2	1
21	特になにもしないと思う。	5	4	3	2	1
22	生徒指導や教育相談の先生に報告相談する。	5	4	3	2	1
23	自傷そのものについて詳しく話しを聞くことはよくない。	5	4	3	2	1
24	絆創膏等での傷の手当てのみ行う。	5	4	3	2	1
25	本人にカウンセリングやセラピーをうけるように勧めてみる。	5	4	3	2	1
26	他の職員との連絡や情報交換を行う。	5	4	3	2	1

２ページ目にお進みください。

		必ずそうする（強くそう思う）	そうする（そう思う）	どちらともいえない	そうしない（そう思わない）	決してそうしない（決してそう思わない）
27	気にかける程度にとどめて見守る。	5	4	3	2	1
28	自傷をしたあとに丁寧に話しを聞くことで以後の自傷を予防する。	5	4	3	2	1
29	話はせずともそばにいる時間をつくる。	5	4	3	2	1
30	これ以上自分を傷つけないように約束してもらう。	5	4	3	2	1
31	傷痕の処置のため保健室につれていく。	5	4	3	2	1
32	本人の家族に医療受診を勧めてみる。	5	4	3	2	1
33	その後しばらく様子をみる。	5	4	3	2	1
34	本人にやさしく接し、なだめる。	5	4	3	2	1
35	すぐには話しかけず、機会をみつけて本人と話す機会をつくる。	5	4	3	2	1

続いて質問２への回答をお願いします。

質問2	関連して、先生のお考え等についてお聞きしたいと思います。下の質問に四択でお答えください。各問ごとの、「そう思う（あてはまる）4」から「そう思わない（あてはまらない）1」までの中で、ふさわしいところの数字に○を付けてください。

		そう思う（あてはまる）	どちらかというとそう思う（どちらかというとあてはまる）	どちらかというとそう思わない（どちらかというとあてはまらない）	そう思わない（あてはまらない）
(1)	リストカット等の自傷行為をする生徒が多くなってきていると感じますか。	4	3	2	1
(2)	自傷行為は対応が極めてむずかしい問題であるとお感じですか。	4	3	2	1
(3)	勤務校（前任校含む）に自傷行為をしている生徒がいるということをなんらかの形で知っていましたか。	4	3	2	1
(4)	実際に自傷行為をしている生徒への対応に迫られたことが、直接的にせよ、間接的にせよ、ありますか。	4	3	2	1
(5)	あなたは、教師としてどちらかというと生徒にやさしく共感的に接する方ですか。	4	3	2	1
(6)	自傷行為は学校での対応の範疇を超えている問題と考えますか。	4	3	2	1
(7)	自傷を始めるきっかけとしていじめ被害がありますが、いじめはいじめられる側にもなんらかの問題があると思いますか。	4	3	2	1
(8)	あなたは、どちらかというと生徒に厳しく指導していくタイプですか。	4	3	2	1
(9)	あなたは生徒の自傷行為について相談にのった経験がありますか（生徒と自傷の話をする等）。	4	3	2	1
(10)	あなたは熱心に生徒に向かっていくタイプの教員ですか。	4	3	2	1

【著者】
佐野和規（さの・かずのり）
九州女子短期大学子ども健康学科 教授
博士（学校教育学）
公立高校、支援学校教員を経て、二〇二四年度より現職
公認心理師、臨床心理士、学校心理士

誰《だれ》ひとり死《し》なせない学校《がっこう》づくり

若者《わかもの》の自傷《じしょう》・自殺《じさつ》予防《よぼう》のための教育的《きょういくてき》支援《しえん》を考《かんが》える

二〇二四年一一月一四日 初版発行

著者 佐野和規 さの かずのり

発行者 三浦衛
発行所 春風社 Shumpusha Publishing Co., Ltd.
横浜市西区紅葉ヶ丘五三 横浜市教育会館三階
〈電話〉〇四五・二六一・三一六八 〈FAX〉〇四五・二六一・三一六九
〈振替〉〇〇二〇〇・一・三七五二四
http://www.shumpu.com ✉ info@shumpu.com

装丁 長田年伸
印刷・製本 モリモト印刷株式会社
乱丁・落丁本は送料小社負担でお取り替えいたします。

ISBN 978-4-86110-991-1 C0037 ¥3900E